Schaltzeichen und Sinnbilder

Symbol	Bedeutung	Symbol	Bedeutung	Symbol	Bedeutung
+	positiver Anschluss		Sicherung, allgemein		npn-Transistor, bei dem der Kollektor mit dem Gehäuse verbunden ist
−	negativer Anschluss		Schließer, Schalter, allgemein		
—	Gleichstrom,Gleich- spannung (rechts am Kennzeichen anzugeben)		Wechsler mit Unterbre- chung		Fotoelement, Fotozelle
~	Wechselstrom, Wech- selspannung (Frequenz oder Frequenzbereich rechts am Kennzeichen anzugeben)		Zweiwegschließer mit Mittelstellung „Aus"		Diode, lichtempfindlich Fotodiode
			Relaisspule, allgemein		Leuchtdiode, allgemein
			Widerstand, allgemein		Oszilloskop
≅	Allstrom, Gleich- oder Wechselstrom, Gleich- oder Wechselspannung		Widerstand mit Schleifkontakt, Poten- ziometer		Glühlampe
	Abzweig von 2 Leitern		Widerstand, veränderbar, allgemein		Lautsprecher, allgemein
	Doppelabzweig von Leitern		Heizelement		Mikrofon, allgemein
	Erde, allgemein Verbindung mit der Er- de		Kondensator, allgemein		Hörer, allgemein
	Masse, Gehäuse		Kondensator, gepolt		Wecker, allgemein
°	Anschluss (z.B.Buchse)		Kondensator, veränderbar	G	Generator, allgemein
•	Verbindung von Leitern		Spule mit Eisenkern	M	Elektromotor
	Buchse		Transformator, veränderbare Kopp- lung		Thermoelement
	Stecker		Transformator mit Mittelanzapfung an einer Wicklung		Messgerät, anzeigend, allgemein, ohne Kenn- zeichnung der Mess- größe
	Steckverbindung			A	Strommessgerät, anzeigend
	Primärzelle, Akku- mulator		Antenne, allgemein	V	Spannungsmessgerät, anzeigend
	Batterie von Primär- elementen, Akku- mulatorenbatterie		Halbleiterdiode	W	Leistungsmessgerät,

Umrechnungstafel Dezimalzahlen (d), Hexadezimalzahlen (h), Binärzahlen (b)

d	h	b	d	h	b	d	h	b	d	h	b	d	h	b
0	0	00000000	52	34	00110100	104	68	01101000	156	9C	10011100	208	D0	11010000
1	1	00000001	53	35	00110101	105	69	01101001	157	9D	10011101	209	D1	11010001
2	2	00000010	54	36	00110110	106	6A	01101010	158	9E	10011110	210	D2	11010010
3	3	00000011	55	37	00110111	107	6B	01101011	159	9F	10011111	211	D3	11010011
4	4	00000100	56	38	00111000	108	6C	01101100	160	A0	10100000	212	D4	11010100
5	5	00000101	57	39	00111001	109	6D	01101101	161	A1	10100001	213	D5	11010101
6	6	00000110	58	3A	00111010	110	6E	01101110	162	A2	10100010	214	D6	11010110
7	7	00000111	59	3B	00111011	111	6F	01101111	163	A3	10100011	215	D7	11010111
8	8	00001000	60	3C	00111100	112	70	01110000	164	A4	10100100	216	D8	11011000
9	9	00001001	61	3D	00111101	113	71	01110001	165	A5	10100101	217	D9	11011001
10	A	00001010	62	3E	00111110	114	72	01110010	166	A6	10100110	218	DA	11011010
11	B	00001011	63	3F	00111111	115	73	01110011	167	A7	10100111	219	DB	11011011
12	C	00001100	64	40	01000000	116	74	01110100	168	A8	10101000	220	DC	11011100
13	D	00001101	65	41	01000001	117	75	01110101	169	A9	10101001	221	DD	11011101
14	E	00001110	66	42	01000010	118	76	01110110	170	AA	10101010	222	DE	11011110
15	F	00001111	67	43	01000011	119	77	01110111	171	AB	10101011	223	DF	11011111
16	10	00010000	68	44	01000100	120	78	01111000	172	AC	10101100	224	E0	11100000
17	11	00010001	69	45	01000101	121	79	01111001	173	AD	10101101	225	E1	11100001
18	12	00010010	70	46	01000110	122	7A	01111010	174	AE	10101110	226	E2	11100010
19	13	00010011	71	47	01000111	123	7B	01111011	175	AF	10101111	227	E3	11100011
20	14	00010100	72	48	01001000	124	7C	01111100	176	B0	10110000	228	E4	11100100
21	15	00010101	73	49	01001001	125	7D	01111101	177	B1	10110001	229	E5	11100101
22	16	00010110	74	4A	01001010	126	7E	01111110	178	B2	10110010	230	E6	11100110
23	17	00010111	75	4B	01001011	127	7F	01111111	179	B3	10110011	231	E7	11100111
24	18	00011000	76	4C	01001100	128	80	10000000	180	B4	10110100	232	E8	11101000
25	19	00011001	77	4D	01001101	129	81	10000001	181	B5	10110101	233	E9	11101001
26	1A	00011010	78	4E	01001110	130	82	10000010	182	B6	10110110	234	EA	11101010
27	1B	00011011	79	4F	01001111	131	83	10000011	183	B7	10110111	235	EB	11101011
28	1C	00011100	80	50	01010000	132	84	10000100	184	B8	10111000	236	EC	11101100
29	1D	00011101	81	51	01010001	133	85	10000101	185	B9	10111001	237	ED	11101101
30	1E	00011110	82	52	01010010	134	86	10000110	186	BA	10111010	238	EE	11101110
31	1F	00011111	83	53	01010011	135	87	10000111	187	BB	10111011	239	EF	11101111
32	20	00100000	84	54	01010100	136	88	10001000	188	BC	10111100	240	F0	11110000
33	21	00100001	85	55	01010101	137	89	10001001	189	BD	10111101	241	F1	11110001
34	22	00100010	86	56	01010110	138	8A	10001010	190	BE	10111110	242	F2	11110010
35	23	00100011	87	57	01010111	139	8B	10001011	191	BF	10111111	243	F3	11110011
36	24	00100100	88	58	01011000	140	8C	10001100	192	C0	11000000	244	F4	11110100
37	25	00100101	89	59	01011001	141	8D	10001101	193	C1	11000001	245	F5	11110101
38	26	00100110	90	5A	01011010	142	8E	10001110	194	C2	11000010	246	F6	11110110
39	27	00100111	91	5B	01011011	143	8F	10001111	195	C3	11000011	247	F7	11110111
40	28	00101000	92	5C	01011100	144	90	10010000	196	C4	11000100	248	F8	11111000
41	29	00101001	93	5D	01011101	145	91	10010001	197	C5	11000101	249	F9	11111001
42	2A	00101010	94	5E	01011110	146	92	10010010	198	C6	11000110	250	FA	11111010
43	2B	00101011	95	5F	01011111	147	93	10010011	199	C7	11000111	251	FB	11111011
44	2C	00101100	96	60	01100000	148	94	10010100	200	C8	11001000	252	FC	11111100
45	2D	00101101	97	61	01100001	149	95	10010101	201	C9	11001001	253	FD	11111101
46	2E	00101110	98	62	01100010	150	96	10010110	202	CA	11001010	254	FE	11111110
47	2F	00101111	99	63	01100011	151	97	10010111	203	CB	11001011	255	FF	11111111
48	30	00110000	100	64	01100100	152	98	10011000	204	CC	11001100			
49	31	00110001	101	65	01100101	153	99	10011001	205	CD	11001101			
50	32	00110010	102	66	01100110	154	9A	10011010	206	CE	11001110			
51	33	00110011	103	67	01100111	155	9B	10011011	207	CF	11001111			

Das große Tafelwerk

→ Ein Tabellen - und Formelwerk
für den
mathematisch-naturwissenschaftlichen
Unterricht
bis zum Abitur

Cornelsen
VOLK UND WISSEN

Zusammengestellt und bearbeitet von
Prof. Dr. Rüdiger Erbrecht (Informatik)
Dr. Hubert König (Biologie)
Karlheinz Martin (Mathematik)
Wolfgang Pfeil (Chemie)
Willi Wörstenfeld (Physik/Astronomie)

Unter Planung und Mitarbeit
der Verlagsredaktion Naturwissenschaften/Mathematik

Zeichnungen: Peter Hesse
Einband und Typografie: Wolfgang Lorenz, Karl-Heinz Bergmann
Satz: WERKSATZ Schmidt & Schulz, Gräfenhainichen

www.cornelsen.de

1. Auflage, 17. Druck 2016

Alle Drucke dieser Auflage sind inhaltlich unverändert
und können im Unterricht nebeneinander verwendet werden.

Druck: Mohn Media Mohndruck, Gütersloh

ISBN 978-3-06-020760-2

Inhalt

MATHEMATIK

PHYSIK

ASTRONOMIE

CHEMIE

 BIOLOGIE

 INFORMATIK

Mathematik

Zeichen, Ziffern, Zahlentafeln

Mathematische Zeichen

Zahlenbereiche	
$\mathbb{N}$	Menge der natürlichen Zahlen
$\mathbb{Q}^+$	Menge der gebrochenen Zahlen (Bruchzahlen)
$\mathbb{Z}$	Menge der ganzen Zahlen
$\mathbb{Q}$	Menge der rationalen Zahlen
$\mathbb{R}$	Menge der reellen Zahlen
$\mathbb{R}^*$	Menge der reellen Zahlen mit Ausnahme der Null
$\mathbb{C}$	Menge der komplexen Zahlen

Zahlen, Relationen, Operationen	
$<; >$	kleiner als; größer als
$\leq$	kleiner gleich (kleiner oder gleich)
$\geq$	größer gleich (größer oder gleich)
$\mid; \nmid$	teilt; teilt nicht
$=; \neq$	gleich; ungleich
$\approx$	angenähert gleich
$:=$	ist gleich nach Definition
$\triangleq$	entspricht
$+$	plus
$-$	minus
$\cdot$	mal
$:$	geteilt
$-\!\!\!-$	durch (Bruchstrich)
$\ldots$	und so weiter (bis)
$-a$	entgegengesetzte Zahl zu a
$0,2\overline{51}$	periodischer Dezimalbruch (Periode 51)
$\%; \text{‰}$	Prozent; Promille
$\mid z \mid$	Betrag von z
$\sim$	proportional; bei Verwendung in der Geometrie: *ähnlich*
$\sqrt{}$	Quadratwurzel aus
$\sqrt[n]{}$	n-te Wurzel aus
∞	unendlich
i	imaginäre Einheit ($i^2 = -1$)
$]a; b[$	offenes Intervall (a und b gehören nicht zum Intervall); andere Schreibweisen: $a < x < b$ oder $(a; b)$

$[a; b]$	abgeschlossenes Intervall (a und b gehören zum Intervall); andere Schreibweise: $a \leq x \leq b$
$[a; b[$	halboffenes Intervall (a gehört zum Intervall, b nicht); andere Schreibweisen: $a \leq x < b$ oder $[a; b)$
$\log_a b$	Logarithmus b zur Basis a
$\ln x$	natürlicher Logarithmus von x
$\lg x$	(dekadischer) Logarithmus von x
$n!$	n Fakultät
$\binom{n}{p}$	n über p (Binomialkoeffizient)
$\sin; \cos$	Sinus; Kosinus
$\tan; \cot$	Tangens; Kotangens
$\arcsin$	Arkussinus
$\arccos$	Arkuskosinus
$\arctan$	Arkustangens
$\text{sgn}(x)$	Signum von x
$\text{int}(x)$ oder $[x]$	ganzzahliger Anteil von x (int ist Abk. für engl. integer = ganzzahlig)
(a_n)	Folge a_n
V_n^k	Variationen von n Elementen zur k-ten Klasse
C_n^k	Kombination von n Elementen zur k-ten Klasse
P_n	Permutationen von n Elementen
$^W V_n^k$	Variationen von n Elementen zur k-ten Klasse mit Wiederholung
$P(A)$	Wahrscheinlichkeit des Eintretens des Ereignisses A
$\sum\limits_{i=1}^{n} a_i$	Summe über alle a_i von $i = 1$ bis n

Aus der mathematischen Logik	
$\neg$	nicht (Negation)
$\wedge$	und
$\vee$	oder
$\Rightarrow$	wenn, dann … (Implikation)
$\Leftrightarrow$	genau dann, wenn … (Äquivalenz)

Aus der Mengenlehre		Geometrie	
$\{a; b\}$	Menge der Elemente a; b	$\parallel$; $\nparallel$	parallel zu; nicht parallel zu
$[a; b]$	geordnetes Paar (auch $(a; b)$)	$\perp$	senkrecht auf
$\{a; b; \ldots\}$	Menge der Elemente a; b; ...	$\triangle$	Dreieck
$\{x \mid A(x)\}$	Mengenoperator (Menge aller x,	AB	Gerade AB
	für die gilt $A(x)$, z. B. $x = \ldots$)	$\overline{AB}$	Strecke AB (A und B sind Endpunkte
$\in$; $\notin$	Element von; nicht Element von		der Strecke)
$\subset$; $\subseteq$	*echte* Teilmenge von; Teilmenge von	$\overrightarrow{AB}$	Strahl AB
$\emptyset$	(die) leere Menge	$\vec{AB}$	gerichtete Strecke von A nach B;
$A \cap B$	Menge A geschnitten Menge B		Vektor AB
	(Schnittmenge; Durchschnitt)	$\overparen{AB}$	Bogen AB (Kreisbogen von A nach B)
$A \cup B$	Menge A vereinigt Menge B	$\sphericalangle$	Winkel
	(Vereinigungsmenge)	$\sphericalangle\, AOB$	Winkel AOB (O ist Scheitel)
$A \setminus B$	Menge A minus Menge B	$\llcorner$	rechter Winkel
	(Differenzmenge)	$\sphericalangle$	orientierter Winkel
$\overline{A}$	Komplementärmenge zu A		(Winkel mit vorgegebener Drehrichtung)
$A \times B$	Produktmenge von A und B (A Kreuz B)	$°$; $'$; $''$	Grad; Minute; Sekunde
			(Winkeleinheiten)
Analysis		arc α	Arcus α (Verweis auf das Bogenmaß:
			Winkeleinheit im Bogenmaß 1 Radiant)
f	Funktionssymbol in $y = f(x)$,	$\cong$; $\ncong$	kongruent; nicht kongruent
	andere Schreibweise $f\colon x \to f(x)$	$\sim$	ähnlich
$\lim\limits_{x \to x_0} f(x)$	Limes $f(x)$ für x gegen x_0 (Grenzwert von f an der Stelle x_0)		
		Vektorrechnung	
$f'(x_0)$	1. Ableitung von f an der Stelle x_0		
$f''(x_0)$	2. Ableitung ...; andere Schreibweisen:	$\vec{AB}$, $\vec{a}$	Vektor AB bzw. Vektor a
	$\left.\dfrac{dy}{dx}\right\|_{x=x_0}$ bzw. $\left.\dfrac{d^2y}{dx^2}\right\|_{x=x_0}$	$\vec{a} = \begin{pmatrix} a_x \\ a_y \\ a_z \end{pmatrix}$	Vektor a mit den Koordinaten a_x, a_y und a_z
	„dy nach dx an der Stelle $x = x_0$"		
	„d zwei y nach dx Quadrat an der Stelle $x = x_0$"	$\vec{a} \uparrow\uparrow \vec{b}$	Vektor a gleich gerichtet mit Vektor b
$f'''(x_0)$ od. $f^{(3)}(x_0)$	3. Ableitung von f an der Stelle x_0	$\vec{a} \uparrow\downarrow \vec{b}$	Vektor a entgegengesetzt gerichtet zu Vektor b (für zueinander parallele Vektoren)
f'; f''; f'''; $f^{(n)}$	Erste; zweite; dritte; n-te Ableitungs- funktion von f	$\vec{a} \cdot \vec{b}$	Vektor a Punkt Vektor b (skalares Produkt; Skalarprodukt)
f^{-1}	Umkehrfunktion von f	$\vec{a} \times \vec{b}$	Vektor a Kreuz Vektor b
$\int\limits_a^b f(x)\,dx$	Integral von a bis b über f von x dx (bestimmtes Integral)		(vektorielles Produkt; Vektorprodukt, Kreuzprodukt)
$\int f(x)\,dx$	Integral f von x dx (unbestimmtes Integral)		
$A_{(m, n)}$	(m, n)-Matrix		

Frakturbuchstaben

Lateinische Buchstaben Frakturbuchstaben	A $\mathfrak{A}\,\mathfrak{a}$	B $\mathfrak{B}\,\mathfrak{b}$	C $\mathfrak{C}\,\mathfrak{c}$	D $\mathfrak{D}\,\mathfrak{d}$	E $\mathfrak{E}\,\mathfrak{e}$	F $\mathfrak{F}\,\mathfrak{f}$	G $\mathfrak{G}\,\mathfrak{g}$	H $\mathfrak{H}\,\mathfrak{h}$	I $\mathfrak{I}\,\mathfrak{i}$	J $\mathfrak{J}\,\mathfrak{j}$	K $\mathfrak{K}\,\mathfrak{k}$	L $\mathfrak{L}\,\mathfrak{l}$	M $\mathfrak{M}\,\mathfrak{m}$
Lateinische Buchstaben Frakturbuchstaben	N $\mathfrak{N}\,\mathfrak{n}$	O $\mathfrak{O}\,\mathfrak{o}$	P $\mathfrak{P}\,\mathfrak{p}$	Q $\mathfrak{Q}\,\mathfrak{q}$	R $\mathfrak{R}\,\mathfrak{r}$	S $\mathfrak{S}\,\mathfrak{s}$	T $\mathfrak{T}\,\mathfrak{t}$	U $\mathfrak{U}\,\mathfrak{u}$	V $\mathfrak{V}\,\mathfrak{v}$	W $\mathfrak{W}\,\mathfrak{w}$	X $\mathfrak{X}\,\mathfrak{x}$	Y $\mathfrak{Y}\,\mathfrak{y}$	Z $\mathfrak{Z}\,\mathfrak{z}$

Römische Ziffern

Die Zahldarstellung mit den sieben römischen Ziffern **I** (= 1), **V** (= 5), **X** (= 10), **L** (= 50), **C** (= 100), **D** (= 500), **M** (= 1000) beruht auf einem *Additionssystem*. Wird nach einem Zeichen ein weiteres gleiches Zeichen oder ein Zeichen für eine kleinere Zahl angefügt, so addiert man die Werte der zusammengestellten Zeichen (XVI = 10 + 5 + 1 = 16). Dabei können die Zeichen I, X, C, M (und nur diese) bis zu dreimal nebeneinander gesetzt werden. Der Wert, den die Zeichen symbolisieren, wird dann addiert (VIII = 5 + 3 = 8). Die Zeichen I, X, C können vor das Zeichen einer jeweils größeren Zahl gesetzt werden. In diesem Fall werden die Werte der zusammengestellten Zeichen subtrahiert (XL = 50 – 10 = 40).

Griechisches Alphabet (Druckbuchstaben)

A	α	Alpha	H	η	Eta	N	ν	Ny	T	τ	Tau			
B	β	Beta	Θ	ϑ	Theta	Ξ	ξ	Xi	Y	υ	Ypsilon			
Γ	γ	Gamma	I	ι	Jota	O	o	Omikron	Φ	φ	Phi			
Δ	δ	Delta	K	$\varkappa$	Kappa	Π	π	Pi	X	χ	Chi			
E	ε	Epsilon	Λ	λ	Lambda	P	ϱ	Rho	Ψ	ψ	Psi			
Z	ζ	Zeta	M	μ	My	Σ	σ, ς	Sigma	Ω	ω	Omega			

Zehnerpotenzen

$10^3 =$	1 000	1 Tausend	$10^{12} =$	1 000 000 000 000	1 Billion
$10^6 =$	1 000 000	1 Million	$10^{18} =$	1 000 000 000 000 000 000	1 Trillion
$10^9 =$	1 000 000 000	1 Milliarde	$10^{24} =$	1 000 000 000 000 000 000 000 000	1 Quadrillion

Darstellung von Zahlen mit abgetrennten Zehnerpotenzen:
$a = a_0 \cdot 10^n$ mit $a \in \mathbb{Q}$, $a_0 \in \mathbb{Q}$; $1 \le |a_0| < 10$; $n \in \mathbb{Z}$ (↗ Erdradius S. 95; $r = 6{,}378 \cdot 10^3$ km)
Will man die Darstellung mit abgetrennten Zehnerpotenzen verlassen, so rückt das Komma im Fall $n > 0$ um n Stellen nach rechts und im Fall $n < 0$ um n Stellen nach links.

Rundungsregeln

Beim Runden werden alle auf eine bestimmte Ziffer folgenden Ziffern durch Nullen ersetzt.
Dabei bleibt die betreffende Ziffer unverändert, wenn ihr vor der Nulleneinsetzung eine 1, 2, 3 oder eine 4 folgte (**Abrunden**), sie wird um 1 erhöht, wenn ihr vor der Nulleneinsetzung eine 5, 6, 7, 8 oder eine 9 folgte (**Aufrunden**).

Faustregeln für das Rechnen mit Näherungswerten

Näherungswerte erhält man beim Messen und beim Runden. Auch beim Rechnen mit Dezimalbrüchen geht man zu Näherungswerten über, wenn diese für irrationale Zahlen oder für gemeine Brüche verwendet werden, die auf periodische Dezimalbrüche führen. Die maximale Abweichung eines Näherungswertes vom (meist unbekannten) genauen Wert nach oben oder nach unten ist im Allgemeinen nicht größer als die Hälfte des Stellenwertes der letzten angegebenen Ziffer. So liegt zum Beispiel der genaue Wert von $\sqrt{7}$ zwischen 2,6**455** und 2,6**465**. (Der Taschenrechner gibt 2,6457513 an.) Mit 2,646 hat man einen Näherungswert, dessen letzte Ziffer auf der Tausendstelstelle liegt. Die Hälfte des Stellenwertes dieser Stelle ist 0,0005. Die Abweichung des Näherungswertes vom genaueren Taschenrechnerwert ist mit 0,0002487 kleiner als 0,0005.
Faustregeln zur Ergebnisangabe:
(1) Beim **Addieren und Subtrahieren** denjenigen Näherungswert heraussuchen, bei dem die letzte zuverlässige Ziffer am weitesten links steht. Man rundet das Ergebnis auf diese Stelle.
(2) Beim **Multiplizieren und Dividieren** denjenigen Näherungswert mit der geringsten Anzahl zuverlässiger Ziffern heraussuchen und das Ergebnis auf die betreffende Anzahl von Ziffern runden.

Primzahlen

Natürliche Zahlen, die größer als 1 und nur durch 1 und durch sich selbst teilbar sind, heißen Primzahlen. (Primzahlen sind alle natürlichen Zahlen mit genau zwei Teilern.) Die kleinste Primzahl ist 2, eine größte Primzahl gibt es nicht. Ein Beweis hierfür wurde schon von Euklid (etwa 365–300 v. Ch.) gegeben. Primzahlen kann man mithilfe des „Siebes des Eratosthenes" aussondern. Mit Computern werden immer größere Primzahlen gefunden, so z. B. $2^{216091} - 1$ (eine Zahl mit 65 000 Stellen).

2	101	233	383	547	701	877	1 039	1 223	1 427	1 583	1 777	1 987
3	103	239	389	557	709	881	1 049	1 229	1 429	1 597	1 783	1 993
5	107	241	397	563	719	883	1 051	1 231	1 433	1 601	1 787	1 997
7	109	251	401	569	727	887	1 061	1 237	1 439	1 607	1 789	1 999
11	113	257	409	571	733	907	1 063	1 249	1 447	1 609	1 801	2 003
13	127	263	419	577	739	911	1 069	1 259	1 451	1 613	1 811	2 011
17	131	269	421	587	743	919	1 087	1 277	1 453	1 619	1 823	2 017
19	137	271	431	593	751	929	1 091	1 279	1 459	1 621	1 831	2 027
23	139	277	433	599	757	937	1 093	1 283	1 471	1 627	1 847	2 029
29	149	281	439	601	761	941	1 097	1 289	1 481	1 637	1 861	2 039
31	151	283	443	607	769	947	1 103	1 291	1 483	1 657	1 867	2 053
37	157	293	449	613	773	953	1 109	1 297	1 487	1 663	1 871	2 063
41	163	307	457	617	787	967	1 117	1 301	1 489	1 667	1 873	2 069
43	167	311	461	619	797	971	1 123	1 303	1 493	1 669	1 877	2 081
47	173	313	463	631	809	977	1 129	1 307	1 499	1 693	1 879	2 083
53	179	317	467	641	811	983	1 151	1 319	1 511	1 697	1 889	2 087
59	181	331	479	643	821	991	1 153	1 321	1 523	1 699	1 901	2 089
61	191	337	487	647	823	997	1 163	1 327	1 531	1 709	1 907	2 099
67	193	347	491	653	827		1 171	1 361	1 543	1 721	1 913	2 111
71	197	349	499	659	829	1 009	1 181	1 367	1 549	1 723	1 931	2 113
73	199	353	503	661	839	1 013	1 187	1 373	1 553	1 733	1 933	2 129
79	211	359	509	673	853	1 019	1 193	1 381	1 559	1 741	1 949	2 131
83	223	367	521	677	857	1 021	1 201	1 399	1 567	1 747	1 951	2 137
89	227	373	523	683	859	1 031	1 213	1 409	1 571	1 753	1 973	2 141
97	229	379	541	691	863	1 033	1 217	1 423	1 579	1 759	1 979	2 143

Zahlen im Zweiersystem

Die Zahl 2 ist Basis des Zweiersystems (Dualsystems). Zur Darstellung einer natürlichen Zahl im Dualsystem benötigt man zwei Ziffern. Um Verwechslungen mit dekadischen Ziffern zu vermeiden, verwendet man mitunter 0 und L. So wird mit LL0L (andere Schreibweise: $[1101]_2$) die Zahl 13 des dekadischen Systems dargestellt. Die Stellentafel des Dualsystems, in die die Zahl $[101011011]_2$ eingefügt wurde, hat die Gestalt:

2^{12}	2^{11}	2^{10}	2^9	2^8	2^7	2^6	2^5	2^4	2^3	2^2	2^1	2^0
				1	0	1	0	1	1	0	1	1

$[101011011]_2 = 1 \cdot 2^8 + 0 \cdot 2^7 + 1 \cdot 2^6 + 0 \cdot 2^5 + 1 \cdot 2^4 + 1 \cdot 2^3 + 0 \cdot 2^2 + 1 \cdot 2^1 + 1 \cdot 2^0 = 347$

Für die Addition gilt:
$0 + 0 = 0$	$L + 0 = L$
$0 + L = L$	$L + L = L0$

Für die Multiplikation gilt:
$0 \cdot 0 = 0$	$L \cdot 0 = 0$
$0 \cdot L = 0$	$L \cdot L = L$

Man kann andere natürliche Zahlen als Basis für ein Stellenwertsystem verwenden. Im „Zwölfersystem" würde man z. B. gegenüber dem Zehnersystem je eine weitere Ziffer für die zehn und die elf benötigen.

Zeichen für Konstanten (beide Zahlen sind irrational)

π	Ludolf'sche Zahl (Kreiszahl)	$\pi = 3,141\ 592\ 653\ 589\ 793 \ldots \approx \dfrac{22}{7}$ (unendlich – nicht periodisch)
e	Euler'sche Zahl	$e = 2,718\ 281\ 828\ 459\ 045 \ldots$ (unendlich – nicht periodisch)

Zahlenbereiche

Natürliche Zahlen $\mathbb{N}$	Beschreibung: 0, 1, 2, 3, … Uneingeschränkt ausführbar: Addition, Multiplikation Rechengesetze (es gilt jeweils $a, b, c \in \mathbb{N}$): *Kommutativgesetz:* $a + b = b + a$ $\qquad\qquad$ $a \cdot b = b \cdot a$ *Assoziativgesetz:* $(a + b) + c = a + (b + c)$ $\quad$ $(a \cdot b) \cdot c = a \cdot (b \cdot c)$ *Distributivgesetz:* $a \cdot (b + c) = a \cdot b + a \cdot c$ *Monotoniegesetz:* Aus $a < b$ folgt $a + c < b + c$ $\qquad\qquad\qquad$ Aus $a < b$ folgt $a \cdot c < b \cdot c$ für $c \neq 0$
Ganze Zahlen $\mathbb{Z}$ $\mathbb{N} \subset \mathbb{Z}$ 	Beschreibung: …, -3, -2, -1, 0, 1, 2, 3, … Der Bereich der ganzen Zahlen umfasst die natürlichen Zahlen und die zu ihnen entgegengesetzten Zahlen. Uneingeschränkt ausführbar: Addition, Subtraktion, Multiplikation
Gebrochene Zahlen $\mathbb{Q}^+$ (Bruchzahlen) $\mathbb{N} \subset \mathbb{Q}^+$ 	Beschreibung: Ein in der Form $\frac{a}{b}$ geschriebenes geordnetes Paar natürlicher Zahlen a und b ($b \neq 0$) heißt gemeiner Bruch. Alle Brüche, die ein und demselben Punkt des Zahlenstrahls zuzuordnen sind, bezeichnen ein und dieselbe gebrochene Zahl. Gebrochene Zahlen werden auch durch (endliche bzw. periodische) Dezimalbrüche angegeben. Uneingeschränkt ausführbar: Addition, Multiplikation, $\qquad\qquad\qquad\qquad\qquad$ Division (ausgenommen durch 0) Rechenoperationen mit Bruchzahlen für $a, b, c, d \in \mathbb{N}$; $b \neq 0$; $c \neq 0$ Erweitern: $\dfrac{a}{b} = \dfrac{a \cdot c}{b \cdot c}$ $\qquad$ Kürzen: $\dfrac{a}{b} = \dfrac{a : c}{b : c}$ (a, b teilbar durch c) Addieren/ Subtrahieren: $\dfrac{a}{b} \pm \dfrac{c}{d} = \dfrac{ad \pm bc}{bd}$ ($b \neq 0$; $d \neq 0$) Multiplizieren/ $\dfrac{a}{b} \cdot \dfrac{c}{d} = \dfrac{a \cdot c}{b \cdot d}$; $\dfrac{a}{b} : \dfrac{c}{d} = \dfrac{a \cdot d}{b \cdot c}$ ($b \neq 0$; $c \neq 0$; $d \neq 0$) Dividieren:
Rationale Zahlen $\mathbb{Q}$ $\mathbb{N} \subset \mathbb{Q}$ $\mathbb{Z} \subset \mathbb{Q}$ $\mathbb{Q}^+ \subset \mathbb{Q}$ 	Beschreibung: Die positiven gebrochenen Zahlen und die zu ihnen entgegengesetzten Zahlen bilden zusammen mit der Zahl 0 den Zahlenbereich der rationalen Zahlen. Jede rationale Zahl lässt sich in der Form $\dfrac{p}{q}$ ($p \in \mathbb{Z}$; $q \in \mathbb{N}$; $q \neq 0$) oder als periodischer Dezimalbruch darstellen. Uneingeschränkt ausführbar: Addition, Subtraktion, Multiplikation, $\qquad\qquad\qquad\qquad\qquad$ Division (ausgenommen durch 0) Rechengesetze (es gilt jeweils $a, b, c \in \mathbb{Q}$): $a + b = b + a$ $\qquad\qquad$ $a \cdot b = b \cdot a$ $(a + b) + c = a + (b + c)$ $\quad$ $(a \cdot b) \cdot c = a \cdot (b \cdot c)$ $a \cdot (b + c) = a \cdot b + a \cdot c$ Wenn $a < b$, so $a + c < b + c$. Wenn $a < b$ und $c > 0$, so $a \cdot c < b \cdot c$. Wenn $a < b$ und $c < 0$, so $a \cdot c > b \cdot c$.
Reelle Zahlen $\mathbb{R}$ $\mathbb{N} \subset \mathbb{R}$ $\mathbb{Z} \subset \mathbb{R}$ $\mathbb{Q}^+ \subset \mathbb{R}$ $\mathbb{Q} \subset \mathbb{R}$ 	Beschreibung: Die rationalen und die irrationalen Zahlen bilden den Zahlenbereich der reellen Zahlen. Irrationale Zahlen sind unendliche, nichtperiodische Dezimalbrüche. Sie werden mithilfe rationaler Näherungswerte dargestellt (vgl. $\sqrt{2} = 1{,}414\,213\,562\,3\ldots$). Uneingeschränkt ausführbar: Addition, Subtraktion, Multiplikation, $\qquad\qquad\qquad\qquad\qquad$ Division (ausgenommen durch 0). Das Radizieren bleibt auf nichtnegative Radikanden beschränkt. Die Rechengesetze für den Zahlenbereich $\mathbb{Q}$ gelten auch in $\mathbb{R}$.
Komplexe Zahlen $\mathbb{C}$	Hinweise zum Zahlenbereich $\mathbb{C}$ befinden sich auf der Seite 49.

Wertetafel zur Binomialverteilung ($n = 2; \ldots; 10$)

$$P(X = k) = \binom{n}{k} p^k \cdot (1-p)^{n-k}$$

n	k	p	0,02	0,03	0,04	0,05	0,10	1/6	0,20	0,30	1/3	0,40	0,50	k	n
2	0		0,9604	9409	9216	9025	8100	6944	6400	4900	4444	3600	2500	2	2
	1		0392	0582	0768	0950	1800	2778	3200	4200	4444	4800	5000	1	
	2		0004	0009	0016	0025	0100	0278	0400	0900	1111	1600	2500	0	
3	0		0,9412	9127	8847	8574	7290	5787	5120	3430	2963	2160	1250	3	3
	1		0576	0847	1106	1354	2430	3472	3840	4410	4444	4320	3750	2	
	2		0012	0026	0046	0071	0270	0694	0960	1890	2222	2880	3750	1	
	3				0001	0001	0010	0046	0080	0270	0370	0640	1250	0	
4	0		0,9224	8853	8493	8145	6561	4823	4096	2401	1975	1296	0625	4	4
	1		0753	1095	1416	1715	2916	3858	4096	4116	3951	3456	2500	3	
	2		0023	0051	0088	0135	0486	1157	1536	2646	2963	3456	3750	2	
	3			0001	0002	0005	0036	0154	0256	0756	0988	1536	2500	1	
	4						0001	0008	0016	0081	0123	0256	0625	0	
5	0		0,9039	8587	8154	7738	5905	4019	3277	1681	1317	0778	0313	5	5
	1		0922	1328	1699	2036	3281	4019	4096	3602	3292	2592	1563	4	
	2		0038	0082	0142	0214	0729	1608	2048	3087	3292	3456	3125	3	
	3		0001	0003	0006	0011	0081	0322	0512	1323	1646	2304	3125	2	
	4						0005	0032	0064	0284	0412	0768	1563	1	
	5							0001	0003	0024	0041	0102	0313	0	
6	0		0,8858	8330	7828	7351	5314	3349	2621	1176	0878	0467	0156	6	6
	1		1085	1546	1957	2321	3543	4019	3932	3025	2634	1866	0938	5	
	2		0055	0120	0204	0305	0984	2009	2458	3241	3292	3110	2344	4	
	3		0002	0005	0011	0021	0146	0536	0819	1852	2195	2765	3125	3	
	4					0001	0012	0080	0154	0595	0823	1382	2344	2	
	5						0001	0006	0015	0102	0165	0369	0938	1	
	6								0001	0007	0014	0041	0156	0	
7	0		0,8681	8080	7514	6983	4783	2791	2097	0824	0585	0280	0078	7	7
	1		1240	1749	2192	2573	3720	3907	3670	2471	2048	1306	0547	6	
	2		0076	0162	0274	0406	1240	2344	2753	3177	3073	2613	1641	5	
	3		0003	0008	0019	0036	0230	0781	1147	2269	2561	2903	2734	4	
	4				0001	0002	0026	0156	0287	0972	1280	1935	2734	3	
	5						0002	0019	0043	0250	0384	0774	1641	2	
	6							0001	0004	0036	0064	0172	0547	1	
	7									0002	0005	0016	0078	0	
8	0		0,8508	7837	7214	6634	4305	2326	1678	0576	0390	0168	0039	8	8
	1		1389	1939	2405	2793	3826	3721	3355	1977	1561	0896	0313	7	
	2		0099	0210	0351	0515	1488	2605	2936	2965	2731	2090	1094	6	
	3		0004	0013	0029	0054	0331	1042	1468	2541	2731	2787	2188	5	
	4			0001	0002	0004	0046	0260	0459	1361	1707	2322	2734	4	
	5						0004	0042	0092	0467	0683	1239	2188	3	
	6							0004	0011	0100	0171	0413	1094	2	
	7								0001	0012	0024	0079	0313	1	
	8									0001	0002	0007	0039	0	
9	0		0,8337	7602	6925	6302	3874	1938	1342	0404	0260	0101	0020	9	9
	1		1531	2116	2597	2985	3874	3489	3020	1556	1171	0605	0176	8	
	2		0125	0262	0433	0629	1722	2791	3020	2668	2341	1612	0703	7	
	3		0006	0019	0042	0077	0446	1302	1762	2668	2731	2508	1641	6	
	4			0001	0003	0006	0074	0391	0661	1715	2048	2508	2461	5	
	5						0008	0078	0165	0735	1024	1672	2461	4	
	6						0001	0010	0028	0210	0341	0743	1641	3	
	7							0001	0003	0039	0073	0212	0703	2	
	8									0004	0009	0035	0176	1	
	9										0001	0003	0020	0	
10	0		0,8171	7374	6648	5987	3487	1615	1074	0282	0173	0060	0010	10	10
	1		1667	2281	2770	3151	3874	3230	2684	1211	0867	0403	0098	9	
	2		0153	0317	0519	0746	1937	2907	3020	2335	1951	1209	0439	8	
	3		0008	0026	0058	0105	0574	1550	2013	2668	2601	2150	1172	7	
	4			0001	0004	0010	0112	0543	0881	2001	2276	2508	2051	6	
	5					0001	0015	0130	0264	1029	1366	2007	2461	5	
	6						0001	0022	0055	0368	0569	1115	2051	4	
	7							0002	0008	0090	0163	0425	1172	3	
	8								0001	0014	0030	0106	0439	2	
	9									0001	0003	0016	0098	1	
	10											0001	0010	0	
n	k	p	0,98	0,97	0,96	0,95	0,90	5/6	0,80	0,70	2/3	0,60	0,50	k	n

Alle freien Plätze dieser Seite würden durch das Runden auf 4 Dezimalen den Wert 0,0000 enthalten.

Summierte Binomialverteilung ($n = 2; \ldots; 10$)

$$P(X \le k) = \sum_{i=0}^{k} \binom{n}{i}\, p^{i} \cdot (1-p)^{n-i}$$

n	k	p	0,02	0,03	0,04	0,05	0,10	1/6	0,20	0,30	1/3	0,40	0,50	k	n
2	0		0,9604	9409	9216	9025	8100	6944	6400	4900	4444	3600	2500	1	2
	1		9996	9991	9984	9975	9900	9722	9600	9100	8889	8400	7500	0	
3	0		0,9412	9127	8847	8574	7290	5787	5120	3430	2963	2160	1250	2	3
	1		9988	9974	9953	9928	9720	9259	8960	7840	7407	6480	5000	1	
	2				9999	9999	9990	9954	9920	9730	9630	9360	8750	0	
4	0		0,9224	8853	8493	8145	6561	4823	4096	2401	1975	1296	0625	3	4
	1		9977	9948	9909	9860	9477	8681	8192	6517	5926	4762	3125	2	
	2			9999	9998	9995	9963	9838	9728	9163	8889	8208	6875	1	
	3						9999	9992	9984	9919	9877	9744	9375	0	
5	0		0,9039	8587	8154	7738	5905	4019	3277	1681	1317	0778	0313	4	5
	1		9962	9915	9852	9774	9185	8038	7373	5282	4609	3370	1875	3	
	2		9999	9997	9994	9988	9914	9645	9421	8369	7901	6826	5000	2	
	3						9995	9967	9933	9692	9547	9130	8125	1	
	4							9999	9997	9976	9959	9898	9688	0	
6	0		0,8858	8330	7828	7351	5314	3349	2621	1176	0878	0467	0156	5	6
	1		9943	9875	9784	9672	8857	7368	6554	4202	3512	2333	1094	4	
	2		9998	9995	9988	9978	9842	9377	9011	7443	6804	5443	3438	3	
	3					9999	9987	9913	9830	9295	8999	8208	6563	2	
	4							9993	9984	9891	9822	9590	8906	1	
	5								9999	9993	9986	9959	9844	0	
7	0		0,8681	8080	7514	6983	4783	2791	2097	0824	0585	0280	0078	6	7
	1		9921	9829	9706	9556	8503	6698	5767	3294	2634	1586	0625	5	
	2		9997	9991	9980	9962	9743	9042	8520	6471	5706	4199	2266	4	
	3				9999	9998	9973	9824	9667	8740	8267	7102	5000	3	
	4						9998	9980	9953	9712	9547	9037	7734	2	
	5							9999	9996	9962	9931	9812	9375	1	
	6									9998	9995	9984	9922	0	
8	0		0,8508	7837	7214	6634	4305	2326	1678	0576	0390	0168	0039	7	8
	1		9897	9777	9619	9428	8131	6047	5033	2553	1951	1064	0352	6	
	2		9996	9987	9969	9942	9619	8652	7969	5518	4682	3154	1445	5	
	3			9999	9998	9996	9950	9693	9437	8059	7414	5941	3633	4	
	4						9996	9954	9896	9420	9121	8263	6367	3	
	5							9996	9988	9887	9803	9502	8555	2	
	6								9999	9987	9974	9915	9648	1	
	7									9999	9998	9993	9961	0	
9	0		0,8337	7602	6925	6302	3874	1938	1342	0404	0260	0101	0020	8	9
	1		9869	9718	9522	9288	7748	5427	4362	1960	1431	0705	0195	7	
	2		9994	9980	9955	9916	9470	8217	7382	4628	3772	2318	0898	6	
	3			9999	9997	9994	9917	9520	9144	7297	6503	4826	2539	5	
	4						9991	9911	9804	9012	8552	7334	5000	4	
	5							9989	9969	9747	9576	9006	7461	3	
	6							9999	9997	9957	9917	9750	9102	2	
	7									9996	9990	9962	9805	1	
	8										9999	9997	9980	0	
10	0		0,8171	7374	6648	5987	3487	1615	1074	0282	0173	0060	0010	9	10
	1		9838	9655	9418	9139	7361	4845	3758	1493	1040	0464	0107	8	
	2		9991	9972	9938	9885	9298	7752	6778	3828	2991	1673	0547	7	
	3			9999	9996	9990	9872	9303	8791	6496	5593	3823	1719	6	
	4						9984	9845	9672	8497	7869	6331	3770	5	
	5						9999	9976	9936	9527	9234	8338	6230	4	
	6							9997	9991	9894	9803	9452	8281	3	
	7								9999	9984	9966	9877	9453	2	
	8									9999	9996	9983	9893	1	
	9											9999	9990	0	
n	k	p	0,98	0,97	0,96	0,95	0,90	5/6	0,80	0,70	2/3	0,60	0,50	k	n

Alle freien Plätze dieser Seite würden durch das Runden auf 4 Dezimalen den Wert 1,0000 enthalten.

Beachte! Wenn Werte über den zweiten, gelb unterlegten Eingang der Tabelle abgelesen werden sollen, d. h. $p \ge 0{,}5$, muss die Differenz $1 - $ (abgelesener Wert) ermittelt werden.
Beispiel: $n = 8$; $k = 3$; $p = 0{,}6$; $P(X \le 3) = 1{,}0000 - 0{,}8263 = 0{,}1737$

Wertetafel zur Binomialverteilung ($n = 12, 14, 16, 18$)

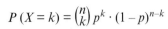

$$P(X = k) = \binom{n}{k}\, p^k \cdot (1 - p)^{n-k}$$

n	k	p	0,02	0,03	0,04	0,05	0,10	1/6	0,20	0,30	1/3	0,40	0,50	k	n
12	0		0,7847	6938	6127	5404	2824	1122	0687	0138	0077	0022	0002	12	12
	1		1922	2575	3064	3413	3766	2692	2062	0712	0462	0174	0029	11	
	2		0216	0438	0702	0988	2301	2961	2835	1678	1272	0639	0161	10	
	3		0015	0045	0098	0173	0852	1974	2362	2397	2120	1419	0537	9	
	4		0001	0003	0009	0021	0213	0888	1329	2311	2384	2128	1209	8	
	5		0000	0000	0001	0002	0038	0284	0532	1585	1908	2270	1934	7	
	6				0000	0000	0005	0066	0155	0792	1113	1766	2256	6	
	7						0000	0011	0033	0291	0477	1009	1934	5	
	8							0001	0005	0078	0149	0420	1209	4	
	9							0000	0001	0015	0033	0125	0537	3	
	10								0000	0002	0005	0025	0161	2	
	11									0000	0000	0003	0029	1	
	12											0000	0002	0	
14	0		0,7536	6528	5647	4877	2288	0779	0440	0068	0034	0008	0001	14	14
	1		2153	2827	3294	3593	3559	2181	1539	0407	0240	0073	0009	13	
	2		0286	0568	0892	1229	2570	2835	2501	1134	0779	0317	0056	12	
	3		0023	0070	0149	0259	1142	2268	2501	1943	1559	0845	0222	11	
	4		0001	0006	0017	0037	0349	1247	1720	2290	2143	1549	0611	10	
	5		0000	0000	0001	0004	0078	0499	0860	1963	2143	2066	1222	9	
	6				0000	0000	0013	0150	0322	1262	1607	2066	1833	8	
	7						0002	0034	0092	0618	0918	1574	2095	7	
	8						0000	0006	0020	0232	0402	0918	1833	6	
	9							0001	0003	0066	0134	0408	1222	5	
	10							0000	0000	0014	0033	0136	0611	4	
	11									0002	0006	0033	0222	3	
	12									0000	0001	0005	0056	2	
	13										0000	0001	0009	1	
	14											0000	0001	0	
16	0		0,7238	6143	5204	4401	1853	0541	0281	0033	0015	0003	0000	16	16
	1		2363	3040	3469	3706	3294	1731	1126	0228	0122	0030	0002	15	
	2		0362	0705	1084	1463	2745	2596	2111	0732	0457	0150	0018	14	
	3		0034	0102	0211	0359	1423	2423	2463	1465	1066	0468	0085	13	
	4		0002	0010	0029	0061	0514	1575	2001	2040	1732	1014	0278	12	
	5		0000	0001	0003	0008	0137	0756	1201	2099	2078	1623	0667	11	
	6			0000	0000	0001	0028	0277	0550	1649	1905	1983	1222	10	
	7					0000	0004	0079	0197	1010	1361	1889	1746	9	
	8						0001	0018	0055	0487	0765	1417	1964	8	
	9						0000	0003	0012	0185	0340	0840	1746	7	
	10							0000	0002	0056	0119	0392	1222	6	
	11								0000	0013	0032	0142	0667	5	
	12									0002	0007	0040	0278	4	
	13									0000	0001	0008	0085	3	
	14										0000	0001	0018	2	
	15											0000	0002	1	
	16												0000	0	
18	0		0,6951	5780	4796	3972	1501	0376	0180	0016	0007	0001	0000	18	18
	1		2554	3217	3597	3763	3002	1352	0811	0126	0061	0012	0001	17	
	2		0443	0846	1274	1683	2835	2299	1723	0458	0259	0069	0006	16	
	3		0048	0140	0283	0473	1680	2452	2297	1046	0690	0246	0031	15	
	4		0004	0016	0044	0093	0700	1839	2153	1681	1294	0614	0117	14	
	5		0000	0001	0005	0014	0218	1030	1507	2017	1812	1146	0327	13	
	6			0000	0000	0002	0052	0446	0816	1873	1963	1655	0708	12	
	7					0000	0010	0153	0350	1376	1682	1892	1214	11	
	8						0002	0042	0120	0811	1157	1734	1669	10	
	9						0000	0009	0033	0386	0643	1284	1855	9	
	10							0002	0008	0149	0289	0771	1669	8	
	11							0000	0001	0046	0105	0374	1214	7	
	12								0000	0012	0031	0145	0708	6	
	13									0002	0007	0045	0327	5	
	14									0000	0001	0011	0117	4	
	15										0000	0002	0031	3	
	16											0000	0006	2	
	17												0001	1	
n	k	p	0,98	0,97	0,96	0,95	0,90	5/6	0,80	0,70	2/3	0,60	0,50	k	n

Alle freien Plätze dieser Seite würden durch das Runden auf 4 Dezimalen den Wert 0,0000 enthalten.

Summierte Binomialverteilung (n = 12, 14, 16, 18)

$$P(X \le k) = \sum_{i=0}^{k} \binom{n}{i} p^i \cdot (1-p)^{n-i}$$

n	k	p	0,02	0,03	0,04	0,05	0,10	1/6	0,20	0,30	1/3	0,40	0,50	k	n
12	0		0,7847	6938	6127	5404	2824	1122	0687	0138	0077	0022	0002	11	12
	1		9769	9514	9191	8816	6590	3813	2749	0850	0540	0196	0032	10	
	2		9985	9952	9893	9804	8891	6774	5583	2528	1811	0834	0193	9	
	3		9999	9997	9990	9978	9744	8748	7946	4925	3931	2253	0730	8	
	4				9999	9998	9957	9637	9274	7237	6315	4382	1938	7	
	5						9995	9921	9806	8822	8223	6652	3872	6	
	6						9999	9987	9961	9614	9336	8418	6128	5	
	7							9998	9994	9905	9812	9427	8062	4	
	8								9999	9983	9961	9847	9270	3	
	9									9998	9995	9972	9807	2	
	10											9997	9968	1	
	11												9998	0	
14	0		0,7536	6528	5647	4877	2288	0779	0440	0068	0034	0008	0001	13	14
	1		9690	9355	8941	8470	5846	2960	1979	0475	0274	0081	0009	12	
	2		9975	9923	9833	9699	8416	5795	4481	1608	1053	0398	0065	11	
	3		9999	9994	9981	9958	9559	8063	6982	3552	2612	1243	0287	10	
	4				9998	9996	9908	9310	8702	5842	4755	2793	0898	9	
	5						9985	9809	9561	7805	6898	4859	2120	8	
	6						9998	9959	9884	9067	8505	6925	3953	7	
	7							9993	9976	9685	9424	8499	6047	6	
	8							9999	9996	9917	9826	9417	7880	5	
	9									9983	9960	9825	9102	4	
	10									9998	9993	9961	9713	3	
	11										9999	9994	9935	2	
	12											9999	9991	1	
	13												9999	0	
16	0		0,7238	6143	5204	4401	1853	0541	0281	0033	0015	0003	0000	15	16
	1		9601	9182	8673	8108	5147	2272	1407	0261	0137	0033	0003	14	
	2		9963	9887	9758	9571	7892	4868	3518	0994	0594	0183	0021	13	
	3		9998	9989	9968	9930	9316	7291	5981	2459	1659	0651	0106	12	
	4			9999	9997	9991	9830	8866	7982	4499	3391	1666	0384	11	
	5					9999	9967	9622	9183	6598	5469	3288	1051	10	
	6						9995	9899	9733	8247	7374	5272	2272	9	
	7						9999	9979	9930	9256	8735	7161	4018	8	
	8							9996	9985	9743	9500	8577	5982	7	
	9								9998	9929	9841	9417	7728	6	
	10									9984	9960	9809	8949	5	
	11									9997	9992	9951	9616	4	
	12										9999	9991	9894	3	
	13											9999	9979	2	
	14												9997	1	
	15													0	
18	0		0,6951	5780	4796	3972	1501	0376	0180	0016	0007	0001	0000	17	18
	1		9505	8997	8393	7735	4503	1728	0991	0142	0068	0013	0001	16	
	2		9948	9843	9667	9419	7338	4027	2713	0600	0326	0082	0007	15	
	3		9996	9982	9950	9891	9018	6479	5010	1646	1017	0328	0038	14	
	4			9998	9994	9985	9718	8318	7164	3327	2311	0942	0154	13	
	5				9999	9998	9936	9347	8671	5344	4122	2088	0481	12	
	6						9988	9794	9487	7217	6085	3743	1189	11	
	7						9998	9947	9837	8593	7767	5634	2403	10	
	8							9989	9957	9404	8924	7368	4073	9	
	9							9998	9991	9790	9567	8653	5927	8	
	10								9998	9939	9856	9424	7597	7	
	11									9986	9961	9797	8811	6	
	12									9997	9991	9943	9519	5	
	13										9999	9987	9846	4	
	14											9998	9962	3	
	15												9993	2	
	16												9999	1	
n	k	p	0,98	0,97	0,96	0,95	0,90	5/6	0,80	0,70	2/3	0,60	0,50	k	n

Alle freien Plätze dieser Seite würden durch das Runden auf 4 Dezimalen den Wert 1,0000 enthalten.

Beachte! Wenn Werte über den zweiten, gelb unterlegten Eingang der Tabelle abgelesen werden sollen, d. h. p ≥ 0,5, muss die Differenz 1 – (abgelesener Wert) ermittelt werden.
Beispiel: n = 12; k = 9; p = 0,95: P(X ≤ 9) = 1,0000 – 0,9804 = 0,0196

Wertetafel zur Binomialverteilung ($n = 25, 50$)

$$P(X=k) = \binom{n}{k} p^k \cdot (1-p)^{n-k}$$

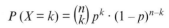

n	k	p	0,02	0,03	0,04	0,05	0,10	1/6	0,20	0,30	1/3	0,40	0,50	k	n
25	0		0,6034	4670	3604	2774	0718	0105	0038	0001	0000			25	25
	1		3079	3611	3754	3650	1994	0524	0236	0014	0005	0000		24	
	2		0754	1340	1877	2305	2659	1258	0708	0074	0030	0004	0000	23	
	3		0118	0318	0600	0930	2265	1929	1358	0243	0114	0019	0001	22	
	4		0013	0054	0137	0269	1384	2122	1867	0572	0313	0071	0004	21	
	5		0001	0007	0024	0060	0646	1782	1960	1030	0658	0199	0016	20	
	6		0000	0001	0003	0010	0239	1188	1633	1472	1096	0442	0053	19	
	7			0000	0000	0001	0072	0645	1108	1712	1487	0800	0143	18	
	8					0000	0018	0290	0623	1651	1673	1200	0322	17	
	9						0004	0110	0294	1336	1580	1511	0609	16	
	10						0001	0035	0118	0916	1264	1612	0974	15	
	11						0000	0010	0040	0536	0862	1465	1328	14	
	12							0002	0012	0268	0503	1140	1550	13	
	13							0000	0003	0115	0251	0760	1550	12	
	14								0001	0042	0108	0434	1328	11	
	15								0000	0013	0040	0212	0974	10	
	16									0004	0012	0088	0609	9	
	17									0001	0003	0031	0322	8	
	18									0000	0001	0009	0143	7	
	19										0000	0002	0053	6	
	20											0000	0016	5	
	21												0004	4	
	22												0001	3	
	23												0000	2	
50	0		0,3642	2181	1299	0769	0052	0001	0000					50	50
	1		3716	3372	2706	2025	0286	0011	0002					49	
	2		1858	2555	2762	2611	0779	0054	0011					48	
	3		0607	1264	1842	2199	1386	0172	0044	0000				47	
	4		0145	0459	0902	1360	1809	0405	0128	0001	0000			46	
	5		0027	0131	0346	0658	1849	0745	0295	0006	0001			45	
	6		0004	0030	0108	0260	1541	1118	0554	0018	0004			44	
	7		0001	0006	0028	0086	1076	1405	0870	0048	0012	0000		43	
	8		0000	0001	0006	0024	0643	1510	1169	0110	0033	0002		42	
	9			0000	0001	0006	0333	1410	1364	0220	0077	0005		41	
	10				0000	0001	0152	1156	1398	0386	0157	0014		40	
	11					0000	0061	0841	1271	0602	0286	0035	0000	39	
	12						0022	0546	1033	0838	0465	0076	0001	38	
	13						0007	0319	0755	1050	0679	0147	0003	37	
	14						0002	0169	0499	1189	0898	0260	0008	36	
	15						0001	0081	0299	1223	1077	0415	0020	35	
	16						0000	0035	0164	1147	1178	0606	0044	34	
	17							0014	0082	0983	1178	0808	0087	33	
	18							0005	0037	0772	1080	0987	0160	32	
	19							0002	0016	0558	0910	1109	0270	31	
	20							0001	0006	0370	0705	1146	0419	30	
	21							0000	0002	0227	0503	1091	0598	29	
	22								0001	0128	0332	0959	0788	28	
	23								0000	0067	0202	0778	0960	27	
	24									0032	0114	0584	1080	26	
	25									0014	0059	0405	1123	25	
	26									0006	0028	0259	1080	24	
	27									0002	0013	0154	0960	23	
	28									0001	0005	0084	0788	22	
	29									0000	0002	0043	0598	21	
	30										0001	0020	0419	20	
	31										0000	0009	0270	19	
	32											0003	0160	18	
	33											0001	0087	17	
	34											0000	0044	16	
	35												0020	15	
	36												0008	14	
	37												0003	13	
	38												0001	12	
	39												0000	11	
n	k	p	0,98	0,97	0,96	0,95	0,90	5/6	0,80	0,70	2/3	0,60	0,50	k	n

Alle freien Plätze dieser Seite würden durch das Runden auf 4 Dezimalen den Wert 0,0000 enthalten.

Summierte Binomialverteilung (n = 25, 50)

$$P(X \le k) = \sum_{i=0}^{k} \binom{n}{i} p^i \cdot (1-p)^{n-i}$$

n	k	p	0,02	0,03	0,04	0,05	0,10	1/6	0,20	0,30	1/3	0,40	0,50	k	n
25	0		0,6034	4670	3604	2774	0718	0105	0038	0001	0000	0000		24	25
	1		9114	8280	7358	6424	2712	0629	0274	0016	0005	0001		23	
	2		9868	9620	9235	8729	5371	1887	0982	0090	0035	0004	0000	22	
	3		9986	9938	9835	9659	7636	3816	2340	0332	0149	0024	0001	21	
	4		9999	9992	9972	9928	9020	5937	4207	0905	0462	0095	0005	20	
	5			9999	9996	9988	9666	7720	6167	1935	1120	0294	0020	19	
	6					9998	9905	8908	7800	3407	2215	0736	0073	18	
	7						9977	9553	8909	5118	3703	1536	0216	17	
	8						9995	9843	9532	6769	5376	2735	0539	16	
	9						9999	9953	9827	8106	6956	4246	1148	15	
	10							9988	9944	9022	8220	5858	2122	14	
	11							9997	9985	9558	9082	7323	3450	13	
	12							9999	9996	9825	9585	8462	5000	12	
	13								9999	9940	9836	9222	6550	11	
	14									9982	9944	9656	7878	10	
	15									9995	9984	9868	8852	9	
	16									9999	9996	9957	9461	8	
	17										9999	9988	9784	7	
	18											9997	9927	6	
	19											9999	9980	5	
	20												9995	4	
	21												9999	3	
50	0		0,3642	2181	1299	0769	0052	0001	0000					49	50
	1		7358	5553	4005	2794	0338	0012	0002					48	
	2		9216	8108	6767	5405	1117	0066	0013					47	
	3		9822	9372	8609	7604	2503	0238	0057	0000				46	
	4		9968	9832	9510	8964	4312	0643	0185	0002	0000			45	
	5		9995	9963	9856	9622	6161	1388	0480	0007	0001			44	
	6		9999	9993	9964	9882	7702	2506	1034	0025	0005			43	
	7			9999	9992	9968	8779	3911	1904	0073	0017	0000		42	
	8				9999	9992	9421	5421	3073	0183	0050	0002		41	
	9					9998	9755	6830	4473	0402	0127	0008		40	
	10						9906	7986	5836	0789	0284	0022		39	
	11						9968	8827	7107	1390	0570	0057	0000	38	
	12						9990	9373	8139	2229	1035	0133	0002	37	
	13						9997	9693	8894	3279	1715	0280	0005	36	
	14						9999	9862	9393	4468	2612	0540	0013	35	
	15							9943	9692	5692	3690	0955	0033	34	
	16							9978	9856	6839	4868	1561	0077	33	
	17							9992	9937	7822	6046	2369	0164	32	
	18							9998	9975	8594	7126	3356	0325	31	
	19							9999	9991	9152	8036	4465	0595	30	
	20								9997	9522	8741	5610	1013	29	
	21								9999	9749	9244	6701	1611	28	
	22									9877	9576	7660	2399	27	
	23									9944	9778	8438	3359	26	
	24									9976	9892	9022	4439	25	
	25									9991	9951	9427	5561	24	
	26									9997	9979	9686	6641	23	
	27									9999	9992	9840	7601	22	
	28										9997	9924	8389	21	
	29										9999	9966	8987	20	
	30											9986	9405	19	
	31											9995	9675	18	
	32											9998	9836	17	
	33											9999	9923	16	
	34												9967	15	
	35												9987	14	
	36												9995	13	
	37												9998	12	
n	k	p	0,98	0,97	0,96	0,95	0,90	5/6	0,80	0,70	2/3	0,60	0,50	k	n

Alle freien Plätze dieser Seite, die unterhalb der Zahlenkolonnen liegen, würden durch das Runden auf 4 Dezimalen den Wert 1,0000 enthalten.

Beachte! Wenn Werte über den zweiten, gelb unterlegten Eingang der Tabelle abgelesen werden sollen, d. h. $p \ge 0{,}5$, muss die Differenz 1 – (abgelesener Wert) ermittelt werden.

Beispiel: $n = 50$; $k = 44$; $p = 0{,}97$: $P(X \le 44) = 1{,}0000 - 0{,}9963 = 0{,}0037$

Standardnormalverteilung

Die Binomialverteilung kann für große n durch die **Normalverteilung** angenähert werden. Wählt man dabei für die Parameter μ und σ^2 die Werte 0 bzw. 1, so nimmt die Dichtefunktion ($\nearrow$ S. 35) folgende Gestalt an:

$$f(x) = \frac{1}{\sqrt{2\pi}}\, e^{-0,5x^2} \quad \text{mit} \quad x \in \mathbb{R} \text{ und } e \approx 2{,}7183$$

Zur Berechnung von Intervallwahrscheinlichkeiten wird das jeweilige Integral in den Grenzen des betrachteten Intervalls gebildet:

$$\Phi(x) = \frac{1}{\sqrt{2\pi}} \int_{-\infty}^{x} e^{-0,5t^2}\, dt$$

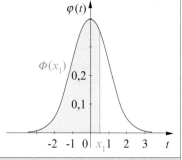

x	0	1	2	3	4	5	6	7	8	9
0,0	0,5000	5040	5080	5120	5160	5199	5239	5279	5319	5359
0,1	0,5398	5438	5478	5517	5557	5596	5636	5675	5714	5753
0,2	5793	5832	5871	5910	5948	5987	6026	6064	6103	6141
0,3	6179	6217	6255	6293	6331	6368	6406	6443	6480	6517
0,4	0,6554	6591	6628	6664	6700	6736	6772	6808	6844	6879
0,5	6915	6950	6985	7019	7054	7088	7123	7157	7190	7224
0,6	7257	7291	7324	7357	7389	7422	7454	7486	7517	7549
0,7	0,7580	7611	7642	7673	7703	7734	7764	7794	7823	7852
0,8	7881	7910	7939	7967	7995	8023	8051	8078	8106	8133
0,9	8159	8186	8212	8238	8264	8289	8315	8340	8365	8389
1,0	0,8413	8438	8461	8485	8508	8531	8554	8577	8599	8621
1,1	0,8643	8665	8686	8708	8729	8749	8770	8790	8810	8830
1,2	8849	8869	8888	8907	8925	8944	8962	8980	8997	9015
1,3	9032	9049	9066	9082	9099	9115	9131	9147	9162	9177
1,4	0,9192	9207	9222	9236	9251	9265	9279	9292	9306	9319
1,5	9332	9345	9357	9370	9382	9394	9406	9418	9429	9441
1,6	9452	9463	9474	9484	9495	9505	9515	9525	9535	9545
1,7	0,9554	9564	9573	9582	9591	9599	9608	9616	9625	9633
1,8	9641	9649	9656	9664	9671	9678	9686	9693	9699	9706
1,9	9713	9719	9726	9732	9738	9744	9750	9756	9761	9767
2,0	0,9772	9778	9783	9788	9793	9798	9803	9808	9812	9817
2,1	0,9821	9826	9830	9834	9838	9842	9846	9850	9854	9857
2,2	9861	9864	9868	9871	9875	9878	9881	9884	9887	9890
2,3	9893	9896	9898	9901	9904	9906	9909	9911	9913	9916
2,4	0,9918	9920	9922	9925	9927	9929	9931	9932	9934	9936
2,5	9938	9940	9941	9943	9945	9946	9948	9949	9951	9952
2,6	9953	9955	9956	9957	9959	9960	9961	9962	9963	9964
2,7	0,9965	9966	9967	9968	9969	9970	9971	9972	9973	9974
2,8	9974	9975	9976	9977	9977	9978	9979	9979	9980	9981
2,9	9981	9982	9982	9983	9984	9984	9985	9985	9986	9986
3,0	0,9987	9987	9987	9988	9988	9989	9989	9989	9990	9990
3,1	0,9990	9991	9991	9991	9992	9992	9992	9992	9993	9993
3,2	9993	9993	9994	9994	9994	9994	9994	9995	9995	9995
3,3	9995	9995	9996	9996	9996	9996	9996	9996	9996	9997
3,4	9997	9997	9997	9997	9997	9997	9997	9997	9997	9998

Beachte! $\Phi(-x) = 1 - \Phi(x)$

Beispiel: $\Phi(0{,}45) = 0{,}6736 \quad \Phi(-0{,}45) = 1 - 0{,}6736 = 0{,}3264$

Zufallsziffern

	Spalte 1	6	11	16	21	26	31	36	41	46
Zeile 1	40653	82715	29835	27852	32191	08941	50090	61628	65483	68626
	20388	02169	45693	90569	04706	17889	05236	26044	69228	97623
	57375	04758	13200	06366	26794	80210	12428	97669	38347	14644
	29285	35386	06306	17756	01889	46567	63690	63322	01017	61988
	83962	35849	08903	05793	96942	95658	46987	27525	65613	52743
6	66069	77855	15735	32548	10974	45251	05650	48448	07123	91208
	88181	96842	04303	54328	24074	47946	86171	07035	01102	13039
	95048	96876	80669	11018	41785	59413	13462	77991	67173	67110
	54896	29949	98441	20674	21872	37943	19470	94930	49602	60368
	67330	86909	12329	30622	48336	40615	89047	01519	28522	10795
11	46523	20927	02553	56011	73696	58072	52382	93454	68062	04286
	02349	65756	96906	12472	63225	76378	70719	86979	79069	87335
	41171	30721	67419	01523	62544	90206	01661	40897	04276	12350
	47476	71046	59731	53044	38860	51080	25567	28590	42538	24039
	80949	37558	59607	86281	78195	34547	64538	55686	17243	14952
16	42544	61262	61917	67009	02129	53738	78084	39678	11714	75672
	78525	59155	17681	27377	53521	87219	21689	38698	36575	38855
	85123	05896	67580	83757	16462	97117	80214	35832	22654	97535
	55625	54556	34184	37696	49685	52220	12043	43907	34623	09100
	32886	56880	00664	92270	95370	68380	40080	88305	32970	27418
21	90245	78149	75928	56698	30673	17850	90999	83915	83790	51120
	95852	27875	23509	08221	78018	33343	78167	44176	43353	20759
	58523	59268	46692	65717	46108	43848	44345	02564	98770	04382
	02091	44328	69638	24757	07074	53044	55039	29285	06272	65713
	45386	46823	39271	56819	57679	82300	44452	38678	08782	40501
26	63403	45072	53838	64968	38927	58665	82977	45721	47508	16489
	91764	22041	14681	13412	90484	32597	61926	62937	70314	09562
	84775	96110	74931	78038	45171	77311	39051	50771	24411	05340
	00684	72931	20561	98505	85582	88178	13299	85881	93058	82880
	74419	83717	02176	91077	22202	26631	62100	41765	24536	24967
31	61317	29832	55744	31002	94051	95486	38471	01157	24471	78669
	41977	67597	56282	17431	57695	67395	68436	90916	09096	93813
	10214	70778	62085	37554	69699	89270	67972	60884	69308	57300
	59174	66491	35653	17796	86621	07090	80557	82156	68647	67575
	40972	92317	37287	92170	45520	85312	15886	00166	91310	20742
36	50859	98860	73847	93671	75457	84486	17553	24646	70496	92346
	80182	46662	49420	21032	31032	95462	29379	28618	60379	87240
	44530	85870	07606	76299	65612	23594	28940	64327	34674	12644
	13869	49069	45952	88431	20573	38782	45150	18252	50247	54242
	30038	56122	13554	03554	22104	47212	21491	45984	44902	53207
41	90616	89917	71773	64981	85522	23626	55851	57164	69873	23091
	41820	68749	22163	40313	09859	23212	06345	07204	57710	53547
	59653	83841	82064	76753	22364	96886	17853	00664	99338	92784
	70559	89219	44858	66573	97933	08784	49282	97784	31554	96917
	12222	04150	30928	08237	16014	68122	98054	95004	94713	41249
46	00862	80639	03290	48441	74768	40968	33732	59771	63843	69580
	28361	92650	64922	29306	59084	73676	64468	49862	91288	13219
	61043	46009	56209	12845	47235	75884	75720	57387	60512	35296
	11048	25187	58211	89139	05366	10889	47076	54450	77124	78444
	98629	82125	41154	99335	77586	16905	34048	38516	40653	30500

Winkelmaße

Gradmaß	Beim Gradmaß wird dem Vollwinkel die Zahl 360 zugeordnet.

$0,1° = 6'$
$0,2° = 12'$
$0,3° = 18'$
$0,4° = 24'$
$0,5° = 30'$
$0,6° = 36'$
$0,7° = 42'$
$0,8° = 48'$
$0,9° = 54'$

Einheit: 1 Grad (1°)
(Das ist die Größe desjenigen Winkels, der gleich dem 360sten Teil des Vollwinkels ist.)

Weitere Einheiten: 1'; 1''
$1° = 60' = 3\,600''$
$1' = 60''$

Bogenmaß	Beim Bogenmaß wird jedem Winkel (aufgefasst als Zentriwinkel eines

Kreises) das Verhältnis $\frac{b}{r}$ von Länge des zugehörigen Bogens und Länge des Radius als Zahlenwert zugeordnet.
Einheit: 1 Radiant
(Das ist die Größe desjenigen Winkels, der aus dem Umfang eines Kreises einen Bogen von der Länge des Radius ausschneidet.)

$\alpha = 1$ rad
$\approx 57{,}296°$

Umrechnungstafel: Grad in Radiant

Grad	Rad.	Grad	Rad.	Grad	Rad.
1	0,017	31	0,541	61	1,065
2	035	32	559	62	082
3	052	33	576	63	100
4	070	34	593	64	117
5	087	35	611	65	134
6	105	36	628	66	152
7	122	37	646	67	169
8	140	38	663	68	187
9	157	39	681	69	204
10	0,175	40	0,698	70	1,222
11	0,192	41	0,716	71	1,239
12	209	42	733	72	257
13	227	43	750	73	274
14	244	44	768	74	292
15	262	45	785	75	309
16	279	46	803	76	326
17	297	47	820	77	344
18	314	48	838	78	361
19	332	49	855	79	379
20	0,349	50	0,873	80	1,396
21	0,367	51	0,890	81	1,414
22	384	52	908	82	431
23	401	53	925	83	449
24	419	54	942	84	466
25	436	55	960	85	484
26	454	56	977	86	501
27	471	57	995	87	518
28	489	58	1,012	88	536
29	506	59	030	89	553
30	0,524	60	1,047	90	1,571
Grad	Rad.	Grad	Rad.	Grad	Rad.

Umrechnungstafel: Radiant in Grad

Rad.	Grad	Rad.	Grad	Rad.	Grad
0,02	1,1	0,62	35,5	1,22	69,9
0,04	2,3	0,64	36,7	1,24	71,0
0,06	3,4	0,66	37,8	1,26	72,2
0,08	4,6	0,68	39,0	1,28	73,3
0,10	5,7	0,70	40,1	1,30	74,5
0,12	6,9	0,72	41,3	1,32	75,6
0,14	8,0	0,74	42,4	1,34	76,8
0,16	9,2	0,76	43,5	1,36	77,9
0,18	10,3	0,78	44,7	1,38	79,1
0,20	11,5	0,80	45,8	1,40	80,2
0,22	12,6	0,82	47,0	1,42	81,4
0,24	13,8	0,84	48,1	1,44	82,5
0,26	14,9	0,86	49,3	1,46	83,7
0,28	16,0	0,88	50,4	1,48	84,8
0,30	17,2	0,90	51,6	1,50	85,9
0,32	18,3	0,92	52,7	1,52	87,1
0,34	19,5	0,94	53,9	1,54	88,2
0,36	20,6	0,96	55,0	1,56	89,4
0,38	21,8	0,98	56,1	1,58	90,5
0,40	22,9	1,00	57,3	1,60	91,7
0,42	24,1	1,02	58,4	1,62	92,8
0,44	25,2	1,04	59,6	1,64	94,0
0,46	26,4	1,06	60,7	1,66	95,1
0,48	27,5	1,08	61,9	1,68	96,3
0,50	28,6	1,10	63,0	1,70	97,4
0,52	29,8	1,12	64,2	1,72	98,5
0,54	30,9	1,14	65,3	1,74	99,7
0,56	32,1	1,16	66,5	1,76	100,8
0,58	33,2	1,18	67,6	1,78	102,0
0,60	34,4	1,20	68,8	1,80	103,1
Rad.	Grad	Rad.	Grad	Rad.	Grad

Umrechnungsgleichungen: Bezeichnet man die Winkelgröße im Gradmaß mit α und die Winkelgröße im Bogenmaß mit arc α (lat. arcus = Bogen), so gilt:

$$\text{arc } \alpha = \frac{\pi}{180°} \cdot \alpha \approx 0{,}017\,45 \cdot \alpha \quad \text{und} \quad \alpha = \frac{180°}{\pi} \cdot \text{arc } \alpha \approx 57{,}295\,78° \cdot \text{arc } \alpha$$

Mathematische Formeln

Rechenoperationen

1. Stufe	Addition	$a + b = c$	a, b Summanden	c Summe
	Subtraktion	$a - b = c$	a Minuend	b Subtrahend c Differenz

2. Stufe	Multiplikation	$a \cdot b = c$	a, b Faktoren	c Produkt
	Division	$a : b = c\ (b \neq 0)$	a Dividend	b Divisor $\quad c$ Quotient

3. Stufe	Potenzieren	$a^b = c$	a Basis der Potenz	b Exponent $\quad c$ Potenz
	Radizieren	$\sqrt[a]{b} = c\ (b \geq 0)$	a Wurzelexponent	b Radikand $\quad c$ Wurzel
	Logarithmieren	$\log_a b = c\ (a > 0;\ a \neq 1)$	a Basis	b Numerus $\quad c$ Logarithmus

Sind Rechenoperationen verschiedener Stufe auszuführen, so haben die Operationen der höheren Stufe den Vorrang. Durch das Setzen von Klammern kann diese Regel aufgehoben werden.
Sind nur mehrere Divisionen auszuführen, zum Beispiel $a : b : c$, so sollen diese Operationen nacheinander, von links beginnend, ausgeführt werden.
Auch wenn nur Multiplikationen und Divisionen auszuführen sind und wenn keine Klammer steht zum Beispiel $a : b \cdot c$, wird nacheinander von links nach rechts gerechnet.

Mittelwerte

Mittelwerte	bei 2 Größen a_1, a_2	bei n Größen $a_1, a_2, …, a_n$
Arithmetisches Mittel	$A = \dfrac{a_1 + a_2}{2}$	$A = \dfrac{a_1 + a_2 + … + a_n}{n} = \dfrac{1}{n}\sum\limits_{i=1}^{n} a_i$
Geometrisches Mittel	$G = \sqrt{a_1 \cdot a_2}$	$G = \sqrt[n]{a_1 \cdot a_2 \cdot … \cdot a_n} = \sqrt[n]{\prod\limits_{i=1}^{n} a_i}\ (a_i > 0)$
Harmonisches Mittel	$H = \dfrac{2 \cdot a_1 \cdot a_2}{a_1 + a_2}$	$H = \dfrac{n}{\dfrac{1}{a_1} + \dfrac{1}{a_2} + … + \dfrac{1}{a_n}} = \dfrac{n}{\sum\limits_{i=1}^{n} \dfrac{1}{a_i}}$
Goldener Schnitt	$\dfrac{\overline{AB}}{\overline{AT}} = \dfrac{\overline{AT}}{\overline{AB} - \overline{AT}}$	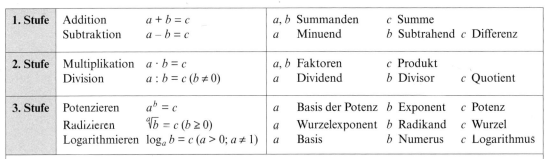 $\overline{AT} \approx 0{,}618 \cdot \overline{AB}$

Termumformungen

Auflösen von Klammern	$a + (b + c) = a + b + c$ $\\$ $a - (b + c) = a - b - c$	$a + (b - c) = a + b - c$ $\\$ $a - (b - c) = a - b + c$
Ausmultiplizieren	$a\,(b + c) = ab + ac$ $\\$ $a\,(b - c) = ab - ac$	$(a + b)\,(c + d) = ac + ad + bc + bd$ $\\$ $(a - b)\,(c - d) = ac - ad - bc + bd$ $\\$ $(a + b)\,(c - d) = ac - ad + bc - bd$ $\\$ $(a - b)\,(c + d) = ac + ad - bc - bd$
Dividieren	$(a \pm b) : c = \dfrac{a}{c} \pm \dfrac{b}{c}\ (c \neq 0)$	
Binomische Formeln	$(a + b)^2 = a^2 + 2ab + b^2$ $\qquad$ $(a - b)^2 = a^2 - 2ab + b^2$ $\qquad$ $(a + b)\,(a - b) = a^2 - b^2$	

Direkte Proportionalität, Umgekehrte (indirekte) Proportionalität

Direkte Proportionalität	Umgekehrte (indirekte) Proportionalität
Gilt bei einer Zuordnung → wachsend/fallend $\dfrac{x}{y} \begin{array}{c\|cccc} & x_1 & x_2 & x_3 & \dots \\ \hline & y_1 & y_2 & y_3 & \dots \end{array}$ die Gleichung $\dfrac{y}{x} = k$ → wachsend/fallend mit $x \neq 0$, $k \neq 0$ bzw. $y = k \cdot x$ $(k \neq 0)$ für alle Paare $(x_i; y_i)$, so liegt (direkte) Proportionalität vor: $y \sim x$.	Gilt bei einer Zuordnung → wachsend/fallend $\dfrac{x}{y} \begin{array}{c\|cccc} & x_1 & x_2 & x_3 & \dots \\ \hline & y_1 & y_2 & y_3 & \dots \end{array}$ die Gleichung $y \cdot x = k$ ← fallend/wachsend mit $k \neq 0$ für alle Paare $(x_i; y_i)$, so liegt umgekehrte Proportionalität vor: $y \sim \dfrac{1}{x}$.
Ist von der Zuordnung ein Zahlenpaar $(x_i; y_i)$ bekannt, so kann zu jedem beliebigen x_k das zugeordnete y_k berechnet werden.	Ist von der Zuordnung ein Zahlenpaar $(x_i; y_i)$ bekannt, so kann zu jedem beliebigen x_k das zugeordnete y_k berechnet werden.
• Berechnung mit **Verhältnisgleichung**: Aus $\dfrac{x_1}{y_1} = \dfrac{x_2}{y_2}$ folgt $y_2 = \dfrac{x_2 \cdot y_1}{x_1}$.	• Berechnung mit **Produktgleichung**: Aus $x_1 \cdot y_1 = x_2 \cdot y_2$ folgt $y_2 = \dfrac{x_1 \cdot y_1}{x_2}$.
• Berechnung mit **Dreisatz**: x_1 entspricht y_1 1 entspricht $\dfrac{y_1}{x_1}$ x_2 entspricht $\dfrac{y_1}{x_1} \cdot x_2$ Daraus folgt: $y_2 = \dfrac{y_1}{x_1} \cdot x_2$.	• Berechnung mit **Dreisatz**: x_1 entspricht y_1 1 entspricht $y_1 \cdot x_1$ x_2 entspricht $\dfrac{y_1 \cdot x_1}{x_2}$ Daraus folgt: $y_2 = \dfrac{y_1 \cdot x_1}{x_2}$.

Prozentrechnung

	Zu berechnen ist W	Zu berechnen ist $p\,\%$	Zu berechnen ist G
Dreisatz	$100\,\% \cong G$ $1\,\% \cong \dfrac{G}{100}$ $p\,\% \cong p \cdot \dfrac{G}{100} = W$	$G \cong 100\,\%$ $1 \cong \dfrac{100\,\%}{G}$ $W \cong \dfrac{100\,\%}{G} \cdot W = p\,\%$	$p\,\% \cong W$ $1\,\% \cong \dfrac{W}{p}$ $100\,\% \cong \dfrac{W}{p} \cdot 100 = G$
Formel	$W = p \cdot \dfrac{G}{100}$	$p = \dfrac{100}{G} \cdot W$	$G = \dfrac{W}{p} \cdot 100$
Proportion	$\dfrac{W}{p} = \dfrac{G}{100}$	Bei Anwendung auf die Zinsrechnung (1 Jahr Laufzeit):	$\dfrac{Z}{p} = \dfrac{K}{100}$

Einige Prozentsätze und ihre Anteile von G	$8\frac{1}{3}\,\%$	$10\,\%$	$12\frac{1}{2}\,\%$	$16\frac{2}{3}\,\%$	$20\,\%$	$25\,\%$	$33\frac{1}{3}\,\%$	$50\,\%$	$66\frac{2}{3}\,\%$	$75\,\%$
	$\dfrac{1}{12}$	$\dfrac{1}{10}$	$\dfrac{1}{8}$	$\dfrac{1}{6}$	$\dfrac{1}{5}$	$\dfrac{1}{4}$	$\dfrac{1}{3}$	$\dfrac{1}{2}$	$\dfrac{2}{3}$	$\dfrac{3}{4}$

G Grundwert $(G \cong 100\,\%)$	W Prozentwert	$p\,\%$ Prozentsatz
K Kapital $(K \cong 100\,\%)$	Z Zinsen	$p\,\%$ Zinssatz

Zinsrechnung

Zinsen	ein Jahr: $Z = \dfrac{p \cdot K}{100}$ $\qquad$ m Monate: $Z = \dfrac{p \cdot K \cdot m}{12 \cdot 100}$ $\qquad$ t Tage: $Z = \dfrac{p \cdot K \cdot t}{100 \cdot 360}$	
Zinseszins	Das Kapital K wächst nach n Jahren auf K_n: <table><tr><td>n</td><td>1</td><td>2</td><td>...</td><td>n</td></tr><tr><td>K_n</td><td>$K\left(1+\dfrac{p}{100}\right)$</td><td>$K\left(1+\dfrac{p}{100}\right)^2$</td><td>...</td><td>$K\left(1+\dfrac{p}{100}\right)^n$</td></tr></table> $K_n = Kq^n$ mit $q = \left(1+\dfrac{p}{100}\right)$	K Kapital $(K \cong 100\,\%)$ Z Zinsen $p\,\%$ Zinssatz („Zinsfuß")

Rentenrechnung

Grundformel der Rentenrechnung	Das Grundkapital K_a wird mit $p\,\%$ verzinst. Jeweils am *Jahresende* werden die Zinsen und ein Ratenbetrag R zugeschlagen (bzw. die Zinsen zugeschlagen und ein Ratenbetrag R ausgezahlt) – **nachschüssige Zahlungsweise:** Kapital nach n Jahren: $K_n = K_a \cdot q^n \pm R\,\dfrac{q^n - 1}{q - 1}$; $\quad$ mit $\quad q = 1 + \dfrac{p}{100}$ Bei **vorschüssiger Zahlungsweise** wird der Ratenbetrag schon am Jahresanfang eingezahlt (bzw. ausgezahlt). Daraus folgt für das Kapital nach n Jahren: $K_n = K_a \cdot q^n \pm R \cdot q\,\dfrac{q^n - 1}{q - 1}$; $\quad$ mit $\quad q = 1 + \dfrac{p}{100}$
Tilgungsrate einer Schuld	Eine Schuld K_a soll in n Jahren durch regelmäßige Raten R jeweils am Jahresende bei $p\,\%$ Verzinsung getilgt werden: $R = \dfrac{K_a q^n (q - 1)}{q^n - 1}$ mit $q = 1 + \dfrac{p}{100}$

Potenzen, Wurzeln

Potenzen	Definitionen für a^k ($a \in \mathbb{R}$)

Für $k \in \mathbb{N}$ und $k > 1$ gilt: $\quad a^k := a \cdot a \cdot \ldots \cdot a$	Für $k = 1$ gilt: $\qquad\qquad a^1 := a$
Für $k \in \mathbb{N}$, $k > 0$ und $a \neq 0$ gilt: $\qquad a^{-k} := \dfrac{1}{a^k}$	Für $k = 0$ und $a \neq 0$ gilt: $\quad a^0 := 1$ (0^0 ist nicht erklärt.) Für $k \in \mathbb{R}$ und $k \neq 0$ gilt: $\quad 0^k = 0$

Für $k = \dfrac{p}{q}$ mit $p \in \mathbb{Z}$, $q \in \mathbb{N}$ und $q \neq 0$ sowie $a \in \mathbb{R}$ und $a > 0$ gilt:
$$a^{\frac{p}{q}} = (a^p)^{\frac{1}{q}} := \sqrt[q]{a^p}; \qquad a^{\frac{1}{q}} := \sqrt[q]{a}$$

Potenzgesetze für $a, b \in \mathbb{R}$ und $a \neq 0$; $b \neq 0$ sowie $m, n \in \mathbb{Z}$ oder $a, b \in \mathbb{R}$ und $a > 0$; $b > 0$ sowie $m, n \in \mathbb{R}$:

- $a^m \cdot a^n = a^{m+n}$
- $a^m \cdot b^m = (a \cdot b)^m$
- $(a^m)^n = a^{m \cdot n}$
- $\dfrac{a^m}{a^n} = a^{m-n}$
- $\dfrac{a^m}{b^m} = \left(\dfrac{a}{b}\right)^m$

Wurzeln	Definition von $\sqrt[n]{a}$: Ist a eine nichtnegative reelle Zahl und n eine natürliche Zahl mit $n \geq 1$, so ist $\sqrt[n]{a}$ diejenige nichtnegative reelle Zahl b, für die $b^n = a$ gilt. **Wurzelgesetze** für $a, b \in \mathbb{R}$; $a \geq 0$; $b \geq 0$ sowie $m, n \in \mathbb{N}$; $m \geq 1$; $n \geq 1$: $\bullet\ \sqrt[n]{a} \cdot \sqrt[n]{b} = \sqrt[n]{ab}$ $\quad \bullet\ \dfrac{\sqrt[n]{a}}{\sqrt[n]{b}} = \sqrt[n]{\dfrac{a}{b}}$ (für $b > 0$) $\quad \bullet\ \sqrt[n]{\sqrt[m]{a}} = \sqrt[m]{\sqrt[n]{a}} = \sqrt[n \cdot m]{a}$ $\quad \bullet\ \left(\sqrt[n]{a}\right)^m = \sqrt[n]{a^m}$

Logarithmen, Verschiedene Logarithmensysteme

Logarithmen	Definition für $\log_a b$: Ist a eine positive reelle Zahl, für die $a \neq 1$ gilt, und ist b eine positive reelle Zahl, so ist $\log_a b$ diejenige reelle Zahl c, für die $a^c = b$ gilt.
	Es gelten: $\log_a 1 = 0$, $\log_a a = 1$, $a^{\log_a b} = b$ ($\log_1 a$ ist nicht erklärt.)
	Logarithmengesetze ($b, b_1, b_2 > 0$; r beliebig reell; $a > 0$ und $a \neq 1$):
	• $\log_a (b_1 \cdot b_2) = \log_a b_1 + \log_a b_2$ • $\log_a b^r = r \cdot \log_a b$
	• $\log_a \left(\dfrac{b_1}{b_2} \right) = \log_a b_1 - \log_a b_2$ • $\log_a \sqrt[n]{b} = \dfrac{1}{n} \cdot \log_a b$
Basis $a \rightarrow$ ... Basis b Basis e (natürliche Logarithmen)	Wenn $a, b, c > 0$, aber ungleich 1, so gelten $\log_b c = \dfrac{\log_a c}{\log_a b}$ und $\log_b a = \dfrac{1}{\log_a b}$. Zur Ermittlung natürlicher Logarithmen aus dekadischen Logarithmen (bzw. umgekehrt) gilt: $\ln x = \dfrac{1}{\lg e} \cdot \lg x$. Daraus folgt: $\ln x \approx 2{,}3026 \cdot \lg x$ und $\lg x \approx 0{,}4343 \cdot \ln x$.

Winkelpaare, Sätze im Dreieck

Winkelpaare an sich schneidenden Geraden	Nebenwinkel: $\alpha + \delta = 180°$ $\alpha + \beta = 180°$ Scheitelwinkel: $\alpha = \gamma$	
Winkelpaare an geschnittenen Parallelen	Stufenwinkel: $\alpha_1 = \alpha_2$ Wechselwinkel: $\alpha_1 = \gamma_2$ Entgegengesetzt liegende Winkel: $\alpha_1 + \delta_2 = 180°$	
Sätze im Dreieck	Summe der Innenwinkel: $\alpha + \beta + \gamma = 180°$ Summe der Außenwinkel: $\alpha_1 + \beta_1 + \gamma_1 = 360°$ Außenwinkelsatz: $\alpha_1 = \beta + \gamma$ Dreiecksungleichung: $a + b > c$ Zwei **Höhen** verhalten sich umgekehrt wie die zugehörigen Seiten des Dreiecks: $\dfrac{h_c}{h_b} = \dfrac{b}{c}$ Die **Seitenhalbierenden** im Dreieck schneiden einander im Schwerpunkt. Sie teilen einander im Verhältnis 2 : 1: $\dfrac{\overline{AM}}{\overline{ME}} = \dfrac{\overline{BM}}{\overline{MF}} = \dfrac{\overline{CM}}{\overline{MD}} = \dfrac{2}{1}$ Die **Winkelhalbierenden** schneiden einander im Mittelpunkt M_i des Inkreises. Die **Mittelsenkrechten** schneiden einander im Mittelpunkt M_u des Umkreises.	

Dreiecke sind kongruent, wenn	**Dreiecke sind zueinander ähnlich, wenn**
• sie in den drei Seiten übereinstimmen (sss), • sie in einer Seite und den dieser Seite anliegenden Winkeln übereinstimmen (wsw), • sie in zwei Seiten und dem von diesen Seiten eingeschlossenen Winkel übereinstimmen (sws), • sie in zwei Seiten und dem der größeren Seite gegenüberliegenden Winkel übereinstimmen (SsW).	• jede Seite des einen Dreiecks mit je einer Seite des anderen Dreiecks gleiche Verhältnisse bildet, • sie in zwei Winkeln übereinstimmen **(Hauptähnlichkeitssatz)**, • sie in einem Winkel übereinstimmen und die dem Winkel anliegenden Seiten gleiche Verhältnisse bilden, • zwei Seiten des einen Dreiecks mit je einer Seite des anderen Dreiecks gleiche Verhältnisse bilden und sie in dem Winkel übereinstimmen, der jeweils der größeren Seite gegenüberliegt.

Strahlensätze

Erster Strahlensatz:
Werden zwei Strahlen mit gemeinsamem Anfangspunkt von zwei Parallelen geschnitten, so verhalten sich die Abschnitte auf dem einen Strahl zueinander wie die gleich liegenden Abschnitte auf dem anderen.

Zweiter Strahlensatz:
Werden zwei Strahlen mit gemeinsamem Anfangspunkt von zwei Parallelen geschnitten, so verhalten sich die Parallelenabschnitte zueinander wie die zugehörigen Abschnitte ein und desselben Strahls.

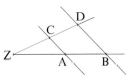

$$\frac{\overline{ZA}}{\overline{AB}} = \frac{\overline{ZC}}{\overline{CD}} \quad \text{oder} \quad \frac{\overline{ZA}}{\overline{ZB}} = \frac{\overline{ZC}}{\overline{ZD}}$$

$$\frac{\overline{ZA}}{\overline{ZB}} = \frac{\overline{AC}}{\overline{BD}} \quad \text{oder} \quad \frac{\overline{ZC}}{\overline{ZD}} = \frac{\overline{AC}}{\overline{BD}}$$

Zentrische Streckung

Bei einer zentrischen Streckung $(Z; k)$ sind die Originalfigur und die Bildfigur zueinander ähnlich. Für das Originalviereck $ABCD$ und das Bildviereck $A'B'C'D'$ gilt:

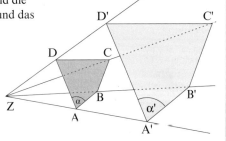

$\overline{A'B'} = k \cdot \overline{AB}; \ \overline{B'C'} = k \cdot \overline{BC}$ usw.

$\overline{A'B'} \parallel \overline{AB}; \ \overline{B'C'} \parallel \overline{BC}$ usw. $\alpha' = \alpha$ usw.

Für die Umfänge gilt: $u' = k \cdot u$

Für die Flächeninhalte gilt: $A_{A'B'C'D'} = k^2 \cdot A_{ABCD}$

Für die Rauminhalte von Körpern, die aus einer zentrischen Streckung $(Z; k)$ hervorgehen, gilt: $V_{K'} = k^3 \cdot V_K$

Ebene Figuren (u – Umfang; A – Flächeninhalt)

Allgemeines Dreieck

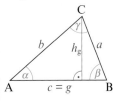

$u = a + b + c$

Sinussatz:
$$\frac{a}{\sin \alpha} = \frac{b}{\sin \beta} = \frac{c}{\sin \gamma}$$

Kosinussatz:
$$c^2 = a^2 + b^2 - 2ab \cdot \cos \gamma$$
$$A = \frac{1}{2} g \cdot h_g = \frac{1}{2} ab \cdot \sin \gamma$$
$$\alpha + \beta + \gamma = 180°$$

Rechtwinkliges Dreieck ($\gamma = 90°$)

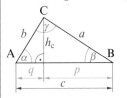

Höhensatz: $h^2 = pq$

Kathetensatz: $a^2 = pc;$
$\qquad\qquad\qquad b^2 = qc$

Satz des Pythagoras:
$$a^2 + b^2 = c^2$$
$$u = a + b + c$$

$$A = \frac{1}{2} ab; \quad \sin \alpha = \frac{a}{c}; \quad \cos \alpha = \frac{b}{c}; \quad \tan \alpha = \frac{a}{b}$$

Gleichseitiges Dreieck ($\alpha = 60°$) $\qquad \alpha = \beta = \gamma = 60° \qquad h = \frac{a}{2} \sqrt{3} \qquad A = \frac{a^2}{4} \sqrt{3} \qquad u = 3a$

Allgemeines Viereck

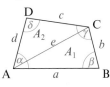

$\alpha + \beta + \gamma + \delta = 360°$
$u = a + b + c + d$
$A = A_1 + A_2$

Trapez ($a \parallel c$)

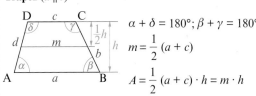

$\alpha + \delta = 180°; \beta + \gamma = 180°$

$$m = \frac{1}{2} (a + c)$$

$$A = \frac{1}{2} (a + c) \cdot h = m \cdot h$$

Parallelogramm $(a \parallel c; b \parallel d)$

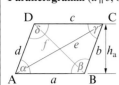

$a = c; b = d$
$\beta = \delta; \alpha + \beta = 180°$
$\alpha = \gamma; \alpha + \delta = 180°$
$u = 2(a + b)$
$A = a \cdot h_a = b \cdot h_b$
$A = ab \cdot \sin \alpha$
$\quad = ab \cdot \sin \beta$

Die Diagonalen halbieren einander.

Rhombus – Raute $(a \parallel c; b \parallel d)$

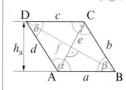

$a = b = c = d$
$\alpha = \gamma; \beta = \delta$
$\alpha + \beta = 180°$
$u = 4a$
$A = a \cdot h_a$
$A = \dfrac{1}{2} e \cdot f; \quad e \perp f$
$A = a^2 \cdot \sin \alpha = a^2 \cdot \sin \beta$

Die Diagonalen halbieren einander, und sie stehen senkrecht aufeinander.

Drachenviereck $(a = b; c = d)$

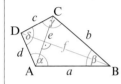

$\alpha = \gamma; \quad e \perp f$
$u = 2(a + d)$
$A = \dfrac{1}{2} e \cdot f$

Die Diagonalen stehen senkrecht aufeinander; eine Diagonale wird halbiert.

Rechteck $(a \parallel c; b \parallel d; a \perp b)$

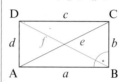

$a = c; b = d; e = f$
$e = \sqrt{a^2 + b^2}$
$\alpha = \beta = \gamma = \delta = 90°$
$u = 2(a + b)$
$A = ab$

Die Diagonalen sind gleich lang, und sie halbieren einander.

Kreis (r – Radius)

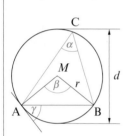

$\alpha' = \alpha$
$\alpha = \dfrac{\beta}{2}; \alpha = \gamma$
$u = 2\pi r = \pi d$
$A = \pi r^2 = \dfrac{1}{4} \pi d^2$

α Peripheriewinkel
β Zentriwinkel
$\quad$ über $\overset{\frown}{AB}$
γ Sehnen-
$\quad$ Tangenten-
$\quad$ Winkel

Quadrat $(a \parallel c; b \parallel d; a \perp b)$

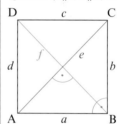

$a = b = c = d$
$\alpha = \beta = \gamma = \delta = 90°$
$e = f; \quad e \perp f; \quad e = a\sqrt{2}$
$u = 4a$
$A = a^2$

Die Diagonalen sind gleich lang, sie halbieren einander und stehen senkrecht aufeinander.

Kreisbogen

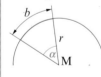

$b : u = \alpha : 360°$

$b = \dfrac{\pi r}{180°} \alpha$
$b = r \cdot \text{arc } \alpha \; (\nearrow \text{ S.18})$

Kreisausschnitt (Sektor)

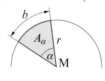

$A_\alpha : A = \alpha : 360°$
$\quad = \text{arc } \alpha : 2\pi$
$A_\alpha = \dfrac{\pi}{360°} \alpha r^2$
$A_\alpha = \dfrac{1}{2} b \cdot r = \dfrac{1}{2} r^2 \, \text{arc } \alpha$

Regelmäßiges n-Eck

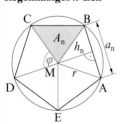

$u = n \cdot a_n$
$A = n \cdot A_n; \; \varphi = \dfrac{360°}{n}$
$h_n^2 = r^2 - \left(\dfrac{1}{2} a_n\right)^2$
$a_n = 2r \cdot \sin \dfrac{\varphi}{2}$
$A_n = \dfrac{1}{2} r^2 \cdot \sin \varphi$

Kreisring $(r_1 > r_2)$

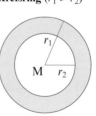

$A = \pi \left(r_1^2 - r_2^2\right)$

Körper (A_O – Oberflächeninhalt; V – Volumen)

Würfel 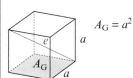 $A_G = a^2$ $V = a^3; \quad e = a \cdot \sqrt{3}$ $A_O = 6a^2$	**Quader** 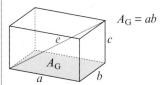 $A_G = ab$ $V = abc; \quad e = \sqrt{a^2 + b^2 + c^2}$ $A_O = 2(ab + ac + bc)$	**Prisma** 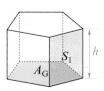 $V = A_G \cdot h$ $A_O = 2A_G + S_1 + S_2 + \ldots + S_n$
Kreiszylinder 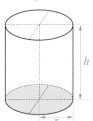 $V = \pi r^2 h; \quad A_M = 2\pi r h$ $A_O = 2\pi r (r + h)$	**Pyramide** 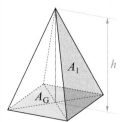 $V = \frac{1}{3} A_G \cdot h$ $A_O = A_G + A_1 + A_2 + \ldots + A_n$	**Kreiskegel** 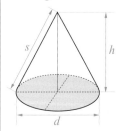 $V = \frac{1}{3} \pi r^2 h; \quad s^2 = r^2 + h^2$ $A_O = \pi r (r + s); \quad A_M = \pi r s$
Kreiskegelstumpf ($r_1 > r_2$) 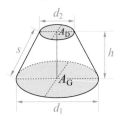 $V = \frac{1}{3} \pi h (r_1^2 + r_2^2 + r_1 r_2)$ $A_O = \pi r_1^2 + \pi r_2^2 + \pi s (r_1 + r_2)$ $s^2 = (r_1 - r_2)^2 + h^2$	**Pyramidenstumpf** 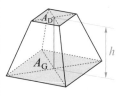 $V = \frac{1}{3} h \left(A_G + \sqrt{A_G A_D} + A_D \right)$ $A_O = A_G + A_D + A_M$	**Kugel** 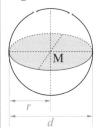 $V = \frac{4}{3} \pi r^3$ $A_O = 4\pi r^2$
Kugelabschnitt 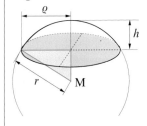 $V = \frac{1}{6} \pi h (3\varrho^2 + h^2)$ $A_O = 2\pi r h + \varrho^2 \pi$ $\varrho = \sqrt{h (2r - h)}$	**Kugelschicht** 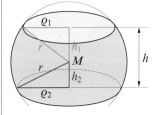 $V = \frac{\pi h}{6} (3\varrho_1^2 + 3\varrho_2^2 + h^2)$ $A = 2\pi r h + \pi(\varrho_1^2 + \varrho_2^2)$ $\varrho_1^2 = r^2 - h_1^2$	**Kugelausschnitt** (Kugelsektor) 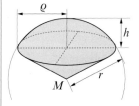 $V = \frac{2\pi}{3} r^2 h$ $A_O = \pi \varrho r + 2\pi r h$ $\varrho = \sqrt{h (2r - h)}$

Regelmäßige Polyeder (A_O – Oberflächeninhalt; V – Volumen)

Euler'scher Polyedersatz: Ist e die Anzahl der Ecken, f die Anzahl der Flächen und k die Anzahl der Kanten eines regulären Polyeders, so gilt die Beziehung $e + f - k = 2$.

Tetraeder	Oktaeder	Hexaeder (Würfel)	Ikosaeder	Dodekaeder
			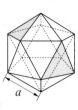	

Tetraeder	4 gleichseitige Dreiecke	$V = \dfrac{\sqrt{2}}{12}\, a^3 \approx 0{,}1179a^3$	$A_O = \sqrt{3} \cdot a^2 \approx 1{,}7321a^2$
Oktaeder	8 gleichseitige Dreiecke	$V = \dfrac{\sqrt{2}}{3}\, a^3 \approx 0{,}4714a^3$	$A_O = 2\sqrt{3} \cdot a^2 \approx 3{,}4641a^2$
Würfel	6 Quadrate	$V = a^3$	$A_O = 6a^2$
Ikosaeder	20 gleichseitige Dreiecke	$V \approx 2{,}1817a^3$	$A_O \approx 8{,}6603a^2$
Dodekaeder	12 regelmäßige Fünfecke	$V \approx 7{,}6631a^3$	$A_O \approx 20{,}6457a^2$

Lineare Gleichungen; lineare Gleichungssysteme (siehe auch Seite 53 f.)

Lineare Gleichungen mit einer Variablen x ($x \in \mathbb{R}$)

Normalform: $ax + b = 0$ (a und b Konstanten; $a \neq 0$)   Lösung: $x = -\dfrac{b}{a}$

Systeme aus zwei linearen Gleichungen mit zwei Variablen x und y ($x; y \in \mathbb{R}$)

(I) $a_1 x + b_1 y = c_1$

(II) $a_2 x + b_2 y = c_2$

$$x = \frac{c_1 b_2 - c_2 b_1}{a_1 b_2 - a_2 b_1}\,; \quad y = \frac{a_1 c_2 - a_2 c_1}{a_1 b_2 - a_2 b_1}$$

Ein lineares Gleichungssystem mit zwei Variablen hat entweder genau ein Zahlenpaar als Lösung ① oder keine Lösung ② oder unendlich viele Zahlenpaare als Lösungen ③.

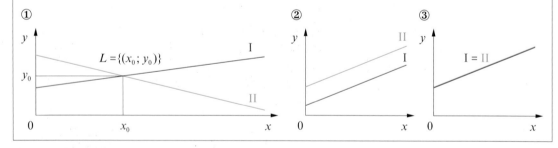

Lineare Ungleichungen

Für reelle Zahlen a, b, c gilt:

(1) Wenn $a < b$, so $b > a$.

(2) Wenn $a < b$ und $b < c$, so $a < c$.

(3) Wenn $a < b$, so $a \pm c < b \pm c$.

(4) Wenn $a < b$ und $c > 0$, so $a \cdot c < b \cdot c$ und $\dfrac{a}{c} < \dfrac{b}{c}$.

(5) Wenn $a < b$ und $c < 0$, so $a \cdot c > b \cdot c$ und $\dfrac{a}{c} > \dfrac{b}{c}$.

(6) Wenn $a < b$ und $a > 0$, $b > 0$, so $\dfrac{1}{a} > \dfrac{1}{b}$.

Lineare Funktionen

$$y = f(x) = mx + n \quad (m, n \in \mathbb{R};\; m \neq 0)$$

m Anstieg des Graphen

n Ordinate des Schnittpunktes P des Graphen mit der Ordinatenachse [$P(0; n)$]

α Schnittwinkel des Graphen mit der Abszissenachse

$$m = \frac{f(x_1) - f(x_2)}{x_1 - x_2} \;(x_1 \neq x_2); \quad m = \tan\alpha \;(\alpha \neq 90°)$$

$m > 0$ Funktion ist monoton wachsend

$m < 0$ Funktion ist monoton fallend

Nullstelle x_0: $\; x_0 = -\dfrac{n}{m}$

Quadratische Gleichungen

Allgemeine Form:	Normalform:	Diskriminante:
$ax^2 + bx + c = 0 \quad (a, b, c \in \mathbb{R};\; a \neq 0)$	$x^2 + px + q = 0 \quad (p, q \in \mathbb{R})$	$D = \dfrac{p^2}{4} - q$
Lösungen, falls $b^2 - 4ac \geq 0$: $\;\; x_{1,2} = -\dfrac{b}{2a} \pm \sqrt{\dfrac{b^2 - 4ac}{4a^2}}$	Lösungen, falls $p^2 - 4q \geq 0$: $\;\; x_{1,2} = -\dfrac{p}{2} \pm \sqrt{\dfrac{p^2}{4} - q}$	$D > 0$: zwei Lösungen $D = 0$: genau eine Lösung $D < 0$: keine Lösung
Zerlegung in Linearfaktoren: Satz von Vieta:	$x^2 + px + q = (x - x_1)(x - x_2) = 0$ x_1, x_2 sind Lösungen $p = -(x_1 + x_2); \quad q = x_1 \cdot x_2$ x_1, x_2 sind Lösungen	
Sonderfälle und ihre Lösungen:	• $x^2 + px - 0$ • $x^2 + q = 0 \; (q \leq 0)$	$x_1 = 0;\; x_2 = -p$ $x_1 = \sqrt{-q};\; x_2 = -\sqrt{-q}$

Quadratische Funktionen

Allgemeine Form:	Normalform:	Diskriminante:
$y = f(x) = ax^2 + bx + c \quad (a \neq 0)$	$y = f(x) = x^2 + px + q$	$D = \dfrac{p^2}{4} - q$
Scheitelpunkt der Graphen: $\;\; S\left(-\dfrac{b}{2a};\; \dfrac{4ac - b^2}{4a}\right)$	Scheitelpunkt der Graphen: $\;\; S\left(-\dfrac{p}{2};\; -\dfrac{p^2}{4} + q\right)$	$D > 0$: zwei Nullstellen $D = 0$: genau eine Nullstelle $D < 0$: keine Nullstelle
Nullstellen der Funktion: $\;\; x_{1,2} = -\dfrac{b}{2a} \pm \sqrt{\dfrac{b^2 - 4ac}{4a^2}}$	Nullstellen der Funktion: $\;\; x_{1,2} = -\dfrac{p}{2} \pm \sqrt{\dfrac{p^2}{4} - q}$	**Sonderfälle und ihre Scheitelpunktskoordinaten**
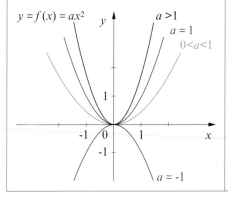	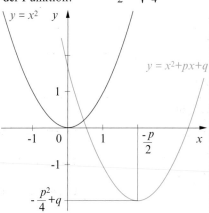	• $y = x^2$ $S(0; 0)$ • $y = (x + d)^2$ $S(-d; 0)$ • $y = (x + d)^2 + e$ $S(-d; e)$

Potenzfunktionen $y = f(x) = x^n$

$y = x^n$ ($n \in \mathbb{Z}$; $n \geq 0$)	$y = x^n$ ($n \in \mathbb{Z}$; $n < 0$)
n gerade Zahl $n = 2m$ ($m \in \mathbb{N}$; $m \neq 0$) Graphen axial- symmetrisch zur y-Achse $f(-x) = f(x)$ **n ungerade Zahl** $n = 2m + 1$ ($m \in \mathbb{N}$; $m \neq 0$) Graphen zentralsymme- trisch zum Punkt $O(0; 0)$ $f(-x) = -f(x)$	**n gerade Zahl** $n = -2m$ ($m \in \mathbb{N}$, $m \neq 0$) Graphen axial- symmetrisch zur y-Achse $f(-x) = f(x)$ **n ungerade Zahl** $n = -(2m + 1)$ ($m \in \mathbb{N}$; $m \neq 0$) Graphen zentralsymme- trisch zum Punkt $O(0; 0)$ $f(-x) = -f(x)$

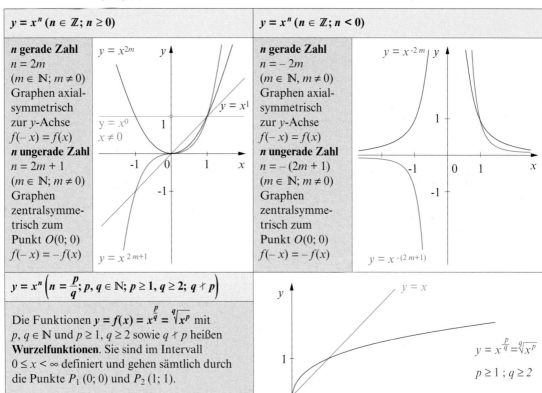

$y = x^n \left(n = \dfrac{p}{q}; p, q \in \mathbb{N}; p \geq 1, q \geq 2; q \nmid p \right)$	
Die Funktionen $y = f(x) = x^{\frac{p}{q}} = \sqrt[q]{x^p}$ mit $p, q \in \mathbb{N}$ und $p \geq 1$, $q \geq 2$ sowie $q \nmid p$ heißen **Wurzelfunktionen**. Sie sind im Intervall $0 \leq x < \infty$ definiert und gehen sämtlich durch die Punkte $P_1(0; 0)$ und $P_2(1; 1)$.	

Exponentialgleichungen; Logarithmusgleichungen

Exponentialgleichungen der Form: $a^x = b$ ($a, b \in \mathbb{R}$; $a > 0$; $a \neq 1$; $b > 0$)

Zur Lösung wendet man ein Logarithmengesetz an: $x \cdot \lg a = \lg b$, also $x = \dfrac{\lg b}{\lg a}$ $\left(\text{oder } x = \dfrac{\ln b}{\ln a} \right)$

Logarithmische Gleichungen der Form: $\log_a x = b$ ($a, b \in \mathbb{R}$; $a > 0$; $a \neq 1$)   Lösung: $x = a^b$

Exponentialfunktionen; Logarithmusfunktionen

Exponentialfunktionen
$y = f(x) = a^x$ ($a \in \mathbb{R}$; $a > 0$; $a \neq 1$)
Exponentialfunktionen sind im Intervall $-\infty < x < \infty$ definiert; die Graphen gehen sämtlich durch den Punkt $P(0; 1)$.

Logarithmusfunktionen
$y = f(x) = \log_a x$ ($a \in \mathbb{R}$; $a > 0$; $a \neq 1$)
Logarithmusfunktionen sind im Intervall $0 < x < \infty$ definiert. Die Graphen gehen sämtlich durch den Punkt $P(1; 0)$.

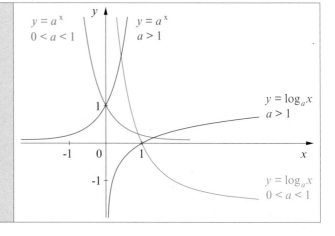

Winkelfunktionen (Trigonometrische Funktionen)

Für $x \in \mathbb{R}$; $r, u, v \in \mathbb{R}$; $r > 0$ und $k \in \mathbb{Z}$ gilt:

$y = \sin x$; $\sin x := \dfrac{v}{r}$

$y = \cos x$; $\cos x := \dfrac{u}{r}$

$y = \tan x$; $\tan x := \dfrac{\sin x}{\cos x}$ $\left(x \neq (2k+1)\dfrac{\pi}{2} \right)$

$y = \cot x$; $\cot x := \dfrac{\cos x}{\sin x}$ $(x \neq k\pi)$

Die Winkelfunktionen im Einheitskreis:

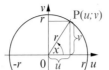

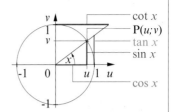

Komplementwinkelbeziehungen: $\sin x = \cos (90° - x)$; $\cos x = \sin (90° - x)$; $\tan x = \cot (90° - x)$

Ferner gelten die Beziehungen: $\sin^2 x + \cos^2 x = 1$ und $\tan x \cdot \cot x = 1$ $(x \neq k \cdot 90°; k \in \mathbb{Z})$

Im rechtwinkligen Dreieck ABC mit $\sphericalangle ACB = 90°$ gilt:

$\sin \alpha = \dfrac{a}{c} \left(\dfrac{\text{Gegenkathete}}{\text{Hypotenuse}} \right)$ $\tan \alpha = \dfrac{a}{b} \left(\dfrac{\text{Gegenkathete}}{\text{Ankathete}} \right)$

$\cos \alpha = \dfrac{b}{c} \left(\dfrac{\text{Ankathete}}{\text{Hypotenuse}} \right)$ $\cot \alpha = \dfrac{b}{a} \left(\dfrac{\text{Ankathete}}{\text{Gegenkathete}} \right)$

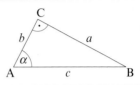

Spezielle Funktionswerte der Winkelfunktionen

x	0	$\dfrac{\pi}{6}$	$\dfrac{\pi}{4}$	$\dfrac{\pi}{3}$	$\dfrac{\pi}{2}$	$\dfrac{2\pi}{3}$	$\dfrac{3\pi}{4}$	$\dfrac{5\pi}{6}$	π	$\dfrac{5\pi}{4}$	$\dfrac{3\pi}{2}$	2π
	$0°$	$30°$	$45°$	$60°$	$90°$	$120°$	$135°$	$150°$	$180°$	$225°$	$270°$	$360°$
$\sin x$	0	$\dfrac{1}{2}$	$\dfrac{1}{2}\sqrt{2}$	$\dfrac{1}{2}\sqrt{3}$	1	$\dfrac{1}{2}\sqrt{3}$	$\dfrac{1}{2}\sqrt{2}$	$\dfrac{1}{2}$	0	$-\dfrac{1}{2}\sqrt{2}$	-1	0
$\cos x$	1	$\dfrac{1}{2}\sqrt{3}$	$\dfrac{1}{2}\sqrt{2}$	$\dfrac{1}{2}$	0	$-\dfrac{1}{2}$	$-\dfrac{1}{2}\sqrt{2}$	$-\dfrac{1}{2}\sqrt{3}$	-1	$-\dfrac{1}{2}\sqrt{2}$	0	1
$\tan x$	0	$\dfrac{1}{3}\sqrt{3}$	1	$\sqrt{3}$	$-$	$-\sqrt{3}$	-1	$-\dfrac{1}{3}\sqrt{3}$	0	1	$-$	0

Quadrantenbeziehungen und Periodizität

II $\sin (180° - x) = \sin x$
III $\sin (180° + x) = -\sin x$
IV $\sin (360° - x) = -\sin x$

II $\cos (180° - x) = -\cos x$
III $\cos (180° + x) = -\cos x$
IV $\cos (360° - x) = \cos x$

II $\tan (180° - x) = -\tan x$
III $\tan (180° + x) = \tan x$
IV $\tan (360° - x) = -\tan x$

$\sin (x + k \cdot 360°) = \sin x$ $(k \in \mathbb{Z})$
$\sin (-x) = -\sin x$

$\cos (x + k \cdot 360°) = \cos x$ $(k \in \mathbb{Z})$
$\cos (-x) = \cos x$

$\tan (x + k \cdot 180°) = \tan x$ $(k \in \mathbb{Z}$;
$x \neq 90° + k \cdot 180°)$
$\tan (-x) = -\tan x$

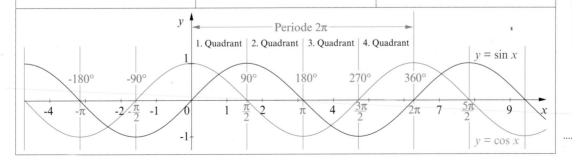

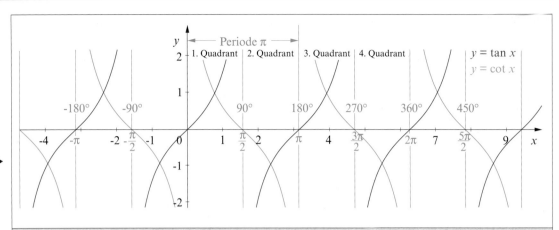

Die Funktion $y = a \cdot \sin(bx + c)$ $(a \neq 0; b \neq 0)$

Funktion	$y = \sin x$	$y = a \cdot \sin x$	$y = \sin(bx)$	$y = \sin(x + c)$	$y = a \cdot \sin(bx + c)$
kleinste Periode	2π	2π	$\dfrac{2\pi}{|b|}$	2π	$\dfrac{2\pi}{|b|}$
Nullstellen $k \in \mathbb{Z}$	$k \cdot \pi$	$k \cdot \pi$	$k \cdot \dfrac{\pi}{b}$	$k\pi - c$	$\dfrac{k\pi - c}{b}$

Darstellung einer Winkelfunktion durch eine andere Funktion desselben Winkels

$\sin^2 x = 1 - \cos^2 x$	$\cos^2 x = 1 - \sin^2 x$	$\tan^2 x = \dfrac{\sin^2 x}{1 - \sin^2 x}$	$\cot^2 x = \dfrac{1 - \sin^2 x}{\sin^2 x}$
$\sin^2 x = \dfrac{\tan^2 x}{1 + \tan^2 x}$	$\cos^2 x = \dfrac{1}{1 + \tan^2 x}$	$\tan^2 x = \dfrac{1 - \cos^2 x}{\cos^2 x}$	$\cot^2 x = \dfrac{\cos^2 x}{1 - \cos^2 x}$

Additionstheoreme

$\sin(\alpha + \beta) = \sin\alpha \cdot \cos\beta + \cos\alpha \cdot \sin\beta$

$\cos(\alpha + \beta) = \cos\alpha \cdot \cos\beta - \sin\alpha \cdot \sin\beta$

$\tan(\alpha + \beta) = \dfrac{\tan\alpha + \tan\beta}{1 - \tan\alpha \cdot \tan\beta}$

$\sin(\alpha - \beta) = \sin\alpha \cdot \cos\beta - \cos\alpha \cdot \sin\beta$

$\cos(\alpha - \beta) = \cos\alpha \cdot \cos\beta + \sin\alpha \cdot \sin\beta$

$\tan(\alpha - \beta) = \dfrac{\tan\alpha - \tan\beta}{1 + \tan\alpha \cdot \tan\beta}$

Summen/Differenzen sowie Funktionen des doppelten und des halben Winkels

$\sin\alpha + \sin\beta = 2 \cdot \sin\dfrac{\alpha + \beta}{2} \cos\dfrac{\alpha - \beta}{2}$

$\cos\alpha + \cos\beta = 2 \cdot \cos\dfrac{\alpha + \beta}{2} \cos\dfrac{\alpha - \beta}{2}$

$\tan\alpha + \tan\beta = \dfrac{\sin(\alpha + \beta)}{\cos\alpha \cdot \cos\beta}$

$\sin\alpha - \sin\beta = 2 \cdot \cos\dfrac{\alpha + \beta}{2} \sin\dfrac{\alpha - \beta}{2}$

$\cos\alpha - \cos\beta = -2 \cdot \sin\dfrac{\alpha + \beta}{2} \sin\dfrac{\alpha - \beta}{2}$

$\tan\alpha - \tan\beta = \dfrac{\sin(\alpha - \beta)}{\cos\alpha \cdot \cos\beta}$

$\sin 2\alpha = 2 \cdot \sin\alpha \cos\alpha = \dfrac{2 \cdot \tan\alpha}{1 + \tan^2\alpha}$

$\cos 2\alpha = \cos^2\alpha - \sin^2\alpha = 1 - 2 \cdot \sin^2\alpha$
$\qquad\qquad = 2 \cdot \cos^2\alpha - 1$

$\tan 2\alpha = \dfrac{2 \cdot \tan\alpha}{1 - \tan^2\alpha}$ $(\tan^2\alpha \neq 1)$

$\sin 3\alpha = 3 \cdot \sin\alpha - 4 \cdot \sin^3\alpha$

$\sin\dfrac{\alpha}{2} = \sqrt{\dfrac{1 - \cos\alpha}{2}}$ $\qquad \tan\dfrac{\alpha}{2} = \sqrt{\dfrac{1 - \cos\alpha}{1 + \cos\alpha}}$

$\cos\dfrac{\alpha}{2} = \sqrt{\dfrac{1 + \cos\alpha}{2}}$ $\qquad\qquad = \dfrac{\sin\alpha}{1 + \cos\alpha}$

$\qquad\qquad\qquad\qquad\qquad = \dfrac{1 - \cos\alpha}{\sin\alpha}$

$\cos 3\alpha = 4 \cdot \cos^3\alpha - 3 \cdot \cos\alpha$

Kombinatorik

Potenzen von Binomen	Wenn $a, b \in \mathbb{R}$ und $n \in \mathbb{N}$, so gilt: $\qquad\qquad$ Pascal'sches Dreieck

$(a \pm b)^0 = 1$ . . . . $\qquad\qquad$ 1

$(a \pm b)^1 = a \pm b$ . . . . $\qquad$ 1 $\quad$ 1

$(a \pm b)^2 = a^2 \pm 2ab + b^2$ . . . . $\quad$ 1 $\quad$ 2 $\quad$ 1

$(a \pm b)^3 = a^3 \pm 3a^2b + 3ab^2 \pm b^3$ . . . . 1 $\quad$ 3 $\quad$ 3 $\quad$ 1

$(a \pm b)^4 = a^4 \pm 4a^3b + 6a^2b^2 \pm 4ab^3 + b^4$ . . . . . . 1 $\quad$ 4 $\quad$ 6 $\quad$ 4 $\quad$ 1

$(a \pm b)^5 = a^5 \pm 5a^4b + 10a^3b^2 \pm 10a^2b^3 + 5ab^4 \pm b^5$ $\quad$ 1 $\quad$ 5 $\quad$ 10 $\quad$ 10 $\quad$ 5 $\quad$ 1

Binomialkoeffizienten

$$\binom{n}{k} := \frac{n\,(n-1)\,\ldots\,[n-(k-1)]}{k!} = \frac{n!}{k!\,(n-k)!} \quad (n, k \in \mathbb{N};\ 0 < k \le n); \qquad \binom{n}{0} := 1$$

$$\binom{n}{k} = \binom{n}{n-k}; \qquad \binom{n}{k} + \binom{n}{k+1} = \binom{n+1}{k+1}$$

Binomischer Satz

$$(a + b)^n = \binom{n}{0}a^n + \binom{n}{1}a^{n-1}b + \binom{n}{2}a^{n-2}b^2 + \ldots + \binom{n}{n-1}ab^{n-1} + \binom{n}{n}b^n$$

$$(a + b)^n = \sum_{k=0}^{n} \binom{n}{k} a^{n-k}b^k$$

Fakultät

$$a! := 1 \cdot 2 \cdot 3 \cdot 4 \cdot \ldots \cdot (a-1) \cdot a \quad (a \in \mathbb{N}, a \ge 2); \quad 0! := 1; \quad 1! := 1;$$
$$(a + 1)! := a!\,(a + 1)$$

Permutationen

Ist eine Menge mit n Elementen gegeben, so bezeichnet man die möglichen Anordnungen aller dieser n Elemente als Permutationen.

P_n sei die Anzahl der Permutationen, wenn die n Elemente untereinander verschieden sind. Es gilt:

$$P_n = n!$$

^wP_n sei die Anzahl der Permutationen, wenn es unter den n Elementen $r, s, \ldots$ bzw. t gleiche Elemente gibt. Es gilt:

$$^wP_n = \frac{n!}{r! \cdot s! \cdot \ldots \cdot t!}$$

Variationen

Ist eine Menge mit n verschiedenen Elementen gegeben, so bezeichnet man die möglichen Anordnungen aus je k Elementen dieser Menge in jeder möglichen Reihenfolge als Variationen (Variationen von n Elementen zur k-ten Klasse).

V_n^k sei die Anzahl der Variationen aus je k Elementen, wenn jedes Element in einer Variation jeweils nur einmal vorkommen kann (Anzahl der Variationen ohne Zurücklegen der Elemente). Es gilt:

$$V_n^k = \frac{n!}{(n-k)!}$$

$^wV_n^k$ sei die Anzahl der Variationen aus je k Elementen, wenn jedes Element in einer Variation beliebig oft vorkommen kann (Anzahl der Variationen mit Zurücklegen der Elemente). Es gilt:

$$^wV_n^k = n^k$$

Kombinationen

Ist eine Menge mit n verschiedenen Elementen gegeben, so bezeichnet man die möglichen Anordnungen aus je k Elementen dieser Menge ohne Berücksichtigung ihrer Reihenfolge als Kombinationen. Variationen sind also Kombinationen mit Berücksichtigung der Reihenfolge der Elemente. (Kombinationen von n Elementen zur k-ten Klasse)

C_n^k sei die Anzahl der Kombinationen aus je k Elementen, wenn jedes Element in einer Kombination jeweils nur einmal vorkommen kann. Es gilt:

$$C_n^k = \binom{n}{k} = \frac{n!}{k!\,(n-k)!}$$

$^wC_n^k$ sei die Anzahl der Kombinationen aus je k Elementen, wenn jedes Element in einer Variation beliebig oft vorkommen kann. Es gilt:

$$^wC_n^k = \binom{n+k-1}{k}$$

Stochastik

Einige Grundbegriffe	Ein **Vorgang mit zufälligem Ergebnis** (ein Zufallsversuch) hat mehrere mögliche Ergebnisse, von denen nicht vorausgesagt werden kann, welches eintritt. Die Menge aller möglichen Ergebnisse ist die **Ergebnismenge Ω**. Jede Teilmenge A von Ω heißt ein zu diesem Zufallsversuch gehörendes Ereignis ($A \subseteq \Omega$). Das Ereignis A tritt ein, wenn bei dem Zufallsversuch ein Ergebnis aus A eintritt. Das **Gegenereignis $\bar{A}$** zu einem Ereignis A ist die Menge aller Ergebnisse, die nicht zu A gehören. **Sicheres Ereignis:** Alle möglichen Ergebnisse sind günstig für das Ereignis. **Unmögliches Ereignis:** Keines der möglichen Ergebnisse ist günstig für das Ereignis.
Absolute Häufigkeit	Anzahl des Auftretens des Ergebnisses x_i bei n Beobachtungen des Zufallsversuches bzw. bei der Überprüfung einer Stichprobe vom Umfang n: $\qquad H_n(x_i)$
Relative Häufigkeit	Relative Häufigkeit des Ergebnisses x_i bei n Beobachtungen eines Zufallsversuches (bei einer Stichprobe vom Umfang n): $\quad h_n(x_i) = \dfrac{H_n(x_i)}{n}$ Relative Häufigkeit des Ereignisses A bei n Beobachtungen eines Zufallsversuches (bei einer Stichprobe vom Umfang n), wobei die für das Ereignis A günstigen Ergebnisse insgesamt k-mal aufgetreten sind: $\quad h_n(A) = \dfrac{k}{n}$
	Die relative Häufigkeit des Ereignisses A ist gleich der Summe der relativen Häufigkeiten der Ergebnisse, die für das Ereignis A günstig sind. Für $A = \{x_1, x_2, ..., x_r\}$ gilt: $\qquad h_n(A) = h_n(x_1) + h_n(x_2) + ... + h_n(x_r)$
Wahrscheinlichkeit	Die beobachtete relative Häufigkeit $h_n(A)$ des Eintretens von A nähert sich mit wachsender Beobachtungszahl n dem stabilen Wert $P(A)$, der Wahrscheinlichkeit des Ereignisses. *Grundeigenschaften:* Es gilt $0 \leq P(A) \leq 1$ und ferner ist: $P(A) = P(x_1) + P(x_2) + ... + P(x_r)$, falls $A = \{x_1, x_2, ..., x_r\}$ $P(\Omega) = 1 \qquad$ Wahrscheinlichkeit des sicheren Ereignisses Ω $P(\emptyset) = 0 \qquad$ Wahrscheinlichkeit des unmöglichen Ereignisses $\emptyset$ $P(\bar{A}) = 1 - P(A) \qquad$ Wahrscheinlichkeit des zu A entgegengesetzten Ereignisses $\bar{A}$ **Laplace-Wahrscheinlichkeit (klassische Wahrscheinlichkeit):** Sind alle Ergebnisse bei einem Vorgang mit zufälligem Ergebnis gleich wahrscheinlich, so gilt: $$P(A) = \frac{\text{Anzahl der für } A \text{ günstigen Ergebnisse}}{\text{Anzahl der möglichen Ergebnisse}}$$
	**Kenngrößen der Häufigkeitsverteilung einer Datenreihe**
Arithmetisches Mittel $\bar{x}$ ($\nearrow$ S. 19)	Berechnung von $\bar{x}$ aus der Summe aller Ergebnisse $x_1, x_2, ..., x_n$: $\qquad \bar{x} = \dfrac{x_1 + x_2 + ... + x_n}{n}$ Treten bei den n Ergebnissen r verschiedene Ergebnisse auf, so berechnet man $\bar{x}$ unter Hinzuziehung • der absoluten Häufigkeiten der Ergebnisse: $\quad \bar{x} = \dfrac{x_1 \cdot H_n(x_1) + x_2 \cdot H_n(x_2) + ... + x_r \cdot H_n(x_r)}{n}$ oder • der relativen Häufigkeiten der Ergebnisse: $\quad \bar{x} = x_1 \cdot h_n(x_1) + x_2 \cdot h_n(x_2) + ... + x_r \cdot h_n(x_r)$
Zentralwert $\tilde{x}$ (Median) Modalwert m	$\tilde{x}$ halbiert die der Größe nach geordnete Datenreihe. Für $2n + 1$ Daten ist es der $(n + 1)$-te Wert, für $2n$ Daten ist es das arithmetische Mittel aus n-tem und $(n + 1)$-tem Wert. m ist der am häufigsten beobachtete Wert. (Eine Datenreihe kann mehrere Modalwerte haben.)

Kenngrößen zur Charakterisierung der Streuung		
Spannweite d **Halbweite** H	d ist die Differenz zwischen dem größten und dem kleinsten Wert einer Datenreihe: H ist die Differenz zwischen dem oberen Viertelwert $x_{\frac{3}{4}}$ und dem unteren Viertelwert $x_{\frac{1}{4}}$ einer Datenreihe. (Der Viertelwert $x_{\frac{1}{4}}$ halbiert die untere Hälfte der Datenreihe, $x_{\frac{3}{4}}$ halbiert die obere Hälfte der Datenreihe.):	$d := x_{\max} - x_{\min}$ $H := x_{\frac{3}{4}} - x_{\frac{1}{4}}$

Mittlere quadratische Abweichung (empirische Varianz) s^2

s^2 ist ein Maß für die Streuung der Beobachtungswerte um den Mittelwert $\bar{x}$. Berechnung der mittleren quadratischen Abweichung der Beobachtungswerte vom Mittelwert $\bar{x}$ der Beobachtungswerte

- unter Hinzuziehung der absoluten Häufigkeiten $H_n(x_1), H_n(x_2), ..., H_n(x_r)$:

$$s^2 := \frac{(x_1 - \bar{x})^2 \cdot H_n(x_1) + (x_2 - \bar{x})^2 \cdot H_n(x_2) + ... + (x_r - \bar{x})^2 \cdot H_n(x_r)}{n}$$

- unter Hinzuziehung der relativen Häufigkeiten $h_n(x_1), h_n(x_2), ..., h_n(x_r)$:

$$s^2 := (x_1 - \bar{x})^2 \cdot h_n(x_1) + (x_2 - \bar{x})^2 \cdot h_n(x_2) + ... + (x_r - \bar{x})^2 \cdot h_n(x_r) = \sum_{i=1}^{r} (x_i - \bar{x})^2 \cdot h_n(x_i)$$

Standardabweichung s

Ein weiteres Maß für die Streuung um den Mittelwert $\bar{x}$ ist die Standardabweichung s:

$$s = \sqrt{s^2} = \sqrt{\sum_{i=1}^{r} (x_i - \bar{x})^2 \cdot h_n(x_i)}$$

Regressionsgerade

$$y = \frac{s_{xy}}{s_x^2}(x - \bar{x}) + \bar{y} \quad \text{(Ausgleichsgerade für die Messpunkte } (x_1; y_1), (x_2; y_2), ..., (x_n; y_n))$$

Dabei gelten: $s_{xy} = \frac{1}{n} \cdot [(y_1 - \bar{y})(x_1 - \bar{x}) + (y_2 - \bar{y})(x_2 - \bar{x}) + ... + (y_n - \bar{y})(x_n - \bar{x})]$

und $\quad s_x^2 = \frac{1}{n} \cdot [(x_1 - \bar{x})^2 + (x_2 - \bar{x})^2 + ... + (x_n - \bar{x})^2]$.

Korrelationskoeffizient r_{xy}

$$r_{xy} := \frac{s_{xy}}{s_x s_y} = \frac{(x_1 - \bar{x})(y_1 - \bar{y}) + (x_2 - \bar{x})(y_2 - \bar{y}) + ... + (x_n - \bar{x})(y_n - \bar{y})}{\sqrt{(x_1 - \bar{x})^2 + (x_2 - \bar{x})^2 + ... + (x_n - \bar{x})^2} \cdot \sqrt{(y_1 - \bar{y})^2 + (y_2 - \bar{y})^2 + ... + (y_n - \bar{y})^2}}$$

Mehrstufige Zufallsversuche		
1. Pfadregel	**Produktregel:** Die Wahrscheinlichkeit eines Ergebnisses ist gleich dem Produkt der Wahrscheinlichkeiten entlang des jeweiligen Pfades im Baumdiagramm. Im Bild gilt: $P(AD) = p_1 \cdot p_4$	
2. Pfadregel	**Summenregel:** Die Wahrscheinlichkeit eines Ereignisses ist gleich der Summe der Wahrscheinlichkeiten aller der Pfade, die für dieses Ereignis günstig sind.	

Rechnen mit Wahrscheinlichkeiten		
Additionssatz	Für die Wahrscheinlichkeit des Eintretens des Ereignisses A oder des Ereignisses B gilt: Falls A und B unvereinbar sind, gilt:	$P(A \cup B) = P(A) + P(B) - P(A \cap B)$ $P(A \cup B) = P(A) + P(B)$
Bedingte Wahrscheinlichkeit	Für die Wahrscheinlichkeit des Eintretens von A unter der Bedingung, dass das Ereignis B eingetreten ist, gilt:	$P(A \mid B) := \dfrac{P(A \cap B)}{P(B)}$

Multi-plikationssatz	Für die Wahrscheinlichkeit des Eintretens sowohl des Ereignisses A als auch des Ereignisses B gilt: $P(A \cap B) = P(A) \cdot P(B \mid A) = P(B) \cdot P(A \mid B)$ und allgemein für Ereignisse $A_1, A_2, ..., A_n$ gilt: $P(A_1 \cap A_2 \cap ... \cap A_n) = P(A_1) \cdot P(A_2 \mid A_1) \cdot P(A_3 \mid A_1 \cap A_2) \cdot ... \cdot P(A_n \mid A_1 \cap A_2 \cap ... \cap A_{n-1})$ A und B heißen voneinander **unabhängig** genau dann, wenn gilt: $P(A \cap B) = P(A) \cdot P(B)$ Für voneinander unabhängige Ereignisse $A_1, A_2, ..., A_n$ gilt: $P(A_1 \cap A_2 \cap ... \cap A_n) = P(A_1) \cdot P(A_2) \cdot ... \cdot P(A_n)$
Formel für die totale Wahrscheinlichkeit	Bilden die Ereignisse B_1 und B_2 eine Zerlegung, d.h. gilt $B_1 \cup B_2 = \Omega$ und $B_1 \cap B_2 = \emptyset$, so gilt für jedes Ereignis A die Formel $P(A) = P(A \mid B_1) \cdot P(B_1) + P(A \mid B_2) \cdot P(B_2)$. Allgemein gilt für jedes Ereignis A im Falle einer Zerlegung von Ω in die Ereignisse $B_1, B_2, ..., B_n$, also mit $B_1 \cup B_2 \cup ... \cup B_n = \Omega$ und $B_i \cap B_j = \emptyset$ für $i \neq j$, die Formel $P(A) = P(A \mid B_1) \cdot P(B_1) + P(A \mid B_2) \cdot P(B_2) + ... + P(A \mid B_n) \cdot P(B_n)$.
Bayes'sche Formel	Bilden die Ereignisse $B_1, B_2, ..., B_n$ eine Zerlegung, gilt also $B_1 \cup B_2 \cup ... \cup B_n = \Omega$ und $B_i \cap B_j = \emptyset$ für alle $i \neq j$, und ist A ein Ereignis mit $P(A) > 0$, so gilt für alle $k = 1, 2, ..., n$ die Formel $P(B_k \mid A) = \dfrac{P(A \mid B_k) \cdot P(B_k)}{P(A \mid B_1) \cdot P(B_1) + P(A \mid B_2) \cdot P(B_2) + ... + P(A \mid B_n) \cdot P(B_n)}$.

Zufallsgrößen und ihre Wahrscheinlichkeitsverteilung

Wahrscheinlichkeitsverteilung einer diskreten Zufallsgröße X	Es seien x_i ($i = 1, 2, 3, ..., k$) die Werte, die eine diskrete Zufallsgröße X annehmen kann und p_i die zugeordneten Wahrscheinlichkeiten für das Eintreten der x_i. Es ist $E(X) = \sum\limits_{i=1}^{k} x_i \cdot p_i = \mu$ der **Erwartungswert** (Mittelwert) der Zufallsgröße X, $Var(X) = \sum\limits_{i=1}^{k} (x_i - \mu)^2 \cdot p_i$ die **Varianz** der Zufallsgröße X und $\sigma(X) = \sqrt{Var(X)}$ die **Standardabweichung** von X.
Bernoulli-Versuch	Ein **Bernoulli-Versuch** ist ein Zufallsversuch, bei dem man sich nur dafür interessiert, ob ein bestimmtes Ereignis eintritt oder nicht. Eine **Bernoulli-Kette** ist eine Serie unabhängiger Bernoulli-Versuche. Dabei sei p mit $0 < p < 1$ die Wahrscheinlichkeit für das Eintreten des bestimmten Ereignisses (Treffer). Der Zufallsversuch werde n-mal wiederholt. Dann gilt: • Die Wahrscheinlichkeit für genau k Treffer ist: (vgl. S. 10ff.) $\quad P(X = k) = \binom{n}{k} p^k \cdot (1-p)^{n-k}$ • Die Wahrscheinlichkeit für mindestens einen Treffer ist: $\quad P(X = 1) = 1 - (1-p)^n$ • Soll die Wahrscheinlichkeit für mindestens einen Treffer größer oder gleich a ($0 < a < 1$) sein, so gilt für die Länge n der Kette: $\quad n \geq \dfrac{\ln(1-a)}{\ln(1-p)}$
Binomialverteilung	Eine Zufallsgröße heißt **binomialverteilt** mit den Parametern n und p, wenn für alle k ($k = 0, 1, ..., n$) gilt: $P(X = k) = \binom{n}{k} p^k \cdot (1-p)^{n-k}$ Für eine binomialverteilte Zufallsgröße X mit den Parametern n und p beträgt der Erwartungswert $E(X) = n \cdot p$, die Varianz $Var(X) = n \cdot p \cdot (1-p)$ und die Standardabweichung $\sigma = \sqrt{n \cdot p \cdot (1-p)}$.
Poissonverteilung	Für sehr große n und sehr kleine p gilt für die Binomialverteilung die **Näherungsformel von Poisson:** $P(X = k) = \binom{n}{k} p^k \cdot (1-p)^{n-k} \approx \dfrac{\mu^k}{k!} \cdot e^{-\mu}$, $\quad e \approx 2{,}7183$; $\quad \mu = n \cdot p$
Gleichverteilung	Eine diskrete Zufallsgröße ist **gleichverteilt**, wenn gilt: $P(X = x_i) = \dfrac{1}{r}$ ($i = 1, 2, 3, ..., r$) Im **Spezialfall** $x_i = i$ gilt: $E(X) = \dfrac{r+1}{2}$, $\quad Var(X) = \dfrac{r^2 - 1}{12}$, $\quad \sigma(X) = \sqrt{\dfrac{r^2 - 1}{12}}$

Hyper-geometrische Verteilung	$P(X = k) = \dfrac{\dbinom{M}{k}\dbinom{N-M}{n-k}}{\dbinom{N}{n}}$ $(k \leq n \leq N;\; k \leq M \leq N)$
	Die Problemstellung kann durch eine Stichprobe vom Umfang n aus einer Gesamtheit von N Elementen charakterisiert werden, in der M Elemente mit abweichender Gestalt enthalten sind; es interessiert die Frage, mit welcher Wahrscheinlichkeit k Elemente der Art M in der Stichprobe n enthalten sind.
Tscheby-schew'sche Ungleichung	Mithilfe folgender Formel lässt sich im Falle einer Binomialverteilung für große n, für die auf den Seiten 10 ff. keine Tabelle zu finden ist, eine Abschätzung der Wahr-scheinlichkeit für das Abweichen der Zufallsgröße X vom Erwartungswert $E(X)$ um mindestens ε ermitteln: $\qquad P(|X - E(X)| \geq \varepsilon) \leq \dfrac{Var(X)}{\varepsilon^2}$ für alle $\varepsilon > 0$
Stetige Zufallsgrößen	Eine stetige Zufallsgröße kann in einem Intervall $[a, b]$ von $\mathbb{R}$, mitunter sogar in $\mathbb{R}$ selbst, alle Werte annehmen. In diesem Fall gibt es eine Funktion f (**Dichtefunktion von X**) derart, dass gilt: $\qquad P(a < X \leq b) = \displaystyle\int_a^b f(x)\mathrm{d}x$ $(a, b \in \mathbb{R})$
	Für stetige Zufallsgrößen gilt: $E(X) = \displaystyle\int_{-\infty}^{\infty} x \cdot f(x)\,\mathrm{d}x \qquad Var(X) = E((X - E(X))^2) \qquad \sigma = \sqrt{Var(X)}$
Normal-verteilung	Eine stetige Zufallsgröße X heißt normalverteilt mit den Parametern μ und σ^2, wenn für ihre Dichte f gilt: $f(x) = \dfrac{1}{\sqrt{2\pi} \cdot \sigma}\, \mathrm{e}^{-\frac{(x-\mu)^2}{2 \cdot \sigma^2}}\,,\ x \in \mathbb{R},\ E(X) = \mu,\ Var(X) = \sigma^2.$ Man schreibt: $X \sim N(\mu;\sigma^2)$.
Standard-normal-verteilung	Die Standardnormalverteilung $N(0;1)$ ist eine Normalverteilung mit $E(X) = 0$ und $Var(X) = 1$: $f(x) = \dfrac{1}{\sqrt{2\pi}}\, \mathrm{e}^{-\frac{x^2}{2}}$ (Verteilungsfunktion Φ mit $\Phi(x) = \dfrac{1}{\sqrt{2\pi}} \displaystyle\int_{-\infty}^{x} \mathrm{e}^{-0{,}5t^2}\,\mathrm{d}t$), ↗ S. 16

Folgen, Reihen, Grenzwerte

Monotone Zahlenfolgen (a_n)	• monoton steigend (wachsend):	Für alle $n \in \mathbb{N}$ $(n > 0)$ gilt $a_{n+1} \geq a_n$.
	• monoton fallend (abnehmend):	Für alle $n \in \mathbb{N}$ $(n > 0)$ gilt $a_{n+1} \leq a_n$.
	• streng monoton steigend:	Für alle $n \in \mathbb{N}$ $(n > 0)$ gilt $a_{n+1} > a_n$.
	• streng monoton fallend:	Für alle $n \in \mathbb{N}$ $(n > 0)$ gilt $a_{n+1} < a_n$.
ε-Umgebung	Die Menge aller reellen Zahlen x, für die $|x - a| < \varepsilon$ gilt, wobei ε eine positive reelle Zahl ist, heißt ε-Umgebung der Zahl a. Andere Schreibweise: $a - \varepsilon < x < a + \varepsilon$	
Grenzwert einer Zahlenfolge	Die Zahl g heißt Grenzwert der Folge (a_n) genau dann, wenn es für jedes $\varepsilon > 0$ eine natürliche Zahl n_0 gibt, sodass für alle $n \geq n_0$ gilt: $|a_n - g| < \varepsilon$ Man schreibt: $\displaystyle\lim_{n \to \infty} a_n = g$	
Arithmetische Folge $(k = 1, 2, 3, \ldots)$	$(a_k) = (a_1;\, a_1 + d;\, \ldots;\, a_1 + (k-1)\,d,\, \ldots)$ $a_k = a_1 + (k-1)\,d;\quad a_{k+1} = a_k + d$	$s_n = \displaystyle\sum_{k=1}^{n} a_k = \dfrac{n}{2}(a_1 + a_n) = n \cdot a_1 + \dfrac{(n-1)\cdot n}{2} \cdot d$
Geometrische Folge $(k = 1, 2, 3, \ldots)$	$(a_k) = (a_1;\, a_1 q;\, a_1 q^2;\, \ldots;\, a_1 q^{k-1};\, \ldots)$ $\qquad\qquad\qquad (a_1 \neq 0;\, q \neq 0)$ $a_k = a_1 \cdot q^{k-1};\quad a_{k+1} = a_k \cdot q$	$s_n = \displaystyle\sum_{k=1}^{n} a_k = a_1 \dfrac{q^n - 1}{q - 1} = \dfrac{a_n q - a_1}{q - 1}$ (falls $q \neq 1$) $s_n = a_1 n$ $\qquad\qquad\qquad\qquad$ (falls $q = 1$)

Partial-summenfolge	$(s_k) = (s_1; s_2; s_3; \ldots; s_n; \ldots)$ mit $s_1 = a_1,$ $s_2 = a_1 + a_2, \ldots$ $s_n = a_1 + a_2 + \ldots + a_n = \sum\limits_{i=1}^{n} a_i$ (n-te Partialsumme)
Unendliche geometrische Reihe	$s = \sum\limits_{i=1}^{\infty} a_1 q^{i-1} = a_1 + a_1 q + \ldots + a_1 q^{n-1} + \ldots = \dfrac{a_1}{1-q}$ $(a_1 \neq 0;\ q \neq 0;\ |q| < 1)$
Spezielle Partialsummen	Summen der ersten n Glieder der Folge der • natürliche Zahlen $1 + 2 + 3 + \ldots + n = \sum\limits_{i=1}^{n} i = \dfrac{n}{2}(n+1)$ • geraden Zahlen $2 + 4 + 6 + \ldots + 2n = \sum\limits_{i=1}^{n} 2i = n(n+1)$ • ungeraden Zahlen $1 + 3 + 5 + \ldots + (2n-1) = \sum\limits_{i=1}^{n}(2i-1) = n^2$ • Quadratzahlen $1^2 + 2^2 + 3^2 + \ldots + n^2 = \sum\limits_{i=1}^{n} i^2 = \dfrac{n(n+1)(2n+1)}{6}$ • Kubikzahlen $1^3 + 2^3 + 3^3 + \ldots + n^3 = \sum\limits_{i=1}^{n} i^3 = \left[\dfrac{n(n+1)}{2}\right]^2$
Grenzwert-sätze für unendliche konvergente Zahlenfolgen	Falls die Grenzwerte $\lim\limits_{n\to\infty} a_n = a$ und $\lim\limits_{n\to\infty} b_n = b$ existieren, gilt: • $\lim\limits_{n\to\infty}(a_n \pm b_n) = \lim\limits_{n\to\infty} a_n \pm \lim\limits_{n\to\infty} b_n = a \pm b$ • $\lim\limits_{n\to\infty}(a_n \cdot b_n) = \lim\limits_{n\to\infty} a_n \cdot \lim\limits_{n\to\infty} b_n = a \cdot b$ • $\lim\limits_{n\to\infty} \dfrac{a_n}{b_n} = \dfrac{\lim\limits_{n\to\infty} a_n}{\lim\limits_{n\to\infty} b_n} = \dfrac{a}{b}$, falls $b_n \neq 0$ für alle n und $\lim\limits_{n\to\infty} b_n \neq 0$ Einige wichtige Grenzwerte **Nullfolgen:** $\lim\limits_{n\to\infty} \dfrac{1}{n} = 0$ $\lim\limits_{n\to\infty} a^n = 0$ für $|a| < 1$ $\lim\limits_{n\to\infty} \dfrac{a^n}{n!} = 0$ $\lim\limits_{n\to\infty} a^n = 1$ für $a = 1$ $\lim\limits_{n\to\infty} \sqrt[n]{a} = 1$ für $a > 0$ $\lim\limits_{x\to 0} \dfrac{\sin x}{x} = 1$ $\lim\limits_{n\to\infty} \left(1 + \dfrac{1}{n}\right)^n = e \approx 2{,}718\,281\,828\,4 \ldots$
Grenzwert einer Funktion	Eine Funktion f hat an der Stelle x_0 den **Grenzwert** g genau dann, wenn für jede Folge (x_n) mit $x_n \neq x_0$, die gegen x_0 konvergiert, die Folge $(f(x_n))$ der zugehörigen Funktionswerte gegen g konvergiert.
Stetigkeit von Funktionen an einer Stelle $x = x_0$	Die Funktion f ist an der Stelle x_0 **stetig** genau dann, wenn (1) $\lim\limits_{x\to x_0} f(x)$ existiert und (2) $\lim\limits_{x\to x_0} f(x) = f(x_0)$.
Grenzwertsätze für Funktionen	Falls $\lim\limits_{x\to x_0} f_1(x) = g_1$ und $\lim\limits_{x\to x_0} f_2(x) = g_2$ ist, gilt: $\lim\limits_{x\to x_0}[f_1(x) \pm f_2(x)] = g_1 \pm g_2$ $\lim\limits_{x\to x_0}[f_1(x) \cdot f_2(x)] = g_1 \cdot g_2$ $\lim\limits_{x\to x_0} \dfrac{f_1(x)}{f_2(x)} = \dfrac{g_1}{g_2}$ falls $g_2 \neq 0$

Differenzialrechnung

Differenzenquotient	Sei f eine Funktion, die in einer Umgebung U von x_0 definiert ist. Dann nennt man $\dfrac{f(x_0 + h) - f(x_0)}{h}$ mit $h \in \mathbb{R}$; $h \neq 0$ und $x_0 + h \in D(f)$ den zu h gehörigen Differenzenquotient der Funktion f an der Stelle x_0.
Differenzialquotient	Der Differenzialquotient (oder die **Ableitung**) der Funktion f an der Stelle x_0 ist der Grenzwert $\lim\limits_{h \to 0} \dfrac{f(x_0 + h) - f(x_0)}{h}$, falls er existiert. Man schreibt auch: $f'(x_0)$ oder $\dfrac{\mathrm{d}y}{\mathrm{d}x}\Big|_{x=x_0}$

Differenziationsregeln

Falls die Funktionen u und v differenzierbar sind, so gilt für

- eine konstante Funktion $\quad y = c$
  (c eine Konstante) $\quad\quad y' = 0$
- einen konstanten Faktor $\quad y = c \cdot v$
  $\quad\quad\quad\quad\quad\quad\quad\quad y' = c \cdot v'$
- eine Summe/Differenz $\quad y = u \pm v$
  $\quad\quad\quad\quad\quad\quad\quad\quad y' = u' \pm v'$

- ein Produkt $\quad\quad\quad y = uv$
  $\quad\quad\quad\quad\quad\quad\quad y' = u'v + uv'$
- einen Quotienten $\quad y = \dfrac{u}{v}$ $\;(v \neq 0)$
  $\quad\quad\quad\quad\quad\quad y' = \dfrac{u'v - uv'}{v^2}$

- Differenziation einer Umkehrfunktion $\bar{f}$:
  Ist f eine eineindeutige Funktion, die in einer Umgebung der Stelle x_0 differenzierbar ist, und gilt $f'(x_0) \neq 0$, so ist die zu f inverse Funktion $\bar{f}$ an der Stelle $y_0 = f(x_0)$ differenzierbar und es gilt: $\quad \bar{f}'(y_0) = \dfrac{1}{f'(x_0)}$

- Kettenregel:
  Sind u und v differenzierbare Funktionen, dann ist die Funktion $f(x) = u(v(x))$ differenzierbar.
  $f'(x) = u'(v(x)) \cdot v'(x)$ oder mit $y = u(z)$ und $z = v(x)$: $\quad \dfrac{\mathrm{d}y}{\mathrm{d}x} = \dfrac{\mathrm{d}y}{\mathrm{d}z} \cdot \dfrac{\mathrm{d}z}{\mathrm{d}x}$

Ableitung spezieller Funktionen

$y = x^n$ ($n \in \mathbb{R}$, $x > 0$) oder $y = x^n$ ($n \in \mathbb{N}$, $x \in \mathbb{R}$)	$y' = n \cdot x^{n-1}$ $y'' = n \cdot (n-1) \cdot x^{n-2}$ $y^{(k)} = \begin{cases} \dfrac{n!}{(n-k)!} \cdot x^{n-k} & (k \leq n) \\ 0 & (k > n) \end{cases}$	$y = \log_a x$ ($a > 0$; $a \neq 1$; $x > 0$)	$y' = \dfrac{1}{x \cdot \ln a}$ $y'' = -\dfrac{1}{x^2 \cdot \ln a}$
$y = \sin x$	$y' = \cos x$; $\;y'' = -\sin x$	$y = \arcsin x$	$y' = \dfrac{1}{\sqrt{1 - x^2}}$ $y'' = \dfrac{x}{(1 - x^2) \cdot \sqrt{1 - x^2}}$
$y = \cos x$	$y' = -\sin x$; $\;y'' = -\cos x$		
$y = \tan x$ $\left(x \neq \dfrac{\pi}{2} + k\pi\right)$	$y' = \dfrac{1}{\cos^2 x} = 1 + \tan^2 x$ $y'' = 2 \cdot \tan x \,(1 + \tan^2 x)$	$y = \arccos x$	$y' = \dfrac{-1}{\sqrt{1 - x^2}}$ $y'' = \dfrac{-x}{(1 - x^2) \cdot \sqrt{1 - x^2}}$
$y = e^x$	$y' = e^x$; $\;y'' = e^x$; $\;y^{(k)} = e^x$		
$y = a^x$ ($a > 0$; $a \neq 1$)	$y' = a^x \cdot \ln a = \dfrac{a^x}{\log_a e}$ $y'' = a^x \cdot \ln a \cdot \ln a$	$y = \arctan x$	$y' = \dfrac{1}{1 + x^2}$ $y'' = \dfrac{-2x}{(1 + x^2)^2}$
$y = \ln x$ ($a > 0$)	$y' = \dfrac{1}{x}$; $\;y'' = -\dfrac{1}{x^2}$		

Differenzier-barkeit	Die Funktion $f(x)$ ist an der Stelle $x = x_0$ differenzierbar, wenn (1) $f(x)$ in einer Umgebung von x_0 definiert ist und (2) der Grenzwert $\lim\limits_{h \to 0} \dfrac{f(x_0 + h) - f(x_0)}{h}$ existiert.

Schrittfolge einer Kurvendiskussion

(1) Schnittpunkte des Graphen mit der x-Achse (Nullstellen) ermitteln:
Im Falle ganzrationaler Funktionen $y = f(x)$ setzt man $f(x) = 0$ und löst die Gleichung.
Handelt es sich um Gleichungen dritten oder höheren Grades wird die erste Nullstelle x_{01} durch Probieren oder mithilfe von Näherungsverfahren ($\nearrow$ unten) ermittelt und die Gleichung schrittweise unter Nutzung von $f(x): (x - x_{01}) = f_1(x)$ reduziert.
Im Falle gebrochenrationaler Funktionen $y = \dfrac{u(x)}{v(x)}$ setzt man $u(x) = 0$, ermittelt die Lösungen x_{01}, x_{02}, ... und prüft dann für jede Lösung der Gleichung $u(x) = 0$, ob $v(x_0) \neq 0$ ist.

(2) Schnittpunkt des Graphen mit der y-Achse ermitteln: $x = 0$ setzen und $f(0)$ berechnen.

(3) Polstellen von gebrochenrationalen Funktionen ermitteln:
$f(x) = \dfrac{u(x)}{v(x)}$ daraufhin untersuchen, ob es x_i gibt, für die $v(x_i) = 0$ und $u(x_i) \neq 0$.

(4) Monotonie von Funktionen:
Ist eine Funktion $y = f(x)$ in einem Intervall I differenzierbar und gilt:
– für alle $x \in I$ die Beziehung $f'(x) < 0$, so ist f über I streng monoton fallend,
– für alle $x \in I$ die Beziehung $f'(x) > 0$, so ist f über I streng monoton wachsend.

(5) Lokale Extrema ermitteln: Für den Fall, dass $f(x)$ mindestens zweimal differenzierbar ist, gilt:
$f(x)$ hat an der Stelle $x = x_E$ ein lokales Maximum, wenn $f'(x_E) = 0$ und $f''(x_E) < 0$,
$f(x)$ hat an der Stelle $x = x_E$ ein lokales Minimum, wenn $f'(x_E) = 0$ und $f''(x_E) > 0$.
(Ist $f''(x_E) = 0$, kann vielfach durch weitere Ableitungen festgestellt werden, ob ein lokales Extremum oder ein Wendepunkt vorliegt. Das Ergebnis $f'''(x_E) \neq 0$ weist auf einen Wendepunkt hin. Mitunter muss das Monotonieverhalten der Funktion zur Entscheidungsfindung hinzugezogen werden.)

(6) Wendepunkte; Wendetangente ermitteln: Für den Fall, dass $f(x)$ mindestens dreimal differenzierbar ist, setzt man $f''(x_W) = 0$, löst diese Gleichung und erhält mit x_{W1}, x_{W2}, ... die Abszissen der eventuellen Wendepunkte und mit $f(x_{W1})$, $f(x_{W2})$, ... die zugehörigen Ordinaten der Wendepunkte. Gewissheit erhält man erst, wenn jeweils $f'''(x_W) \neq 0$ gesichert ist.
Die Gleichung der zugehörigen Wendetangente lautet: $y - y_W = f'(x_W) \cdot (x - x_W)$

(7) Verhalten im Unendlichen: $\lim\limits_{x \to +\infty} f(x)$ und $\lim\limits_{x \to -\infty} f(x)$ berechnen.

Näherungsverfahren zur Berechnung von Nullstellen

Newton'sches Näherungsverfahren
Falls x_n eine erste Näherung für x_0 ist, so gilt:

$$x_{n+1} = x_n - \frac{f(x_n)}{f'(x_n)} \qquad f'(x_n) \neq 0$$

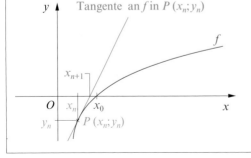

Regula falsi
Falls a und b Näherungswerte für x_0 sind, wobei $f(a) < 0$ und $f(b) > 0$ sind, so erhält man eine bessere Näherung mit

$$x_s = a - \frac{f(a) \cdot (b - a)}{f(b) - f(a)}$$

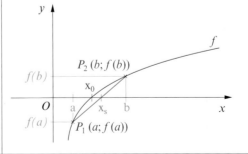

Mittelwertsatz der Differenzialrechnung

Wenn eine Funktion $f(x)$ im Intervall $[a, b]$ stetig und in $]a, b[$ differenzierbar ist, so gibt es eine Zahl ξ mit $a < \xi < b$ und

$$\frac{f(b) - f(a)}{b - a} = f'(\xi).$$

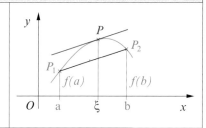

Integralrechnung

Stammfunktion	Eine Funktion F heißt Stammfunktion von f genau dann, wenn F und f in einem Intervall I definiert sind, wenn F in I differenzierbar ist und wenn $F'(x) = f(x)$ für alle $x \in I$.
Unbestimmtes Integral	Das unbestimmte Integral der Funktion $f(x)$ ist die Menge aller Stammfunktionen von $f(x)$. Es gilt $\int f(x)\,\mathrm{d}x = F(x) + c \quad (c \in \mathbb{R})$
Bestimmtes Integral	**Hauptsatz der Differenzial- und Integralrechnung** Ist f eine im Intervall $[a; b]$ stetige Funktion und F irgendeine Stammfunktion von f, so ist $\int_a^b f(x)\,\mathrm{d}x = F(b) - F(a)\,.$
Eigenschaften	(1) $\int_a^a f(x)\,\mathrm{d}x := 0 \quad$ (falls f in a definiert ist) (2) $\int_b^a f(x)\,\mathrm{d}x := -\int_a^b f(x)\,\mathrm{d}x$ (3) $\int_a^b f(x)\,\mathrm{d}x = \int_a^c f(x)\,\mathrm{d}x + \int_c^b f(x)\,\mathrm{d}x \quad$ (falls f in $[a, b]$ stetig und $a \leq c \leq b$)

Grundintegrale und weitere spezielle Integrale

$\int a \cdot \mathrm{d}x = ax + c \quad (a \in \mathbb{R})$

$\int e^x \mathrm{d}x = e^x + c \quad (x \in \mathbb{R})$

$\int \sin x\,\mathrm{d}x = -\cos x + c \quad (x \in \mathbb{R})$

$\int \cos x\,\mathrm{d}x = \sin x + c \quad (x \in \mathbb{R})$

$\displaystyle\int \frac{\mathrm{d}x}{\cos^2 x} = \tan x + c$

$\quad$ mit $x \neq (2k + 1)\dfrac{\pi}{2}, \quad k \in \mathbb{Z}$

$\int \ln x\,\mathrm{d}x = x \cdot \ln|x| - x + c \quad (x > 0)$

$\displaystyle\int x \cdot \ln x\,\mathrm{d}x = x^2 \left(\frac{\ln x}{2} - \frac{1}{4}\right) + c \quad (x > 0)$

$\displaystyle\int \frac{\mathrm{d}x}{a^2 + x^2} = \frac{1}{a} \arctan \frac{x}{a} + c \quad (a \neq 0)$

$\displaystyle\int \frac{\mathrm{d}x}{ax + b} = \frac{1}{a} \ln|ax + b| + c$

$\displaystyle\int x^n \mathrm{d}x = \frac{x^{n+1}}{n + 1} + c$ mit $n \in \mathbb{Z}$, $n \neq -1$ und $\begin{cases} x \in \mathbb{R}, \text{ falls } n \geq 0 \\ x \in \mathbb{R},\, x \neq 0 \text{ falls } n < 0 \end{cases}$

$\displaystyle\int x^{-1}\mathrm{d}x = \int \frac{\mathrm{d}x}{x} = \ln|x| + c = \begin{cases} \ln x + c, \text{ falls } x > 0 \\ \ln(-x) + c, \text{ falls } x < 0 \end{cases}$

$\displaystyle\int x^r \mathrm{d}x = \frac{x^{r+1}}{r + 1} + c$ mit $r \in \mathbb{Q}$, $r \neq -1$, $x \in \mathbb{R}$ und $x > 0$

$\displaystyle\int a^x \mathrm{d}x = \frac{1}{\ln a}\, a^x + c = a^x \cdot \log_a e + c$

$\quad$ mit $a \in \mathbb{R}$, $a > 0$, $a \neq 1$ und $x \in \mathbb{R}$

$\int \tan x\,\mathrm{d}x = -\ln|\cos x| + c$ mit $x \neq (2k + 1)\dfrac{\pi}{2}$, wobei $k \in \mathbb{Z}$

$\int \cot x\,\mathrm{d}x = \ln|\sin x| + c$ mit $x \neq k \cdot \pi$, wobei $k \in \mathbb{Z}$

$\displaystyle\int \frac{\mathrm{d}x}{\sqrt{a^2 - x^2}} = \arcsin \frac{x}{a} + c$, wenn $|x| < |a|$; $a \neq 0$

$\displaystyle\int (ax + b)^n\,\mathrm{d}x = \frac{(ax + b)^{n+1}}{a\,(n + 1)} + c \; (n \neq -1)$

Integrationsregeln

$$\int k \cdot f(x)\,dx = k \cdot \int f(x)\,dx \qquad\qquad \int [f(x) \pm g(x)]\,dx = \int f(x)\,dx \pm \int g(x)\,dx$$

Substitutionsregel: $\quad\int f[\varphi(t)] \cdot \varphi'(t)\,dt = \int f(x)\,dx$ mit $x = \varphi(t)$ und $dx = \varphi'(t)\,dt$

Partielle Integration (Produktintegration): $\int uv'\,dx = uv - \int vu'\,dx$

Mittelwertsatz der Integralrechnung

Wenn eine Funktion $f(x)$ im Intervall $[a, b]$ stetig ist, so gibt es wenigstens eine Zahl ξ mit $a \leq \xi \leq b$, für die gilt:

$$\int_a^b f(x)\,dx = f(\xi) \cdot (b - a)$$

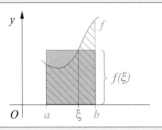

Flächeninhaltsberechnung durch Integration

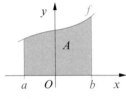

$$A = \int_a^b f(x)\,dx$$

$$A = \left| \int_a^b f(x)\,dx \right|$$

$$A = A_1 + A_2 + A_3$$

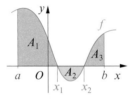

$$A = \int_a^{x_1} f(x)\,dx + \left| \int_{x_1}^{x_2} f(x)\,dx \right| + \int_{x_2}^b f(x)\,dx$$

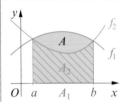

$$A = A_1 - A_2$$

$$A = \int_a^b [f_1(x) - f_2(x)]\,dx$$

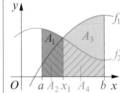

$$A = A_1 - A_2 + A_3 - A_4$$

$$A = \int_a^{x_1} [f_2(x) - f_1(x)]\,dx$$

$$+ \int_{x_1}^b [f_1(x) - f_2(x)]\,dx$$

Näherungsweise Berechnung von Integralen

Wenn man für die Berechnung des gesuchten Flächeninhalts keine Stammfunktion oder nur einzelne Werte des Integranden kennt, kann man das **Trapezverfahren** anwenden.

Im nebenstehenden Bild erhält man mit $d = \dfrac{b - a}{n}$

für den Flächeninhalt A folgende Näherung:

$$A \approx \sum_{k=1}^n \frac{1}{2}\,(f(x_{k-1}) + f(x_k)) \cdot d$$

$$= \left(\frac{1}{2} f(x_0) + f(x_1) + f(x_2) + \ldots + f(x_{n-1}) + \frac{1}{2} f(x_n) \right) \cdot d$$

und weiter:

$$A = \int_a^b f(x)\,dx \approx \left(\frac{f(x_0) + f(x_n)}{2} + \sum_{k=1}^{n-1} f(x_k) \right) \cdot d$$

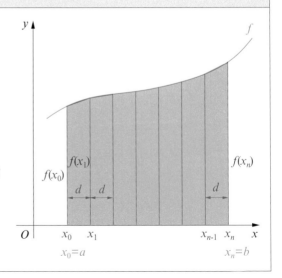

Volumenberechnung durch Integration (Rotationskörper)

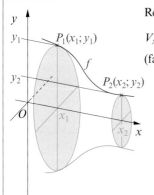

Rotation um die x-Achse

$$V_x = \pi \int_{x_1}^{x_2} [f(x)]^2 \, dx$$

(falls $x_1 < x_2$)

Rotation um die y-Achse

$$V_y = \pi \int_{y_1}^{y_2} [g(y)]^2 \, dy$$

(falls $y_1 < y_2$)

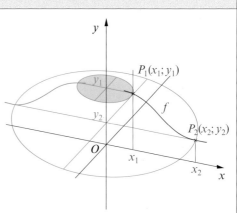

Koordinatensysteme

Kartesische Koordinatensysteme

Koordinaten eines Punktes in einer Ebene

$P(x_P; y_P)$
$Q(x_Q; y_Q)$

$$\vec{a} = \overrightarrow{OP} = \begin{pmatrix} x_P \\ y_P \end{pmatrix}$$

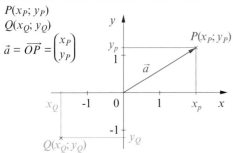

Koordinaten eines Punktes im Raum

$P(x_P; y_P; z_P)$

$$\vec{a} = \overrightarrow{OP} = \begin{pmatrix} x_P \\ y_P \\ z_P \end{pmatrix}$$

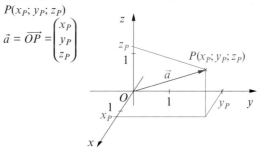

Polarkoordinaten

Koordinaten eines Punktes in einer Ebene

$P(r; \varphi)$ mit $0 < r < \infty$ und $0 \leq \varphi < 360°$

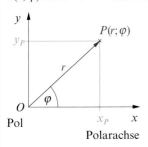

Koordinaten eines Punktes im Raum

$P(r; \lambda; \varphi)$ mit $0 < r < \infty; -180° \leq \lambda < 180°; -90° < \varphi < 90°$

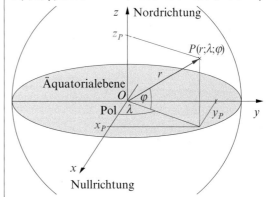

Zur Umrechnung von kartesischen Koordinaten in Polarkoordinaten gilt:

$x = r \cdot \cos \varphi$
$y = r \cdot \sin \varphi \qquad r = \sqrt{x^2 + y^2}$

Zur Umrechnung von kartesischen Koordinaten in Polarkoordinaten gilt:

$x = r \cdot \cos \varphi \cos \lambda$
$y = r \cdot \sin \lambda \cos \varphi \qquad r = \sqrt{x^2 + y^2 + z^2}$
$z = r \cdot \sin \varphi$

Transformation eines kartesischen Koordinatensystems in der Ebene

Wenn x, y die Koordinaten eines Punktes P im x, y-Koordinatensystem mit dem Ursprung O sind und x', y' die Koordinaten von P in Bezug auf das x', y'-Koordinatensystem mit dem Ursprung O', so gilt:

im Falle einer **Translation** mit $\overrightarrow{OO'}$ und O' $(c; d)$ bezüglich dem ersten System:

im Falle einer **Rotation** mit $O = O'$ und dem Drehwinkel $\sphericalangle (x, x') = \alpha$:

$$x = x' + c \quad \text{bzw.} \quad x' = x - c$$
$$y = y' + d \qquad\qquad y' = y - d$$

$$x = x' \cdot \cos \alpha - y' \cdot \sin \alpha \quad \text{bzw.} \quad x' = x \cdot \cos \alpha + y \cdot \sin \alpha$$
$$y = x' \cdot \sin \alpha + y' \cdot \cos \alpha \qquad\qquad y' = (-x) \cdot \sin \alpha + y \cdot \cos \alpha$$

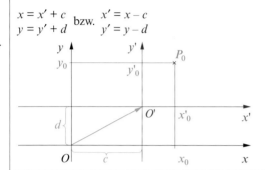

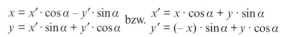

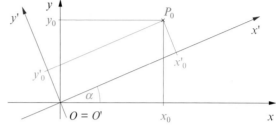

Vektorrechnung und analytische Geometrie

Vektoren	Eine Klasse paralleler Pfeile mit gleicher Länge und gleichem Richtungssinn heißt Vektor. Die Länge eines Repräsentanten des Vektors $\vec{a}$ bezeichnet man als **Betrag des Vektors** und schreibt: $\lvert \vec{a} \rvert$. Als **Nullvektor** $\vec{o}$ bezeichnet man einen Vektor mit dem Betrag 0: $\vec{o} = \overrightarrow{AA} = \overrightarrow{BB} \dots$ $\vec{a}$ und $\vec{b}$ sind gleich genau dann, wenn gilt: $\vec{a} \neq \vec{o}$, $\vec{b} \neq \vec{o}$, $\vec{a} \parallel \vec{b}$, $\vec{a} \uparrow\uparrow \vec{b}$ und $\lvert \vec{a} \rvert = \lvert \vec{b} \rvert$.
Vektorraum	Eine Menge V heißt Vektorraum über den reellen Zahlen, wenn für ihre Elemente – die Vektoren – eine Addition und eine Multiplikation mit reellen Zahlen definiert ist und wenn für beliebige $\vec{a}, \vec{b}, \vec{c} \in V$ sowie für beliebige $r, s \in \mathbb{R}$ gilt: $\vec{a} + \vec{b} = \vec{b} + \vec{a}$ $\qquad\qquad\qquad\qquad$ $1 \cdot \vec{a} = \vec{a}$ $(\vec{a} + \vec{b}) + \vec{c} = \vec{a} + (\vec{b} + \vec{c})$ $\qquad\quad$ $r (s\vec{a}) = (rs)\,\vec{a}$ Es gibt ein $\vec{o} \in V$, für das bei jedem $\vec{a}$ gilt: $\vec{a} + \vec{o} = \vec{a}$ $\qquad$ $(r + s)\,\vec{a} = r\vec{a} + s\vec{a}$ Zu jedem $\vec{a}$ existiert in V ein $-\vec{a}$ (Gegenvektor von $\vec{a}$), sodass $\qquad$ $r(\vec{a} + \vec{b}) = r\vec{a} + r\vec{b}$ gilt: $\vec{a} + (-\vec{a}) = \vec{o}$.
Beschreibung von Vektoren durch Koordinaten	**Koordinaten eines Vektors in einer Ebene** $\vec{a} = \overrightarrow{PQ}$ mit $P(x_P; y_P)$ und $Q(x_Q; y_Q)$: $\vec{a} = \overrightarrow{PQ} = \begin{pmatrix} x_Q - x_P \\ y_Q - y_P \end{pmatrix}$ 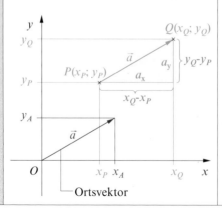 Ortsvektor **Koordinaten eines Vektors im Raum** $\vec{a} = \overrightarrow{PQ}$ mit $P(x_P; y_P; z_P)$ und $Q(x_Q; y_Q; z_Q)$: $\vec{a} = \overrightarrow{PQ} = \begin{pmatrix} x_Q - x_P \\ y_Q - y_P \\ z_Q - z_P \end{pmatrix}$ 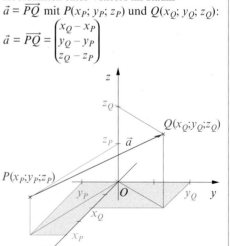

Einheitsvektoren im kartesischen Koordinaten-system	Werden in einem Koordinatensystem paarweise senkrecht aufeinander stehende Einheits-vektoren $\vec{i} = \overrightarrow{OE_1}$, $\vec{j} = \overrightarrow{OE_2}$ bzw. $\vec{i} = \overrightarrow{OE_1}$, $\vec{j} = \overrightarrow{OE_2}$, $\vec{k} = \overrightarrow{OE_3}$ mit $|\vec{i}| = |\vec{j}| = |\vec{k}| = 1$ festgelegt, so kann man zur Angabe eines Vektors neben der Koordinatendarstellung auch die Komponentendarstellung nutzen:

in einer Ebene

- Ortsvektor $\vec{p}$ eines Punktes $P(x_P; y_P)$ in Komponentendarstellung:
$\overrightarrow{OP} = \vec{p} = x_P\vec{i} + y_P\vec{j}$

- Vektor $\vec{a} = \overrightarrow{P_1P_2}$ mit $P_1(x_1; y_1)$ und $P_2(x_2; y_2)$ in Komponentendarstellung:
$\overrightarrow{P_1P_2} = (x_2 - x_1)\,\vec{i} + (y_2 - y_1)\,\vec{j}$ oder
$\overrightarrow{P_1P_2} = \vec{a} = a_x\vec{i} + a_y\vec{j}$

im Raum

- Ortsvektor $\vec{p}$ eines Punktes $P(x_P; y_P; z_P)$ in Komponentendarstellung:
$\overrightarrow{OP} = x_P\vec{i} + y_P\vec{j} + z_P\vec{k}$

- Vektor $\vec{a} = \overrightarrow{P_1P_2}$ mit $P_1(x_1; y_1; z_1)$ und $P_2(x_2; y_2; z_2)$ in Komponentendarstellung:
$\overrightarrow{P_1P_2} = (x_2 - x_1)\,\vec{i} + (y_2 - y_1)\,\vec{j}$
$+ (z_2 - z_1)\,\vec{k}$ gegebenenfalls auch
$\overrightarrow{P_1P_2} = \vec{a} = a_x\vec{i} + a_y\vec{j} + a_z\vec{k}$

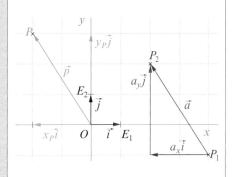
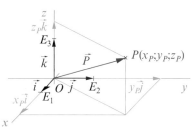

Operationen mit Vektoren; Basis von Vektoren

Addition und Subtraktion von Vektoren	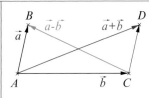	$\vec{a} \pm \vec{o} = \vec{a}$, $\vec{o} - \vec{a} = -\vec{a}$, $\vec{a} + (-\vec{a}) = \vec{o}$ $\vec{a} + \vec{b} = \vec{b} + \vec{a}$ $(\vec{a} + \vec{b}) + \vec{c} = \vec{a} + (\vec{b} + \vec{c})$ $-(\vec{a} + \vec{b}) = -\vec{a} - \vec{b}$ Wenn $\vec{a} = \begin{pmatrix} a_x \\ a_y \\ a_z \end{pmatrix}$ und $\vec{b} = \begin{pmatrix} b_x \\ b_y \\ b_z \end{pmatrix}$, so $\vec{a} \pm \vec{b} = \begin{pmatrix} a_x \pm b_x \\ a_y \pm b_y \\ a_z \pm b_z \end{pmatrix}$.
Multiplikation eines Vektors mit einer reellen Zahl		$\vec{b} = r\vec{a}$ $\vec{b} \uparrow\uparrow r\vec{a}$, falls $r > 0$; $\vec{b} \uparrow\downarrow r\vec{a}$, falls $r < 0$ $1\vec{a} = \vec{a}$; $0\vec{a} = \vec{o}$; $r\vec{o} = \vec{o}$; $|r\vec{a}| = |r|\,|\vec{a}|$ $r(s\vec{a}) = (rs)\vec{a}$; $(r + s)\vec{a} = r\vec{a} + s\vec{a}$; $r(\vec{a} + \vec{b}) = r\vec{a} + r\vec{b}$ Wenn $\vec{a} = \begin{pmatrix} a_x \\ a_y \\ a_z \end{pmatrix}$ und $r \in \mathbb{R}$, so gilt $r\vec{a} = \begin{pmatrix} ra_x \\ ra_y \\ ra_z \end{pmatrix}$.
Linear-kombination		Jeder Vektor $\vec{b}$, der sich als Summe $\vec{b} = r_1\vec{a}_1 + r_2\vec{a}_2 + r_3\vec{a}_3 + \ldots + r_n\vec{a}_n$ mit $r_i \in \mathbb{R}$ darstellen lässt, heißt Linearkombination der Vektoren $\vec{a}_1, \vec{a}_2, \vec{a}_3, \ldots, \vec{a}_n$.
Lineare Unabhängigkeit		Die Vektoren $\vec{a}_1, \vec{a}_2, \vec{a}_3, \ldots, \vec{a}_n$ heißen genau dann linear unabhängig, wenn die Gleichung $r_1\vec{a}_1 + r_2\vec{a}_2 + r_3\vec{a}_3 + \ldots + r_n\vec{a}_n = \vec{o}$ nur für $r_1 = r_2 = r_3 = \ldots = r_n = 0$ erfüllt ist.
Basis $\{\vec{a}_1, \vec{a}_2\}$		Jedes Paar linear unabhängiger Vektoren $\vec{a}_1, \vec{a}_2$ einer Ebene nennt man eine Basis der Menge der Vektoren dieser Ebene, jedes Tripel linear unabhängiger Vektoren $\vec{a}_1, \vec{a}_2, \vec{a}_3$ des Raumes entsprechend Basis der Vektoren des Raumes.

Skalarprodukt von Vektoren	Schließen die Vektoren $\vec{a} \neq \vec{o}$ und $\vec{b} \neq \vec{o}$ den Winkel $\varphi = \sphericalangle(\vec{a}, \vec{b})$ ein, so gilt: $\vec{a} \cdot \vec{b} := \|\vec{a}\| \|\vec{b}\| \cos \sphericalangle(\vec{a}; \vec{b})$ [$\vec{a} \cdot \vec{b}$ ist eine reelle Zahl].

Es gilt:
$$\vec{a} \cdot \vec{b} > 0 \text{ genau dann, wenn } \vec{a} \neq \vec{o}; \vec{b} \neq \vec{o} \text{ und } 0 \leq \sphericalangle(\vec{a}, \vec{b}) < 90°,$$
$$\vec{a} \cdot \vec{b} < 0 \text{ genau dann, wenn } \vec{a} \neq \vec{o}; \vec{b} \neq \vec{o} \text{ und } 90° < \sphericalangle(\vec{a}, \vec{b}) \leq 180°,$$
$$\vec{a} \cdot \vec{b} = 0 \text{ genau dann, wenn } \vec{a} = \vec{o} \textbf{ oder wenn } \vec{b} = \vec{o} \textbf{ oder wenn}$$
$$\vec{a} \neq \vec{o}; \vec{b} \neq \vec{o} \text{ und } \sphericalangle(\vec{a}, \vec{b}) = 90°.$$

Weiterhin gilt:
$$\vec{a}^2 = \vec{a} \cdot \vec{a} = |\vec{a}|^2; \quad |\vec{a}| = \sqrt{\vec{a} \cdot \vec{a}}; \quad \vec{a} \cdot \vec{b} = \vec{b} \cdot \vec{a}$$
$$(\vec{a} + \vec{b}) \cdot \vec{c} = \vec{a} \cdot \vec{c} + \vec{b} \cdot \vec{c}; \quad r(\vec{a} \cdot \vec{b}) = (r\vec{a}) \cdot \vec{b} = \vec{a}(r\vec{b}).$$

Wenn $\vec{a} = \begin{pmatrix} a_x \\ a_y \\ a_z \end{pmatrix}$ und $\vec{b} = \begin{pmatrix} b_x \\ b_y \\ b_z \end{pmatrix}$, so gilt: $\vec{a} \cdot \vec{b} = a_x b_x + a_y b_y + a_z b_z$.

Für den Winkel φ zwischen $\vec{a} \neq \vec{o}$ und $\vec{b} \neq \vec{o}$ gilt:
$$\cos \varphi = \frac{\vec{a} \cdot \vec{b}}{|\vec{a}| |\vec{b}|} = \frac{a_x b_x + a_y b_y + a_z b_z}{\sqrt{a_x^2 + a_y^2 + a_z^2} \cdot \sqrt{b_x^2 + b_y^2 + b_z^2}}$$

Vektorprodukt	Schließen die Vektoren $\vec{a} \neq \vec{o}$ und $\vec{b} \neq \vec{o}$ den Winkel $\varphi = \sphericalangle(\vec{a}; \vec{b})$ ein, so gilt: $\|\vec{a} \times \vec{b}\| := \|\vec{a}\| \|\vec{b}\| \sin \sphericalangle(\vec{a}; \vec{b})$.

Der Vektor $\vec{a} \times \vec{b}$ ist zu $\vec{a}$ und zu $\vec{b}$ orthogonal.
$\vec{a}, \vec{b}, \vec{a} \times \vec{b}$ bilden in der angegebenen Reihenfolge ein Rechtssystem.
$\|\vec{a} \times \vec{b}\|$ ist der Flächeninhalt des von $\vec{a}$ und $\vec{b}$ aufgespannten Parallelogramms.
Im Fall $\vec{a} = \vec{o}$ oder $\vec{b} = \vec{o}$ setzt man $a \times b := \vec{o}$.
Für $\vec{a} \neq \vec{o}$ und $\vec{b} \neq \vec{o}$ gilt $\vec{a} \times \vec{b} = \vec{o}$, falls $\vec{a} \| \vec{b}$.

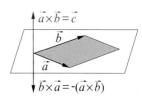

Weiterhin gilt:
$$\vec{a} \times \vec{a} = \vec{o}; \quad (r\vec{a}) \times \vec{b} = \vec{a} \times (r\vec{b}) = r(\vec{a} \times \vec{b}); \quad \vec{a} \times \vec{b} = -\vec{b} \times \vec{a}; \quad \vec{a} \times (\vec{b} + \vec{c}) = (\vec{a} \times \vec{b}) + (\vec{a} \times \vec{c})$$

Wenn $\vec{a} = \begin{pmatrix} a_x \\ a_y \\ a_z \end{pmatrix}$ und $\vec{b} = \begin{pmatrix} b_x \\ b_y \\ b_z \end{pmatrix}$, so $\vec{a} \times \vec{b} = \begin{pmatrix} a_y b_z - a_z b_y \\ a_z b_x - a_x b_z \\ a_x b_y - a_y b_x \end{pmatrix}$

Spatprodukt von Vektoren (gemischtes Produkt)	Das Spatprodukt $(\vec{a} \times \vec{b}) \cdot \vec{c}$ ist dem Betrage nach das Volumen des von $\vec{a}, \vec{b}$ und $\vec{c}$ aufgespannten Spats: $|(\vec{a} \times \vec{b}) \cdot \vec{c}| = \|\vec{a} \times \vec{b}\| \cdot \|\vec{c}\| \cdot \cos \sphericalangle(\vec{a} \times \vec{b}; \vec{c})$

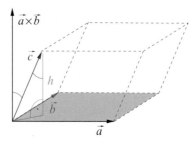

Wenn $\vec{a} = \begin{pmatrix} a_x \\ a_y \\ a_z \end{pmatrix}$, $\vec{b} = \begin{pmatrix} b_x \\ b_y \\ b_z \end{pmatrix}$ und $\vec{c} = \begin{pmatrix} c_x \\ c_y \\ c_z \end{pmatrix}$, so gilt:

$$(\vec{a} \times \vec{b}) \cdot \vec{c} = \begin{pmatrix} a_y b_z - a_z b_y \\ a_z b_x - a_x b_z \\ a_x b_y - a_y b_x \end{pmatrix} \cdot \begin{pmatrix} c_x \\ c_y \\ c_z \end{pmatrix} = a_x b_y c_z + b_x c_y a_z + c_x a_y b_z - a_z b_y c_x - b_z c_y a_x - c_z a_y b_x$$

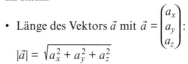

Geraden und Ebenen

Länge eines Vektors; Betrag eines Vektors	**in einer Ebene**	**im Raum**

in einer Ebene

- Länge des Vektors $\vec{a}$ mit $\vec{a} = \begin{pmatrix} a_x \\ a_y \end{pmatrix}$:

$$|\vec{a}| = \sqrt{a_x^2 + a_y^2}$$

- Länge des Vektors $\overrightarrow{PQ}$:

$$|\overrightarrow{PQ}| = \sqrt{(x_Q - x_P)^2 + (y_Q - y_P)^2}$$

im Raum

- Länge des Vektors $\vec{a}$ mit $\vec{a} = \begin{pmatrix} a_x \\ a_y \\ a_z \end{pmatrix}$:

$$|\vec{a}| = \sqrt{a_x^2 + a_y^2 + a_z^2}$$

- Länge des Vektors $\overrightarrow{PQ}$:

$$|\overrightarrow{PQ}| = \sqrt{(x_Q - x_P)^2 + (y_Q - y_P)^2 + (z_Q - z_P)^2}$$

Geraden

Punktrichtungsgleichung $\vec{x} = \vec{p} + t \cdot \vec{a}$ $(t \in \mathbb{R}; \vec{a} \neq \vec{o})$

Sind die Koordinaten von $\vec{p} = \overrightarrow{OP}$ und $\vec{a}$ gegeben, so gilt:

in einer Ebene

für $P(p_1; p_2)$ und

$\vec{a} = \begin{pmatrix} a_x \\ a_y \end{pmatrix}$:

$$\begin{pmatrix} x \\ y \end{pmatrix} = \begin{pmatrix} p_1 \\ p_2 \end{pmatrix} + t \cdot \begin{pmatrix} a_x \\ a_y \end{pmatrix} \text{ mit } t \in \mathbb{R}$$

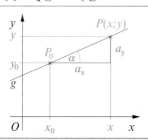

im Raum

für $P(p_1; p_2; p_3)$ und

$\vec{a} = \begin{pmatrix} a_x \\ a_y \\ a_z \end{pmatrix}$:

$$\begin{pmatrix} x \\ y \\ z \end{pmatrix} = \begin{pmatrix} p_1 \\ p_2 \\ p_3 \end{pmatrix} + t \cdot \begin{pmatrix} a_x \\ a_y \\ a_z \end{pmatrix} \text{ mit } t \in \mathbb{R}$$

Parameterfreie Darstellung der Punktrichtungsgleichung in einer Ebene:

$$y - y_0 = m \cdot (x - x_0); \quad m = \tan \alpha = \frac{a_y}{a_x}, \; a_x \neq 0$$

Zweipunktegleichung $\vec{x} = \vec{p} + t \cdot (\vec{q} - \vec{p})$ $(t \in \mathbb{R}; \vec{p} \neq \vec{q})$

Sind die Koordinaten von $\vec{p} = \overrightarrow{OP}$ und $\vec{q} = \overrightarrow{OQ}$ gegeben, so gilt:

in einer Ebene

für $P(p_1; p_2)$ und $Q(q_1; q_2)$:

$$\begin{pmatrix} x \\ y \end{pmatrix} = \begin{pmatrix} p_1 \\ p_2 \end{pmatrix} + t \cdot \begin{pmatrix} q_1 - p_1 \\ q_2 - p_2 \end{pmatrix}$$
mit $t \in \mathbb{R}$

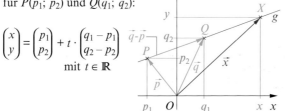

im Raum

für $P(p_1; p_2; p_3)$ und $Q(q_1; q_2; q_3)$

$$\begin{pmatrix} x \\ y \\ z \end{pmatrix} = \begin{pmatrix} p_1 \\ p_2 \\ p_3 \end{pmatrix} + t \cdot \begin{pmatrix} q_1 - p_1 \\ q_2 - p_2 \\ q_3 - p_3 \end{pmatrix}$$
mit $t \in \mathbb{R}$

Parameterfreie Darstellung der Zweipunktegleichung in einer Ebene:
$(y - y_0)(x_1 - x_0) = (x - x_0)(y_1 - y_0)$

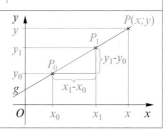

Weitere Geraden-gleichungen	**Normalform** (in einer Ebene) $y = mx + n$ $(m, n \in \mathbb{R}; m \neq 0)$ **Allgemeine Form der Geradengleichung** (in einer Ebene) $ax + by = c$ $(a, b, c \in \mathbb{R}; a^2 + b^2 \neq 0)$ **Achsenabschnittsgleichung** (in einer Ebene, ↗ Bild) $\dfrac{x}{a} + \dfrac{y}{b} = 1$
Winkel	Bilden die Vektoren $\vec{a} \neq \vec{o}$ und $\vec{b} \neq \vec{o}$ den Winkel α mit $0° \leq \alpha \leq 180°$, so gilt $\cos \alpha = \dfrac{\vec{a} \cdot \vec{b}}{|\vec{a}| \cdot |\vec{b}|} = \dfrac{a_x b_x + a_y b_y + a_z b_z}{\sqrt{a_x^2 + a_y^2 + a_z^2} \cdot \sqrt{b_x^2 + b_y^2 + b_z^2}}$
Ebenen	**Punktrichtungsgleichung** $\vec{x} = \vec{p} + r\vec{a} + s\vec{b}; r \in \mathbb{R}, s \in \mathbb{R}$ (r und s sind Parameter; P ist ein Punkt mit dem Ortsvektor $\vec{p}$; $\vec{a}, \vec{b}$ sind zwei linear unabhängige Vektoren)
	Dreipunktegleichung $\vec{x} = \vec{p} + r(\vec{q} - \vec{p}) + s(\vec{r} - \vec{p}); r \in \mathbb{R}, s \in \mathbb{R}$ (r und s sind Parameter; P, Q, R sind drei nicht kollineare Punkte mit den Ortsvektoren $\vec{p}, \vec{q}, \vec{r}$)
	Allgemeine Form der Ebenengleichung $ax + by + cz = d$ (Es gilt: $a^2 + b^2 + c^2 \neq 0$; $a, b, c, d \in \mathbb{R}$)
Hesse'sche Normalenform	**Vektorfreie Darstellung des Hesse'schen Normalen-form in einer Ebene** In einer Ebene gilt für eine Gerade, wenn mit p der Abschnitt $\overline{OQ}$ des Lotes von O auf g und mit φ der Winkel zwischen dem positiven Teil der x-Achse und dem Lot bezeichnet wird: $x \cdot \cos \varphi + y \cdot \sin \varphi - p = 0$
	Vektorielle Darstellung der Hesse'schen Normalen-form in einer Ebene und im Raum Die Koeffizienten der allgemeinen Form der Geradengleichung $ax + by = c$ bzw. die Koeffizienten der Ebenengleichung $\qquad ax + by + cz = d$ liefern die Koordinaten eines Normalenvektors $\vec{n}$ für eine Gerade in der Ebene: $\vec{n} = \begin{pmatrix} a \\ b \end{pmatrix}$, für eine Ebene: $\vec{n} = \begin{pmatrix} a \\ b \\ c \end{pmatrix}$ **Normaleneinheitsvektor** $\vec{n}_0$ zu $\vec{n}$: $\vec{n}_0 = \dfrac{\vec{n}}{|\vec{n}|}$; $|\vec{n}_0| = 1$ Dann folgt für Geraden in einer Ebene und für Ebenen im Raum: $(\vec{v} - \vec{v}_0) \cdot \vec{n}_0 = 0$
Abstände	**Abstand p der Geraden g (in der Ebene) vom Ursprung O** bzw. der Ebene ε (im Raum) vom Ursprung O: **Abstand d eines Punktes R** (in der Ebene) von der Geraden g bzw. von R (im Raum) von der Ebene ε (im Raum): **Abstand $d(g, h)$ zweier windschiefer Geraden g und h:** $\vec{x} = \vec{p}_0 + r\vec{a}$ und $\vec{x} = \vec{q}_0 + s\vec{b}$ mit $\vec{n}_0 \perp \vec{a}$ und $\vec{n}_0 \perp \vec{b}$ $p = |\vec{v}_0 \cdot \vec{n}_0|$ $d = |(\vec{v}_R - \vec{v}_0) \cdot \vec{n}_0|$ mit $\overrightarrow{OR} = \vec{v}_R$ $d(g, h) = |(\vec{q}_0 - \vec{p}_0) \cdot \vec{n}_0|$
Schnittwinkel	Für den Schnittwinkel α, mit dem eine Gerade mit dem Richtungsvektor $\vec{a}$ eine Ebene mit dem Normalenvektor $\vec{n}$ schneidet, gilt: $\sin \alpha = \dfrac{|\vec{n} \cdot \vec{a}|}{|\vec{n}| \cdot |\vec{a}|}$

Zwei Geraden in einer Ebene	Für $g: y = m_1 x + n_1$ und $h: y = m_2 x + n_2$ gilt: $g \parallel h$ genau dann, wenn $m_1 = m_2$, $g = h$ genau dann, wenn $m_1 = m_2$ und $n_1 = n_2$, $g \perp h$ genau dann, wenn $m_1 = -\dfrac{1}{m_2}$ mit $m_2 \neq 0$. Schnittpunkt $S(x_S; y_S)$, falls $g \nparallel h$: $x_S = \dfrac{n_1 - n_2}{m_2 - m_1}$; $y_S = \dfrac{m_2 n_1 - m_1 n_2}{m_2 - m_1}$ Schnittwinkel φ ($\varphi \neq 90°$): $\tan \varphi = \dfrac{m_2 - m_1}{1 + m_1 m_2}$ mit $m_1 m_2 \neq -1$	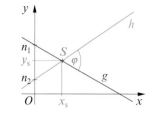
	Für $g: \vec{x} = \vec{p} + r\vec{a}$ $(r \in \mathbb{R}; \vec{a} \neq \vec{o})$ und $h: \vec{x} = \vec{q} + s\vec{b}$ $(s \in \mathbb{R}; \vec{b} \neq \vec{o})$ gilt: $g \parallel h$ genau dann, wenn $\vec{b} = r\vec{a}$ $(r \neq 0)$, $g \perp h$ genau dann, wenn $\vec{a} \cdot \vec{b} = 0$. $g \nparallel h$ S mit $\vec{s} = \begin{pmatrix} p_1 \\ p_2 \end{pmatrix} + r \begin{pmatrix} a_x \\ a_y \end{pmatrix} = \begin{pmatrix} q_1 \\ q_2 \end{pmatrix} + s \begin{pmatrix} b_x \\ b_y \end{pmatrix}$	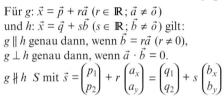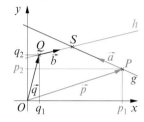

Zwei Geraden im Raum	Für $g: \vec{x} = \vec{p} + r\vec{a}$ $(r \in \mathbb{R}; \vec{a} \neq \vec{o})$
	und $h: \vec{x} = \vec{q} + s\vec{b}$ $(s \in \mathbb{R}; \vec{b} \neq \vec{o})$ gilt:
	$g \parallel h$, $g = h$ genau dann, wenn $\vec{b} = r\vec{a}$ $(r \neq 0)$
	    und wenn es ein $s \in \mathbb{R}$ gibt, sodass
	    $\vec{p} = \vec{q} + s\vec{b}$ ist.
	$g \parallel h$, $g \neq h$ genau dann, wenn $\vec{b} = r\vec{a}$ $(r \neq 0)$
	    und wenn es kein $s \in \mathbb{R}$ gibt, sodass
	    $\vec{p} = \vec{q} + s\vec{b}$ ist.
	Die Geraden schneiden einander, wenn es
	reelle Zahlen r, s gibt, sodass $\vec{p} + r\vec{a} = q + s\vec{b}$.
	Anderenfalls sind die Geraden windschief.
	Für den Schnittpunkt S gilt:
	$\vec{s} = \begin{pmatrix} p_1 \\ p_2 \\ p_3 \end{pmatrix} + r \begin{pmatrix} a_x \\ a_y \\ a_z \end{pmatrix} = \begin{pmatrix} q_1 \\ q_2 \\ q_3 \end{pmatrix} + s \begin{pmatrix} b_1 \\ b_2 \\ b_3 \end{pmatrix}$
		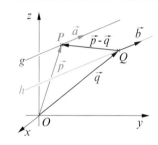

| **Kreis Kreisgleichung**

Tangente im Punkt $P_0(x_0; y_0)$ | **Mittelpunktslage**
$x^2 + y^2 = r^2$
$\overrightarrow{OP} \cdot \overrightarrow{OP} = r^2$

$xx_0 + yy_0 = r^2$
$\overrightarrow{OP} \cdot \overrightarrow{OP_0} = r^2$ | **allgemeine Lage mit $M(c; d)$**
$(x - c)^2 + (y - d)^2 = r^2$
$(\overrightarrow{OP} - \overrightarrow{OM})^2 = r^2$
$(x - c)(x_0 - c) + (y - d)(y_0 - d) = r^2$
$(\overrightarrow{OP} - \overrightarrow{OM})(\overrightarrow{OP_0} - \overrightarrow{OM}) = r^2$
($\nearrow$ Bild) | 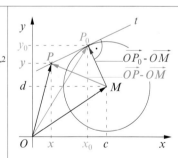 |
| **Kugel Kugelgleichung**

Tangential-ebene ε im Punkt $P_0(x_0; y_0; z_0)$ | **Mittelpunktslage**
$x^2 + y^2 + z^2 = r^2$
$\overrightarrow{OP} \cdot \overrightarrow{OP} = r^2$

$xx_0 + yy_0$
$+ zz_0 = r^2$
$\overrightarrow{OP} \cdot \overrightarrow{OP_0} = r^2$ | **allgemeine Lage mit $M(c; d; e)$**
$(x - c)^2 + (y - d)^2 + (z - e)^2 = r^2$
$(\overrightarrow{OP} - \overrightarrow{OM})^2 = r^2$

$(x - c)(x_0 - c) + (y - d)(y_0 - d)$
$+ (z - e)(z_0 - e) = r^2$
$(\overrightarrow{OP} - \overrightarrow{OM})(\overrightarrow{OP_0} - \overrightarrow{OM}) = r^2$
($\nearrow$ Bild) | 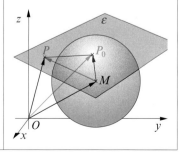 |

Kegelschnitte

Ellipse	$\overline{F_1P} + \overline{F_2P} = 2a > \overline{F_1F_2}$	Lineare Exzentrizität: $e = \sqrt{a^2 - b^2}$
	(F_1, F_2 Brennpunkte; $2a$ Länge der Hauptachse; $2b$ Länge der Nebenachse)	

Ellipsengleichung

Mittelpunktslage $M(0; 0)$

$$\frac{x^2}{a^2} + \frac{y^2}{b^2} = 1$$

achsenparallele Lage $M(c; d)$

$$\frac{(x-c)^2}{a^2} + \frac{(y-d)^2}{b^2} = 1$$

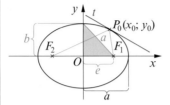

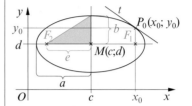

Tangente im Punkt $P_0(x_0; y_0)$

$$\frac{xx_0}{a^2} + \frac{yy_0}{b^2} = 1$$

$$\frac{(x-c)(x_0-c)}{a^2} + \frac{(y-d)(y_0-d)}{b^2} = 1$$

Hyperbel

$$|\overline{F_1P} - \overline{F_2P}| = 2a < \overline{F_1F_2} \qquad \text{Lineare Exzentrizität: } e = \sqrt{a^2 + b^2}$$

Asymptotengleichung: $y = \pm \dfrac{b}{a} x \ (a \neq 0)$

Hyperbelgleichung

Mittelpunktslage $M(0; 0)$

$$\frac{x^2}{a^2} - \frac{y^2}{b^2} = 1$$

achsenparallele Lage $M(c; d)$

$$\frac{(x-c)^2}{a^2} - \frac{(y-d)^2}{b^2} = 1$$

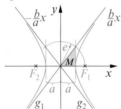

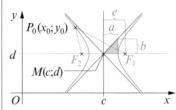

Tangente im Punkt $P_0(x_0; y_0)$

$$\frac{xx_0}{a^2} - \frac{yy_0}{b^2} = 1$$

$$\frac{(x-c)(x_0-c)}{a^2} - \frac{(y-d)(y_0-d)}{b^2} = 1$$

Parabel

$$\overline{L_pP} = \overline{PF}$$

(l Leitlinie; $2p$ Parameter; S Scheitel; F Brennpunkt)

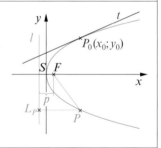

Parabelgleichung

Scheitelgleichung $S(0; 0)$	**allgemeine Gleichung bei achsenparalleler Lage $S(c; d)$**
$y^2 = 2px$	$(y-d)^2 = 2p(x-c)$

Tangente im Punkt $P_0(x_0; y_0)$

$yy_0 = p(x + x_0)$	$(y-d)(y_0-d) = p(x + x_0 - 2c)$

Gemeinsame Scheitelgleichung

Mit $2p$ (Länge der Sehne senkrecht zur Hauptachse durch einen Brennpunkt) und $\varepsilon = \dfrac{e}{a}$ (numerische Exzentrizität) gilt für alle Kegelschnitte in Scheitellage die Gleichung:

$y^2 = 2px - (1 - \varepsilon^2)\, x^2$ mit

$0 < \varepsilon < 1$ für eine Ellipse
$\varepsilon = 1$ für eine Parabel
$\varepsilon > 1$ für eine Hyperbel

Allgemeine Form der Kegelschnittgleichung

$Ax^2 + 2Bxy + Cy^2 + 2Dx + 2Ey + F = 0$
Es handelt sich:

bei $AC - B^2 > 0$ um eine Ellipse
bei $AC - B^2 = 0$ um eine Parabel
bei $AC - B^2 < 0$ um eine Hyperbel

Komplexe Zahlen

Der Bereich der komplexen Zahlen $\mathbb{C}$ umfasst alle Zahlen der Form $a + b\mathrm{i}$ ($a, b \in \mathbb{R}$; $\mathrm{i}^2 = -1$).

Die reellen Zahlen bilden eine Teilmenge von $\mathbb{C}$ für den Fall $b = 0$. Der Fall $a = 0$; $b \neq 0$ liefert eine weitere Teilmenge von $\mathbb{C}$, die imaginären Zahlen.

Die Zahl $\bar{z} = a - b\mathrm{i}$ heißt die zu $z = a + b\mathrm{i}$ konjugiert komplexe Zahl.

Darstellung der komplexen Zahlen in der Gauß'schen Zahlenebene

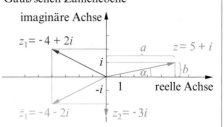

Rechenoperationen in Normalform

Addition von $z_1 = a + b\mathrm{i}$ und $z_2 = c + d\mathrm{i}$:
$z_1 + z_2 = (a + c) + (b + d)\,\mathrm{i}$

Subtraktion von $z_1 = a + b\mathrm{i}$ und $z_2 = c + d\mathrm{i}$:
$z_1 - z_2 = (a - c) + (b - d)\,\mathrm{i}$

Zwei komplexe Zahlen $z_1 = a_1 + b_1\mathrm{i}$ und $z_2 = a_2 + b_2\mathrm{i}$ sind gleich, wenn $a_1 = a_2$ und außerdem $b_1 = b_2$.

Multiplikation von $z_1 = a + b\mathrm{i}$ und $z_2 = c + d\mathrm{i}$:
$z_1 \cdot z_2 = (ac - bd) + (ad + bc)\,\mathrm{i}$

Bilden des Inversen von $z_1 = a + b\mathrm{i}$ ($z \neq 0$):
$$\frac{1}{z} = \frac{a}{a^2 + b^2} - \frac{b}{a^2 + b^2}\,\mathrm{i}$$

Betrag der komplexen Zahl $z = a + b\mathrm{i}$:
$$|z| := \sqrt{a^2 + b^2}$$

Division ($c \neq 0$ oder $d \neq 0$):
$$z_1 : z_2 = \frac{ac + bd}{c^2 + d^2} + \frac{bc - ad}{c^2 + d^2}\,\mathrm{i}$$

Beispiel für eine grafische Addition zweier komplexer Zahlen

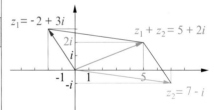

Komplexe Zahlen in trigonometrischer Form

Wegen $|z| = \sqrt{a^2 + b^2}$; $a = |z| \cdot \cos\alpha$ und $b = |z| \cdot \sin\alpha$ mit $0° \leq a \leq 360°$ folgt aus $z = a + b\mathrm{i}$:
$z = |z| \cdot \cos\alpha + \mathrm{i}\,|z| \cdot \sin\alpha = |z| \cdot (\cos\alpha + \mathrm{i} \cdot \sin\alpha)$
$z = r \cdot (\cos\alpha + \mathrm{i} \cdot \sin\alpha)$

Rechenoperationen mit komplexen Zahlen in trigonometrischer Form

Addition von $z_1 = r_1 \cdot (\cos\alpha_1 + \mathrm{i}\sin\alpha_1)$ und $z_2 = r_2 \cdot (\cos\alpha_2 + \mathrm{i}\sin\alpha_2)$:
$z_1 + z_2 = (r_1 \cdot \cos\alpha_1 + r_2 \cdot \cos\alpha_2) + (r_1 \cdot \sin\alpha_1 + r_2 \cdot \sin\alpha_2)\,\mathrm{i}$

Subtraktion von $z_1 = r_1 \cdot (\cos\alpha_1 + \mathrm{i}\sin\alpha_1)$ und $z_2 = r_2 \cdot (\cos\alpha_2 + \mathrm{i}\sin\alpha_2)$:
$z_1 - z_2 = (r_1 \cdot \cos\alpha_1 - r_2 \cdot \cos\alpha_2) + (r_1 \cdot \sin\alpha_1 - r_2 \cdot \sin\alpha_2)\,\mathrm{i}$

Multiplikation von $z_1 = r_1 \cdot (\cos\alpha_1 + \mathrm{i}\sin\alpha_1)$ und $z_2 = r_2 \cdot (\cos\alpha_2 + \mathrm{i}\sin\alpha_2)$:
$z_1 \cdot z_2 = r_1 r_2 \cdot [\cos(\alpha_1 + \alpha_2) + \mathrm{i}\sin(\alpha_1 + \alpha_2)]$

Division von $z_1 = r_1 \cdot (\cos\alpha_1 + \mathrm{i}\sin\alpha_1)$ und $z_2 = r_2 \cdot (\cos\alpha_2 + \mathrm{i}\sin\alpha_2)$:
$$\frac{z_1}{z_2} = \frac{r_1}{r_2}\,[\cos(\alpha_1 - \alpha_2) + \mathrm{i}\sin(\alpha_1 - \alpha_2)] \qquad (z_2 \neq 0 + 0\mathrm{i})$$

Potenzieren von $z = r_1 \cdot (\cos\alpha + \mathrm{i}\sin\alpha)$ mit n ($n \in \mathbb{Z}$):
$z^n = r^n\,[\cos(n\alpha) + \mathrm{i}\sin(n\alpha)]$ 　　 Satz des Moivre

Lineare Algebra

***n*-Tupel**	Spalten (Zeilen) mit n Zahlen ($n = 2$: Paar; $n = 3$: Tripel; $n = 4$: Quadrupel)
Matrix **(*m, n*)-Matrix** **Zeichen:** $A_{(m, n)}$	System von $m \cdot n$ Zahlen, angeordnet in einem rechteckigen Schema von m Zeilen und n Spalten; so zum Beispiel anzutreffen als Koeffizientenschema für ein System von m linearen Gleichungen mit n Variablen x_i. $$\begin{aligned}a_{11}x_1 + a_{12}x_2 + a_{13}x_3 + \ldots + a_{1n}x_n &= b_1\\ a_{21}x_1 + a_{22}x_2 + a_{23}x_3 + \ldots + a_{2n}x_n &= b_2\\ \ldots \quad \ldots \quad \ldots \qquad \ldots \quad \ldots&\\ a_{m1}x_1 + a_{m2}x_2 + a_{m3}x_3 + \ldots + a_{mn}x_n &= b_m\end{aligned}$$ $$A_{(m, n)} = \begin{pmatrix} a_{11} & a_{12} & a_{13} & \ldots & a_{1n}\\ a_{21} & a_{22} & a_{23} & \ldots & a_{2n}\\ \ldots & \ldots & \ldots & \ldots & \ldots\\ a_{m1} & a_{m2} & a_{m3} & \ldots & a_{mn}\end{pmatrix}$$
Typ	Das Paar (m, n) gibt den Typ der Matrix an: m Zeilen und n Spalten. Für die Bezeichnung des allgemeinen Elements der Matrix wählt man oft: a_{ik} mit $i = 1, 2, \ldots, m$ und $k = 1, 2, \ldots, n$. Die Absolutglieder b_i bilden eine Matrix mit m Zeilen und einer Spalte.
Quadratische **Matrix** **Typ (*n, n*)**	In einer quadratischen Matrix ist die Anzahl der Zeilen gleich der Anzahl der Spalten: $m = n$. Die Elemente $a_{11}, a_{22}, a_{33}, \ldots, a_{nn}$ bilden die Hauptdiagonale; die Elemente $a_{1n}, a_{2n-1}, a_{3n-2}, \ldots, a_{n1}$ die Nebendiagonale. $\quad A_{(n, n)} = \begin{pmatrix} a_{11} & a_{12} & a_{13} & \ldots & a_{1n}\\ a_{21} & a_{22} & a_{23} & \ldots & a_{2n}\\ \ldots & \ldots & \ldots & \ldots & \ldots\\ a_{n1} & a_{n2} & a_{n3} & \ldots & a_{nn}\end{pmatrix}$

Spezielle Formen quadratischer Matrizen

Diagonalmatrix	Einheitsmatrix	obere Dreiecksmatrix	untere Dreiecksmatrix
$D = \begin{pmatrix} d_{11} & 0 & \ldots & 0\\ 0 & d_{22} & \ldots & 0\\ \ldots & \ldots & \ldots & \ldots\\ 0 & 0 & \ldots & d_{nn}\end{pmatrix}$	$E = \begin{pmatrix} 1 & 0 & \ldots & 0\\ 0 & 1 & \ldots & 0\\ \ldots & \ldots & \ldots & \ldots\\ 0 & 0 & \ldots & 1\end{pmatrix}$	$\begin{pmatrix} a_{11} & a_{12} & \ldots & a_{1n}\\ 0 & a_{22} & \ldots & a_{2n}\\ \ldots & \ldots & \ldots & \ldots\\ 0 & 0 & \ldots & a_{nn}\end{pmatrix}$	$\begin{pmatrix} a_{11} & 0 & \ldots & 0\\ a_{21} & a_{22} & \ldots & 0\\ \ldots & \ldots & \ldots & \ldots\\ a_{n1} & a_{n2} & \ldots & a_{nn}\end{pmatrix}$
Alle Elemente der quadratischen Matrix außerhalb der Hauptdiagonalen sind gleich null.	Alle Elemente in der Hauptdiagonalen einer Diagonalmatrix sind 1.	Alle Elemente unterhalb der Hauptdiagonalen einer quadratischen Matrix sind gleich null.	Alle Elemente oberhalb der Hauptdiagonalen einer quadratischen Matrix sind gleich null.

Rechnen mit Matrizen

Gleichheit **von Matrizen**	Zwei Matrizen $A_{(m, n)}$ und $B_{(m, n)}$ sind dann und nur dann gleich, wenn sie im Typ übereinstimmen und wenn alle entsprechenden Elemente gleich sind.
Addition/ **Subtraktion**	Für (m, n)-Matrizen A und B vom gleichen Typ gilt: $A \pm B = \begin{pmatrix} a_{11} \pm b_{11} & a_{12} \pm b_{12} & \ldots & a_{1n} \pm b_{1n}\\ a_{21} \pm b_{21} & a_{22} \pm b_{22} & \ldots & a_{2n} \pm b_{2n}\\ \ldots & \ldots & & \ldots\\ a_{m1} \pm b_{m1} & a_{m2} \pm b_{m2} & \ldots & a_{mn} \pm b_{mn}\end{pmatrix}$ Rechenregeln: $A + B = B + A$ $(A + B) + C = A + (B + C)$ $A + 0 = A,\ A - A = 0$
Multiplikation **einer Matrix** **$A_{(m, n)}$ mit** **einer reellen** **Zahl r**	$rA = \begin{pmatrix} ra_{11} & ra_{12} & \ldots & ra_{1n}\\ ra_{21} & ra_{22} & \ldots & ra_{2n}\\ \ldots & \ldots & \ldots & \ldots\\ ra_{m1} & ra_{m2} & \ldots & ra_{mn}\end{pmatrix}$ Rechenregeln: $(r + s) A = rA + sA$ $r (A + B) = rA + rB$ $r (sA) = (rs) A$ $1 \cdot A = A,\ 0 \cdot A = 0$

Transponierte Matrizen

Wenn in einer (m, n)-Matrix **A** die Zeilen mit den entsprechenden Spalten vertauscht werden, so entsteht eine Matrix $\mathbf{A}^T$ vom Typ (n, m); die **transponierte Matrix**.

$$\mathbf{A}_{(m, n)} = \begin{pmatrix} a_{11} & a_{12} & a_{13} & \dots & a_{1n} \\ a_{21} & a_{22} & a_{23} & \dots & a_{2n} \\ a_{31} & a_{32} & a_{33} & \dots & a_{3n} \\ \dots & \dots & \dots & \dots & \dots \\ a_{m1} & a_{m2} & a_{m3} & \dots & a_{mn} \end{pmatrix} \qquad \mathbf{A}^T_{(m, n)} = \begin{pmatrix} a_{11} & a_{21} & a_{31} & \dots & a_{m1} \\ a_{12} & a_{22} & a_{32} & \dots & a_{m2} \\ a_{13} & a_{23} & a_{33} & \dots & a_{m3} \\ \dots & \dots & \dots & \dots & \dots \\ a_{1n} & a_{2n} & a_{3n} & \dots & a_{mn} \end{pmatrix}$$

Rechenregeln:
$(\mathbf{A}^T)^T = \mathbf{A}$
$(r\mathbf{A})^T = r\mathbf{A}^T$
$(\mathbf{A} + \mathbf{B})^T = \mathbf{A}^T + \mathbf{B}^T$

Für quadratische Matrizen $\mathbf{A}_{(n, n)}$ gilt:
Die transponierte Matrix $\mathbf{A}^T$ entsteht durch Spiegelung der Elemente an der Hauptdiagonalen der Matrix **A**.

Eine quadratische Matrix $\mathbf{A}_{(n, n)}$ heißt symmetrisch, wenn $\mathbf{A} = \mathbf{A}^T$ gilt:

$$\mathbf{A} = \begin{pmatrix} a & b & d & g \\ b & c & e & h \\ d & e & f & i \\ g & h & i & j \end{pmatrix}$$

Für ihre Elemente gilt:
$a_{ik} = a_{ki}$ mit $i = 1, 2, 3, \dots, n$ und $k = 1, 2, \dots, n$.

Eine quadratische Matrix $\mathbf{A}_{(n, n)}$ heißt antimetrisch oder schiefsymmetrisch, wenn $\mathbf{A} = -\mathbf{A}^T$ gilt:

$$\mathbf{A} = \begin{pmatrix} 0 & a & b & -d \\ -a & 0 & -c & e \\ -b & c & 0 & -f \\ d & -e & f & 0 \end{pmatrix}$$

Die Elemente der Hauptdiagonalen sind sämtlich null, also: $a_{ii} = 0$ für $i = 1, 2, \dots, n$.
Ferner gilt $a_{ik} = -a_{ki}$ mit $i = 1, 2, 3, \dots, n$ und $k = 1, 2, \dots, n$.

Vektoren

Eine Matrix $\mathbf{A}_{(m, n)}$ kann als Zusammenschluss von m Zeilenvektoren $\mathbf{a}_{(i)}$ oder aber von n Spaltenvektoren $\mathbf{a}_{(k)}$ angesehen werden.
Ein **Spaltenvektor** ist danach eine einspaltige Matrix vom Typ $(m, 1)$, ein **Zeilenvektor** ist eine einzeilige Matrix vom Typ $(1, n)$.

Weitere Operationen mit Matrizen

Multiplikation von Matrizen

Die Multiplikation zweier Matrizen **A** und **B** ist möglich, wenn für **A** und **B** eine Verkettung möglich ist. Das ist dann der Fall, wenn die Anzahl der Spalten von **A** gleich der Anzahl der Zeilen von **B** ist, wenn also $\mathbf{A}_{(m, n)}$ und $\mathbf{B}_{(n, q)}$ gilt.
Die Ergebnismatrix **C** weist die Zeilenzahl von **A** und die Spaltenzahl von **B** aus. Ihre Elemente c_{ik} werden durch das Skalarprodukt der i-ten Zeile von **A** mit der k-ten Spalte von **B** bestimmt:

$$A_{(m, n)} \cdot B_{(n, q)} = C_{(m, q)} \text{ mit } c_{ik} = \sum_{j=1}^{n} a_{ij}b_{jk} \text{ und } i = 1, 2, \dots, m; \; k = 1, 2, \dots, q$$

verkettbar

m Zeilen, *n* Spalten   *n* Zeilen, *q* Spalten   *m* Zeilen, *q* Spalten

$$\begin{pmatrix} a_{11} & a_{12} & \dots & a_{1n} \\ \dots & \dots & \dots & \dots \\ a_{m1} & a_{m2} & \dots & a_{mn} \end{pmatrix} \cdot \begin{pmatrix} b_{11} & b_{12} & \dots & b_{1q} \\ \dots & \dots & \dots & \dots \\ b_{n1} & b_{n2} & \dots & b_{nq} \end{pmatrix} = \begin{pmatrix} \sum_{j=1}^{n} a_{1j}b_{j1} & \sum_{j=1}^{n} a_{1j}b_{j2} & \dots & \sum_{j=1}^{n} a_{1j}b_{jq} \\ \dots & \dots & \dots & \dots \\ \sum_{j=1}^{n} a_{mj}b_{j1} & \sum_{j=1}^{n} a_{mj}b_{j2} & \dots & \sum_{j=1}^{n} a_{mj}b_{jq} \end{pmatrix}$$

| Falk'sches Schema | Für die Berechnung der Elemente der Ergebnismatrix **C** bei der Multiplikation der Matrizen **A** und **B** ($\nearrow$ Seite 51) hat sich folgendes Schema bewährt: |

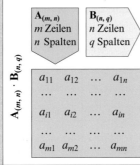

$$
\begin{array}{ccccccc}
b_{11} & b_{12} & \dots & b_{1k} & & \dots & b_{1q} \\
\dots & \dots & \dots & \dots & & \dots & \dots \\
b_{n1} & b_{n2} & \dots & b_{nk} & & \dots & b_{nq}
\end{array}
$$

$$
\begin{array}{cccc}
a_{11} & a_{12} & \dots & a_{1n} \\
\dots & \dots & \dots & \dots \\
a_{i1} & a_{i2} & \dots & a_{in} \\
\dots & \dots & \dots & \dots \\
a_{m1} & a_{m2} & \dots & a_{mn}
\end{array}
\qquad
\begin{array}{ccccccc}
c_{11} & c_{12} & \dots & c_{1k} & & \dots & c_{1q} \\
\dots & \dots & \dots & \dots & & \dots & \dots \\
c_{i1} & c_{i2} & \dots & c_{ik} = \sum_{j=1}^{n} a_{ij}b_{jk} & & \dots & c_{iq} \\
\dots & \dots & \dots & \dots & & \dots & \dots \\
c_{m1} & c_{m2} & \dots & c_{mk} & & \dots & c_{mq}
\end{array}
$$

Determinanten

| Begriff der Determinante | Eine Determinante ist eine spezielle Funktion, die jeder quadratischen Matrix $\mathbf{A} = \mathbf{A}_{(n,\,n)}$ mit reellen Zahlen als Elemente eindeutig eine reelle Zahl zuordnet. |

$$
\det \mathbf{A} = \begin{vmatrix}
a_{11} & a_{12} & \dots & a_{1n} \\
a_{21} & a_{22} & \dots & a_{2n} \\
\dots & \dots & \dots & \dots \\
a_{n1} & a_{n2} & \dots & a_{nn}
\end{vmatrix}
$$

Dabei wird durch n die Ordnung der Determinante angezeigt, indem man auch schreibt: $D^{(n)} = \det \mathbf{A}$

Zur Berechnung von Determinanten

(1) Determinanten zweiter Ordnung

$$
D^{(2)} = \begin{vmatrix} a_{11} & a_{12} \\ a_{21} & a_{22} \end{vmatrix} = a_{11} \cdot a_{22} - a_{12} \cdot a_{21}
$$

Produkt der Elemente der Hauptdiagonale minus Produkt der Elemente der Nebendiagonale

(2) Determinanten dritter Ordnung

$$
D^{(3)} = \begin{vmatrix} a_{11} & a_{12} & a_{13} \\ a_{21} & a_{22} & a_{23} \\ a_{31} & a_{32} & a_{33} \end{vmatrix} = a_{11}a_{22}a_{33} + a_{12}a_{23}a_{31} + a_{13}a_{21}a_{32} - a_{13}a_{22}a_{31} - a_{11}a_{23}a_{32} - a_{12}a_{21}a_{33}
$$

Für dreireihige (und nur für dreireihige) Determinanten können die Summanden mithilfe der **Regel von Sarrus** ermittelt werden:

$$
\begin{array}{ccccc}
a_{11} & a_{12} & a_{13} & a_{11} & a_{12} \\
a_{21} & a_{22} & a_{23} & a_{21} & a_{22} \\
a_{31} & a_{32} & a_{33} & a_{31} & a_{32}
\end{array}
$$
$$
\quad + \quad + \quad +
$$
$$
- \quad - \quad -
$$

Berechnung mithilfe von Unterdeterminanten:

$$
\begin{vmatrix} a_{11} & a_{12} & a_{13} \\ a_{21} & a_{22} & a_{23} \\ a_{31} & a_{32} & a_{33} \end{vmatrix} = a_{11} \begin{vmatrix} a_{22} & a_{23} \\ a_{32} & a_{33} \end{vmatrix} - a_{12} \begin{vmatrix} a_{21} & a_{23} \\ a_{31} & a_{33} \end{vmatrix} + a_{13} \begin{vmatrix} a_{21} & a_{22} \\ a_{31} & a_{32} \end{vmatrix}
$$

weiter mit Determinanten zweiter Ordnung

Die in dieser Entwicklung auftretenden Unterdeterminanten entstehen aus der gegebenen Matrix durch Streichen der i-ten Zeile und der j-ten Spalte. Bezeichnet man diese Unterdeterminanten mit $\mathbf{A}_{ij}$, so lautet die Gleichung:

$D^{(3)} = \det \mathbf{A}_{(3,3)} = a_{11}\mathbf{A}_{11} - a_{12}\mathbf{A}_{12} + a_{13}\mathbf{A}_{13}$

Diese Methode ist auch für Determinanten höherer Ordnung geeignet ($\nearrow$ Seite 53).

(3) Determinanten vierter Ordnung

$$\begin{vmatrix} a_{11} & a_{12} & a_{13} & a_{14} \\ a_{21} & a_{22} & a_{23} & a_{24} \\ a_{31} & a_{32} & a_{33} & a_{34} \\ a_{41} & a_{42} & a_{43} & a_{44} \end{vmatrix} = a_{11}\mathbf{A}_{11} - a_{12}\mathbf{A}_{12} + a_{13}\mathbf{A}_{13} - a_{14}\mathbf{A}_{14}$$

Mit ausführlich geschriebenen Unterdeterminanten lautet diese Gleichung:

$$\mathbf{D}^{(4)} = a_{11}\begin{vmatrix} a_{22} & a_{23} & a_{24} \\ a_{32} & a_{33} & a_{34} \\ a_{42} & a_{43} & a_{44} \end{vmatrix} - a_{12}\begin{vmatrix} a_{21} & a_{23} & a_{24} \\ a_{31} & a_{33} & a_{34} \\ a_{41} & a_{43} & a_{44} \end{vmatrix} + a_{13}\begin{vmatrix} a_{21} & a_{22} & a_{24} \\ a_{31} & a_{32} & a_{34} \\ a_{41} & a_{42} & a_{44} \end{vmatrix} - a_{14}\begin{vmatrix} a_{21} & a_{22} & a_{23} \\ a_{31} & a_{32} & a_{33} \\ a_{41} & a_{42} & a_{43} \end{vmatrix}$$

Auf die so entstandenen dreireihigen Determinanten kann dann die Regel von Sarrus angewendet werden.

Lösen linearer Gleichungssysteme, Cramer'sche Regel

(1) Systeme aus zwei linearen Gleichungen mit zwei Variablen x_1 und x_2 ($x_1, x_2 \in \mathbb{R}$)

$a_{11}x_1 + a_{12}x_2 = b_1$
$a_{21}x_1 + a_{22}x_2 = b_2$

Die auf der Seite 26 angegebenen Lösungsformeln ergeben sich sinngemäß unter Anwendung der Cramer'schen Regel:

$$x_i = \frac{D_i}{D^{(n)}}$$

$D^{(n)}$ ist Koeffizientendeterminante
D_i ist Zählerdeterminante

$$D^{(n)} = \begin{vmatrix} a_{11} & a_{12} \\ a_{21} & a_{22} \end{vmatrix} = a_{11}a_{22} - a_{12}a_{21}; \quad D_1 = \begin{vmatrix} b_1 & a_{12} \\ b_2 & a_{22} \end{vmatrix} = b_1 a_{22} - a_{12}b_2; \quad D_2 = \begin{vmatrix} a_{11} & b_1 \\ a_{21} & b_2 \end{vmatrix} = a_{11}b_2 - b_1 a_{21}$$

Daraus folgt:

$$x_1 = \frac{D_1}{D^{(n)}} = \frac{b_1 a_{22} - a_{12}b_2}{a_{11}a_{22} - a_{12}a_{21}}; \quad x_2 = \frac{D_2}{D^{(n)}} = \frac{a_{11}b_2 - b_1 a_{21}}{a_{11}a_{22} - a_{12}a_{21}}, \quad \text{falls} \quad D^{(n)} \neq 0$$

(2) Systeme aus drei linearen Gleichungen mit drei Variablen x_1, x_2 und x_3 ($x_1, x_2, x_3 \in \mathbb{R}$)

$a_{11}x_1 + a_{12}x_2 + a_{13}x_3 = b_1$
$a_{21}x_1 + a_{22}x_2 + a_{23}x_3 = b_2$
$a_{31}x_1 + a_{32}x_2 + a_{33}x_3 = b_3$

Die Koeffizientendeterminante $D^{(n)}$ wie auch die Zählerdeterminante D_i lassen sich als dreireihige Determinanten mithilfe der Regel von Sarrus berechnen ($\nearrow$ Seite 52).
Hinweis: Die Cramer'sche Regel wird im Allgemeinen nicht auf Systeme mit 4 und mehr Gleichungen angewendet.

$$x_i = \frac{D_i}{D^{(n)}}$$

$$D^{(n)} = \begin{vmatrix} a_{11} & a_{12} & a_{13} \\ a_{21} & a_{22} & a_{23} \\ a_{31} & a_{32} & a_{33} \end{vmatrix} = a_{11}a_{22}a_{33} + a_{12}a_{23}a_{31} + a_{13}a_{21}a_{32} - a_{13}a_{22}a_{31} - a_{11}a_{23}a_{32} - a_{12}a_{21}a_{33}$$

$$D_1 = \begin{vmatrix} b_1 & a_{12} & a_{13} \\ b_2 & a_{22} & a_{23} \\ b_3 & a_{32} & a_{33} \end{vmatrix} \qquad D_2 = \begin{vmatrix} a_{11} & b_1 & a_{13} \\ a_{21} & b_2 & a_{23} \\ a_{31} & b_3 & a_{33} \end{vmatrix} \qquad D_3 = \begin{vmatrix} a_{11} & a_{12} & b_1 \\ a_{21} & a_{22} & b_2 \\ a_{31} & a_{32} & b_3 \end{vmatrix}$$

Daraus folgt für $D^{(n)} \neq 0$: $\quad x_1 = \frac{D_1}{D^{(n)}}; \quad x_2 = \frac{D_2}{D^{(n)}}; \quad x_3 = \frac{D_3}{D^{(n)}}$

Lösen linearer Gleichungssysteme, Gauß'sches Eliminationsverfahren

Ziel: Das Gleichungssystem wird auf **Staffelform** gebracht. Dann ermittelt man von unten nach oben die gesamte Lösungsmenge des Systems.

$a_{11}x_1 + a_{12}x_2 + a_{13}x_3 + \dots + a_{1n}x_n = b_1$
$a_{21}x_1 + a_{22}x_2 + a_{23}x_3 + \dots + a_{2n}x_n = b_2$
$a_{31}x_1 + a_{32}x_2 + a_{33}x_3 + \dots + a_{3n}x_n = b_3$
$\dots \qquad \qquad \dots$
$a_{n1}x_1 + a_{n2}x_2 + a_{n3}x_3 + \dots + a_{nn}x_n = b_n$

$a_{11}x_1 + a_{12}x_2 + a_{13}x_3 + \dots + a_{1n}x_n = b_1$
$a'_{22}x_2 + a'_{23}x_3 + \dots + a'_{2n}x_n = b'_2$
$a'_{33}x_3 + \dots + a'_{3n}x_n = b'_3$
$\dots$
$a'_{nn}x_n = b'_n$

Im Fall eines linearen Gleichungssystems mit drei Gleichungen und drei Variablen kann man die Staffelform folgendermaßen erreichen (Bemerkung: Es gibt hierfür mehrere Möglichkeiten.):
Im **ersten Schritt** wird eine Variable (z. B. x_1) in allen drei Gleichungen freigelegt, indem man durch den jeweiligen Koeffizienten von x_1 dividiert.

(1) $a_{11}x_1 + a_{12}x_2 + a_{13}x_3 = b_1$
(2) $a_{21}x_1 + a_{22}x_2 + a_{23}x_3 = b_2$
(3) $a_{31}x_1 + a_{32}x_2 + a_{33}x_3 = b_3$

(1a) $x_1 + \dfrac{a_{12}}{a_{11}} x_2 + \dfrac{a_{13}}{a_{11}} x_3 = \dfrac{b_1}{a_{11}}$

(2a) $x_1 + \dfrac{a_{22}}{a_{21}} x_2 + \dfrac{a_{23}}{a_{21}} x_3 = \dfrac{b_2}{a_{21}}$

(3a) $x_1 + \dfrac{a_{32}}{a_{31}} x_2 + \dfrac{a_{33}}{a_{31}} x_3 = \dfrac{b_3}{a_{31}}$

Im **zweiten Schritt** wird durch die Subtraktion von (2a) – (1a) wie auch von (3a) – (1a) die Variable x_1 aus den Gleichungen (2a) und (3a) eliminiert.

(1a) $x_1 + \dfrac{a_{12}}{a_{11}} x_2 + \dfrac{a_{13}}{a_{11}} x_3 = \dfrac{b_1}{a_{11}}$

(2b) $\left(\dfrac{a_{22}}{a_{21}} - \dfrac{a_{12}}{a_{11}}\right) x_2 + \left(\dfrac{a_{23}}{a_{21}} - \dfrac{a_{13}}{a_{11}}\right) x_3 = \left(\dfrac{b_2}{a_{21}} - \dfrac{b_1}{a_{11}}\right)$

(3b) $\left(\dfrac{a_{32}}{a_{31}} - \dfrac{a_{12}}{a_{11}}\right) x_2 + \left(\dfrac{a_{33}}{a_{31}} - \dfrac{a_{13}}{a_{11}}\right) x_3 = \left(\dfrac{b_3}{a_{31}} - \dfrac{b_1}{a_{11}}\right)$

Im **dritten Schritt** wird in gleicher Weise fortgefahren und aus der Gleichung (3b) die Variable x_2 eliminiert. Man erhält auf diesem Wege die weiter unten angeführte Staffelform des Gleichungssystems. Aus der Gleichung (3c) lässt sich danach der Wert von x_3 ermitteln und über (2b) und (1a) erhält man dann auch die Werte von x_2 und x_1.
(Das Freilegen von x_2 wurde hier aus Platzgründen nicht ausgeführt. Wenn für die Koeffizienten Zahlen vorgegeben sind, vollzieht sich dieser Schritt übersichtlich und schnell.)

(1a) $x_1 + \dfrac{a_{12}}{a_{11}} x_2 + \dfrac{a_{13}}{a_{11}} x_3 = \dfrac{b_1}{a_{11}}$

(2b) $x_2 + \dfrac{a_{11}a_{23} - a_{13}a_{21}}{a_{11}a_{22} - a_{12}a_{21}} x_3 = \dfrac{a_{11}b_2 - a_{21}b_1}{a_{11}a_{22} - a_{12}a_{21}}$

(3c) $x_3 = \dfrac{a_{11}a_{22}b_3 - a_{12}a_{21}b_3 - a_{11}a_{32}b_2 + a_{12}a_{31}b_2 + a_{21}a_{32}b_1 - a_{22}a_{31}b_1}{a_{11}a_{22}a_{33} - a_{12}a_{21}a_{33} - a_{11}a_{23}a_{32} + a_{12}a_{23}a_{31} + a_{13}a_{21}a_{32} - a_{13}a_{22}a_{31}}$

Physik

Größen und Einheiten

Basiseinheiten des Internationalen Einheitensystems (SI)

Name	Zeichen	Definition
Meter	m	**Das Meter** ist die Länge der Strecke, die Licht im Vakuum während der Dauer von $^1/_{299\,792\,458}$ Sekunde durchläuft.
Kilogramm	kg	**Das Kilogramm** ist die Masse des internationalen Kilogrammprototyps.
Sekunde	s	**Die Sekunde** ist die Dauer von 9 192 631 770 Perioden der Strahlung, die dem Übergang zwischen den beiden Hyperfeinstrukturniveaus des Grundzustandes des Atoms Caesium 133 entspricht.
Ampere	A	**Das Ampere** ist die Stärke des zeitlich unveränderten elektrischen Stromes durch zwei geradlinige, parallele, unendlich lange Leiter von vernachlässigbarem Querschnitt, die den Abstand 1 m haben und zwischen denen die durch den Strom elektrodynamisch hervorgerufene Kraft im leeren Raum je 1 m Länge der Doppelleitung $2 \cdot 10^{-7}$ N beträgt.
Kelvin	K	**Das Kelvin** ist der 273,16te Teil der thermodynamischen Temperatur des Tripelpunktes von Wasser.
Mol	mol	**Das Mol** ist die Stoffmenge eines Systems, das aus ebenso vielen Einzelteilchen besteht, wie Atome in 0,012 kg des Kohlenstoffnuklids ^{12}C enthalten sind.
Candela	cd	**Die Candela** ist die Lichtstärke in einer bestimmten Richtung einer Strahlungsquelle, die monochromatische Strahlung der Frequenz $540 \cdot 10^{12}$ Hertz aussendet und deren Strahlstärke in dieser Richtung $^1/_{683}$ Watt durch Steradiant beträgt.

Beispiele für abgeleitete SI-Einheiten

Name	Zeichen	Basiseinheiten	Beziehungen	Größe
Newton	N	Meter, Kilogramm, Sekunde	$1\,\text{N} = 1\,\dfrac{\text{kg} \cdot \text{m}}{\text{s}^2}$	Kraft
Hertz	Hz	Sekunde	$1\,\text{Hz} = 1\,\text{s}^{-1}$	Frequenz
Joule je Kelvin	$\dfrac{\text{J}}{\text{K}}$	Meter, Kilogramm, Sekunde Kelvin	$1\,\dfrac{\text{J}}{\text{K}} = 1\,\dfrac{\text{kg} \cdot \text{m}^2}{\text{s}^2 \cdot \text{K}}$	Wärmekapazität
Farad	F	Meter, Kilogramm, Sekunde Ampere	$1\,\text{F} = 1\,\dfrac{\text{A}^2 \cdot \text{s}^4}{\text{kg} \cdot \text{m}^2}$	Elektrische Kapazität

Beispiele für SI-fremde Einheiten

SI-fremde Einheiten lassen sich mithilfe von Zahlenfaktoren auf SI-Einheiten zurückführen.

Name	Zeichen	Beziehungen	Zugehörige Größe
Elektronenvolt	eV	$1\text{ eV} = 1{,}602\,177 \cdot 10^{-19}\text{ J}$	Energie
Seemeile	sm	$1\text{ sm} = 1\,852\text{ m}$	Länge
Knoten	kn	$1\text{ kn} = 1\text{ sm/h} = 1\,852\text{ m/h}$	Geschwindigkeit
Minute	min	$1\text{ min} = 60\text{ s}$	Zeit
Torr	Torr	$1\text{ Torr} = 133{,}3\text{ Pa}$	Druck
Kalorie	cal	$1\text{ cal} = 4{,}187\text{ J}$	Energie

Größen und Einheiten der Länge und ihrer Potenzen

Größe	Formelzeichen	Name der Einheit	Einheitenzeichen	Beziehungen zwischen den Einheiten
Ebener Winkel Drehwinkel	α, β, γ δ, φ	Radiant	rad	$1\text{ rad} = \dfrac{1\text{ m Bogen}}{1\text{ m Radius}} = 57{,}3°$
		Grad	°	$1° = \dfrac{\pi}{180}\text{ rad} = 60'$
		Minute	'	$1' = \dfrac{\pi}{10\,800}\text{ rad} = 60''$
		Sekunde	''	$1'' = \dfrac{\pi}{648\,000}\text{ rad}$
Fläche, Flächeninhalt	A	Quadratmeter Ar Hektar	m² a ha	$1\text{ m}^2 = 1\text{ m} \cdot 1\text{ m}$ $1\text{ a} = 100\text{ m}^2 = 10^2\text{ m}^2$ $1\text{ ha} = 10\,000\text{ m}^2 = 10^4\text{ m}^2$
Länge	l	**Meter** Astronomische Einheit Lichtjahr Parsec Seemeile Ångström	**m** AE Lj, ly pc sm Å	**Basiseinheit** $1\text{ AE} = 1{,}496 \cdot 10^{11}\text{ m}$ $1\text{ Lj} = 9{,}461 \cdot 10^{15}\text{ m}$ $1\text{ pc} = 3{,}086 \cdot 10^{16}\text{ m}$ $1\text{ sm} = 1\,852\text{ m}$ $1\text{ Å} = 10^{-10}\text{ m}$
Radius	r	Meter	m	
Raumwinkel	Ω, ω	Steradiant	sr	$1\text{ sr} = \dfrac{1\text{ m}^2}{1\text{ m}^2}$
Volumen	V	Kubikmeter Liter Registertonne	m³ l RT	$1\text{ m}^3 = 1\text{ m} \cdot 1\text{ m} \cdot 1\text{ m}$ $1\text{ l} = 0{,}001\text{ m}^3 = 10^{-3}\text{ m}^3 = 1\text{ dm}^3$ $1\text{ RT} = 2{,}83\text{ m}^3$
Weg, Weglänge	s	Meter	m	
Wellenlänge	λ	Meter	m	

Größen und Einheiten des Raumes und der Zeit

Größe	Formel-zeichen	Name der Einheit	Einheiten-zeichen	Beziehungen zwischen den Einheiten
Beschleunigung	a	Meter je Quadratsekunde	$\dfrac{m}{s^2}$	
Drehzahl	n	je Sekunde	s^{-1}	$1\ s^{-1} = 60\ min^{-1}$
Fallbeschleunigung	g	Meter je Quadratsekunde	$\dfrac{m}{s^2}$	$1\ \dfrac{m}{s^2} = 1\ \dfrac{N}{kg}$
Frequenz	f, ν	Hertz	Hz	$1\ Hz = 1\ s^{-1}$
Geschwindigkeit	v	Meter je Sekunde	$\dfrac{m}{s}$	
		Kilometer je Stunde	$\dfrac{km}{h}$	$1\ \dfrac{km}{h} = \dfrac{1}{3{,}6}\ \dfrac{m}{s}$
Kreisfrequenz	ω	je Sekunde	s^{-1}	$1\ s^{-1} = 60\ min^{-1}$
Schwingungsdauer, Periodendauer	T	Sekunde	s	
Winkel-beschleunigung	α	Radiant je Quadratsekunde	$\dfrac{rad}{s^2}$	$1\ \dfrac{rad}{s^2} = \dfrac{1}{s^2}$
Winkel-geschwindigkeit	ω	Radiant je Sekunde	$\dfrac{rad}{s}$	$1\ \dfrac{rad}{s} = \dfrac{1}{s}$
Zeit	t	**Sekunde** Minute Stunde Tag Jahr	**s** min h d a	**Basiseinheit** $1\ min = 60\ s$ $1\ h\ \ = 60\ min = 3\,600\ s$ $1\ d\ \ = 24\ h = 1\,440\ min = 86\,400\ s$ $1\ a\ \ = 365{,}242\ d = 31\,556\,926\ s$

Größen und Einheiten der Mechanik

Größe	Formel-zeichen	Name der Einheit	Einheiten-zeichen	Beziehungen zwischen den Einheiten
Amplitude	y_{max}	Meter, Zentimeter	m, cm	
Arbeit	W	Joule	J	$1\ J = 1\ N \cdot m = 1\ \dfrac{kg \cdot m^2}{s^2}$
		Newtonmeter Wattsekunde Kilowattstunde	N · m W · s kW · h	$1\ N \cdot m = 1\ J$ $1\ W \cdot s = 1\ J$ $1\ kW \cdot h = 3{,}6 \cdot 10^6\ W \cdot s$
Auslenkung, Elongation	y	Meter, Zentimeter	m, cm	

Größe	Formel-zeichen	Name der Einheit	Einheiten-zeichen	Beziehungen zwischen den Einheiten
Dichte	ϱ	Kilogramm je Kubikmeter	$\dfrac{\text{kg}}{\text{m}^3}$	$1\,\dfrac{\text{kg}}{\text{m}^3} = 0{,}001\,\dfrac{\text{g}}{\text{cm}^3}$
		Gramm je Kubikzentimeter	$\dfrac{\text{g}}{\text{cm}^3}$	$1\,\dfrac{\text{g}}{\text{cm}^3} = 1\,\dfrac{\text{kg}}{\text{dm}^3} = 1\,\dfrac{\text{t}}{\text{m}^3}$
Drehimpuls	L	Newtonmetersekunde	$\text{N}\cdot\text{m}\cdot\text{s}$	$1\,\text{N}\cdot\text{m}\cdot\text{s} = 1\,\dfrac{\text{kg}\cdot\text{m}^2}{\text{s}}$
Drehmoment	M			
Biegemoment	M_b	Newtonmeter	$\text{N}\cdot\text{m}$	$1\,\text{N}\cdot\text{m} = 1\,\dfrac{\text{kg}\cdot\text{m}^2}{\text{s}^2}$
Torsionsmoment	T			
Druck	p	Pascal	Pa	$1\,\text{Pa} = 1\,\dfrac{\text{N}}{\text{m}^2} = 1\,\dfrac{\text{kg}}{\text{m}\cdot\text{s}^2}$
		Bar	bar	$1\,\text{bar} = 100\,000\,\text{Pa} = 10^5\,\text{Pa}$
		Atmosphäre	at	$1\,\text{at} = 98{,}1\cdot10^3\,\text{Pa}$
		Torr	Torr	$1\,\text{Torr} = 133{,}3\,\text{Pa}$
		Millimeter Quecksilbersäule	mmHg	$1\,\text{mmHg} = 1\,\text{Torr} = 133{,}3\,\text{Pa}$
Energie	E, W	Joule	J	$1\,\text{J} = 1\,\text{N}\cdot\text{m} = 1\,\dfrac{\text{kg}\cdot\text{m}^2}{\text{s}^2}$
		Newtonmeter	$\text{N}\cdot\text{m}$	$1\,\text{N}\cdot\text{m} = 1\,\text{J}$
		Wattsekunde	$\text{W}\cdot\text{s}$	$1\,\text{W}\cdot\text{s} = 1\,\text{J}$
		Kilowattstunde	$\text{kW}\cdot\text{h}$	$1\,\text{kW}\cdot\text{h} = 3{,}6\cdot10^6\,\text{W}\cdot\text{s}$
Federkonstante	k, D	Newton je Meter	$\dfrac{\text{N}}{\text{m}}$	$1\,\dfrac{\text{N}}{\text{m}} = 1\,\dfrac{\text{kg}}{\text{s}^2}$
Impuls	p	Kilogrammmeter je Sekunde	$\dfrac{\text{kg}\cdot\text{m}}{\text{s}}$	$1\,\dfrac{\text{kg}\cdot\text{m}}{\text{s}} = 1\,\text{N}\cdot\text{s}$
Kraft	F	Newton	N	$1\,\text{N} = 1\,\dfrac{\text{kg}\cdot\text{m}}{\text{s}^2}$
Kraftstoß	I	Newtonsekunde	$\text{N}\cdot\text{s}$	$1\,\text{N}\cdot\text{s} = 1\,\dfrac{\text{kg}\cdot\text{m}}{\text{s}}$
Leistung	P	Watt	W	$1\,\text{W} = 1\,\dfrac{\text{J}}{\text{s}} = 1\,\dfrac{\text{N}\cdot\text{m}}{\text{s}} = 1\,\dfrac{\text{kg}\cdot\text{m}^2}{\text{s}^3}$
		Pferdestärke	PS	$1\,\text{PS} = 735{,}5\,\text{W}$
Masse	m	**Kilogramm**	**kg**	**Basiseinheit**
		Tonne	t	$1\,\text{t} = 10^3\,\text{kg}$
		Karat	Kt	$1\,\text{Kt} = 0{,}2\,\text{g}$
		Atomare Massen-einheit	u	$1\,\text{u} = 1{,}660\,565\,5\cdot10^{-27}\,\text{kg}$

Größe	Formel-zeichen	Name der Einheit	Einheiten-zeichen	Beziehungen zwischen den Einheiten
Mechanische Spannung	σ	Newton je Quadratmeter	$\dfrac{N}{m^2}$	$1\,\dfrac{N}{m^2} = 1\,\dfrac{kg}{m \cdot s^2}$
		Pascal	Pa	$1\,MPa = 1\,\dfrac{N}{mm^2}$
Reibungszahl	μ	Eins	1	
Rollreibungszahl	μ_{RR}	Meter	m	
Trägheitsmoment	J	Kilogramm mal Quadratmeter	$kg \cdot m^2$	
Winkelrichtgröße	D	Newtonmeter je Radiant	$\dfrac{N \cdot m}{rad}$	
Wirkungsgrad	η	Eins	1	

Größen und Einheiten der Akustik

Größe	Formel-zeichen	Name der Einheit	Einheiten-zeichen	Beziehungen zwischen den Einheiten
Lautstärkepegel	L_N, L_S	Phon	phon	
Schalldruckpegel	L_P	Dezibel	dB	
Schallintensität	I	Watt je Quadratmeter	$\dfrac{W}{m^2}$	$1\,\dfrac{W}{m^2} = 1\,\dfrac{kg}{s^3}$

Größen und Einheiten der Thermodynamik

Größe	Formel-zeichen	Name der Einheit	Einheiten-zeichen	Beziehungen zwischen den Einheiten
Enthalpie (Wärmeinhalt)	H	Joule	J	$1\,J = 1\,N \cdot m = 1\,\dfrac{kg \cdot m^2}{s^2}$
Entropie	S	Joule je Kelvin	$\dfrac{J}{K}$	$1\,\dfrac{J}{K} = 1\,\dfrac{kg \cdot m^2}{s^2 \cdot K}$
Innere Energie	U	Joule	J	$1\,J = 1\,W \cdot s = 1\,N \cdot m$
Spezifische Wärmekapazität	c	Joule je Kilogramm und Kelvin	$\dfrac{J}{kg \cdot K}$	$1\,\dfrac{J}{kg \cdot K} = 1\,\dfrac{W \cdot s}{kg \cdot K}$
Temperatur	T ϑ, t	**Kelvin** Grad Celsius	**K** °C	**Basiseinheit** 0 °C = 273,15 K
Wärme	Q	Joule Kalorie	J cal	$1\,J = 1\,W \cdot s = 1\,N \cdot m$ $1\,cal = 4{,}1868\,J$

Größe	Formelzeichen	Name der Einheit	Einheitenzeichen	Beziehungen zwischen den Einheiten
Wärmekapazität	C	Joule je Kelvin	$\dfrac{J}{K}$	$1\,\dfrac{J}{K} = 1\,\dfrac{W \cdot s}{K}$
Wärmewiderstand	R	Kelvin je Watt	$\dfrac{K}{W}$	$1\,\dfrac{K}{W} = 1\,\dfrac{K \cdot s^3}{kg \cdot m^2}$
Wärmestrom	Φ	Watt	W	$1\,W = 1\,\dfrac{J}{s} = 1\,\dfrac{kg \cdot m^2}{s^3}$

Größen und Einheiten der Optik

Größe	Formelzeichen	Name der Einheit	Einheitenzeichen	Beziehungen zwischen den Einheiten
Beleuchtungsstärke	E	Lux	lx	$1\,lx = 1\,\dfrac{lm}{m^2}$
Brechkraft, Brechwert	D	Dioptrie	dpt	$1\,dpt = 1\,m^{-1}$
Brechzahl	n	Eins	1	
Brennweite Objektweite Bildweite	f g, a, s b, a', s'	Meter, Zentimeter Millimeter	m, cm, mm	$1\,m = 100\,cm = 1\,000\,mm$
Leuchtdichte	L	Candela je Quadratmeter	$\dfrac{cd}{m^2}$	
Lichtstärke	I	**Candela**	**cd**	**Basiseinheit**
Lichtstrom	φ	Lumen	lm	$1\,lm = 1\,cd \cdot sr$

Größen und Einheiten der Elektrizitätslehre und des Magnetismus

Größe	Formelzeichen	Name der Einheit	Einheitenzeichen	Beziehungen zwischen den Einheiten
Elektrische Arbeit Elektrische Energie	W E	Joule Wattsekunde Kilowattstunde	J $W \cdot s$ $kW \cdot h$	$1\,J = 1\,W \cdot s = 1\,V \cdot A \cdot s$ $1\,kW \cdot h = 3{,}6\,MJ$
Elektrische Feldstärke	E	Volt je Meter	$\dfrac{V}{m}$	$1\,\dfrac{V}{m} = 1\,\dfrac{N}{C} = 1\,\dfrac{kg \cdot m}{s^3 \cdot A}$
Elektrische Flussdichte	D	Coulomb je Quadratmeter	$\dfrac{C}{m^2}$	$1\,\dfrac{C}{m^2} = 1\,\dfrac{A \cdot s}{m^2}$
Elektrische Kapazität	C	Farad	F	$1\,F = 1\,\dfrac{C}{V} = 1\,\dfrac{A \cdot s}{V}$

Größe	Formel-zeichen	Name der Einheit	Einheiten-zeichen	Beziehungen zwischen den Einheiten
Elektrische Ladung	Q	Coulomb	C	$1\,\text{C} = 1\,\text{A} \cdot \text{s}$
Elektrische Leistung	P	Watt	W	$1\,\text{W} = 1\,\text{V} \cdot \text{A} = 1\,\dfrac{\text{J}}{\text{s}}$
Elektrische Leitfähigkeit	γ	Siemens je Meter	$\dfrac{\text{S}}{\text{m}}$	$1\,\dfrac{\text{S}}{\text{m}} = \dfrac{1}{\Omega \cdot \text{m}}$
Elektrische Spannung Elektrisches Potenzial	U φ	Volt	V	$1\,\text{V} = 1\,\dfrac{\text{W}}{\text{A}} = 1\,\dfrac{\text{kg} \cdot \text{m}^2}{\text{s}^3 \cdot \text{A}}$
Elektrische Stromstärke	I	**Ampere**	**A**	**Basiseinheit**
Elektrischer Leitwert	G	Siemens	S	$1\,\text{S} = 1\,\Omega^{-1}$
Elektrischer Widerstand	R	Ohm	Ω	$1\,\Omega = 1\,\dfrac{\text{V}}{\text{A}}$
Induktivität	L	Henry	H	$1\,\text{H} = 1\,\dfrac{\text{V} \cdot \text{s}}{\text{A}} = 1\,\dfrac{\text{Wb}}{\text{A}}$
Leistungsfaktor	$\cos \varphi$	Eins	1	
Magnetische Feldstärke	H	Ampere je Meter	$\dfrac{\text{A}}{\text{m}}$	
Magnetische Flussdichte	B	Tesla	T	$1\,\text{T} = 1\,\dfrac{\text{V} \cdot \text{s}}{\text{m}^2} = 1\,\dfrac{\text{Wb}}{\text{m}^2}$
Magnetischer Fluss	Φ	Weber	Wb	$1\,\text{Wb} = 1\,\text{V} \cdot \text{s} = 1\,\text{T} \cdot \text{m}^2$
Permeabilität	μ_r	Henry je Meter	$\dfrac{\text{H}}{\text{m}}$	$1\,\dfrac{\text{H}}{\text{m}} = 1\,\dfrac{\text{V} \cdot \text{s}}{\text{A} \cdot \text{m}}$
Permittivität (früher Dielektrizi-tätskonstante)	ε	Farad je Meter	$\dfrac{\text{F}}{\text{m}}$	$1\,\dfrac{\text{F}}{\text{m}} = 1\,\dfrac{\text{A} \cdot \text{s}}{\text{V} \cdot \text{m}}$
Relative Permeabilität, Permeabilitätszahl	μ_r	Eins	1	
Relative Permittivität, Permittivitätszahl (früher Dielektrizi-tätszahl)	ε_r	Eins	1	
Spezifischer elektrischer Widerstand	ϱ	Ohm mal Quadrat-millimeter je Meter Ohmmeter	$\dfrac{\Omega \cdot \text{mm}^2}{\text{m}}$ $\Omega \cdot \text{m}$	$1\,\dfrac{\Omega \cdot \text{mm}^2}{\text{m}} = 10^{-6}\,\Omega \cdot \text{m}$

Größen und Einheiten der Kernphysik

Größe	Formel-zeichen	Name der Einheit	Einheiten-zeichen	Beziehungen zwischen den Einheiten
Aktivität	A	Becquerel	Bq	$1\ \text{Bq} = 1\ \text{s}^{-1}$
Äquivalentdosis	H	Sievert	Sv	$1\ \text{Sv} = 1\ \dfrac{\text{J}}{\text{kg}}$
		rem	rem	$1\ \text{rem} = 10^{-2}\ \text{Sv}$
Energiedosis	D	Gray	Gy	$1\ \text{Gy} = 1\ \dfrac{\text{J}}{\text{kg}}$
Halbwertszeit	$T_{1/2}$	Sekunde	s	
Relative Atommasse	A_{r}	Eins	1	

Größen und Einheiten der physikalischen Chemie

Größe	Formel-zeichen	Name der Einheit	Einheiten-zeichen	Beziehungen zwischen den Einheiten
Molare Masse	M	Kilogramm je Mol	$\dfrac{\text{kg}}{\text{mol}}$	$1\ \dfrac{\text{kg}}{\text{mol}} = 1\ \text{kg} \cdot \text{mol}^{-1}$
Molares Volumen	V_{m}	Kubikmeter je Mol	$\dfrac{\text{m}^3}{\text{mol}}$	$1\ \dfrac{\text{m}^3}{\text{mol}} = 1\ \text{m}^3 \cdot \text{mol}^{-1}$
Stoffmenge (Objektmenge)	$\boldsymbol{n}$	**Mol**	**mol**	**Basiseinheit**

Vorsätze

Vorsatz	Kurzzeichen	Faktor, mit dem die Einheit multipliziert wird	
Exa	E	1 000 000 000 000 000 000	(10^{18})
Peta	P	1 000 000 000 000 000	(10^{15})
Tera	T	1 000 000 000 000	(10^{12})
Giga	G	1 000 000 000	(10^{9})
Mega	M	1 000 000	(10^{6})
Kilo	k	1 000	(10^{3})
Hekto	h	100	(10^{2})
Deka	da	10	(10^{1})
Dezi	d	0,1	(10^{-1})
Zenti	c	0,01	(10^{-2})
Milli	m	0,001	(10^{-3})
Mikro	µ	0,000 001	(10^{-6})
Nano	n	0,000 000 001	(10^{-9})
Pico	p	0,000 000 000 001	(10^{-12})
Femto	f	0,000 000 000 000 001	(10^{-15})
Atto	a	0,000 000 000 000 000 001	(10^{-18})

Wertetafeln

Dichten ($\nearrow$ Chemie)

Feste Stoffe (bei 25 °C)			
Stoff	Dichte ϱ in $\frac{g}{cm^3}$	Stoff	Dichte ϱ in $\frac{g}{cm^3}$
Aluminium	2,70	Holz (Kiefer)	0,3 ... 0,7
Beton	2,3	Konstantan	8,8
Blei	11,34	Kork	0,2 ... 0,35
Diamant	3,51	Kupfer	8,96
Eis (bei 0 °C)	0,917	Lehm	1,5 ... 1,8
Eisen	7,86	Magnesium	1,74
Glas (Fensterglas)	2,4 ... 2,6	Papier	0,7 ... 1,2
Glas (Quarzglas)	2,20	Porzellan	2,2 ... 2,4
Gold	19,3	Silber	10,50
Graphit	2,26	Stahl	7,8
Hartgummi	1,2 ... 1,8	Zink	7,14
Holz (Eiche)	0,5 ... 1,3	Zinn	7,28

Flüssigkeiten (bei 25 °C)			
Stoff	Dichte ϱ in $\frac{g}{cm^3}$	Stoff	Dichte ϱ in $\frac{g}{cm^3}$
Aceton	0,79	Petroleum	0,76
Benzin	0,68 ... 0,72	Quecksilber	13,53
Dieselkraftstoff	0,84	Spiritus	0,83
Erdöl	0,7 ... 0,9	Wasser (destilliert)	0,99
Glycerin	1,26	Wasser (Meerwasser)	1,02

Gase (bei 101,325 kPa und 0 °C)			
Stoff	Dichte ϱ in $\frac{kg}{m^3}$	Stoff	Dichte ϱ in $\frac{kg}{m^3}$
Ammoniak	0,77	Luft	1,29
Chlor	3,214	Propan	2,01
Erdgas	0,73 ... 0,83	Sauerstoff	1,429
Helium	0,179	Stickstoff	1,251
Kohlenstoffdioxid	1,977	Wasserstoff	0,0899

Legierungen

Legierung	Zusammensetzung	Dichte ϱ in $\frac{g}{cm^3}$	Spezifischer elektrischer Widerstand in $10^{-6}\ \Omega \cdot m$
Chromnickel	80 % Ni; 20 % Cr	8,41	1,1
Konstantan	54 % Cu; 45 % Ni; 1 % Mn	8,8	0,5
Neusilber	60 % Cu; 17 % Ni; 23 % Zn	8,62	0,3
Nickelin	54 % Cu; 26 % Ni; 20 % Zn	8,9	0,43
Messing	30 % Zn; 70 % Cu	8,52	0,07

Tonfrequenzen (C-Dur, temperierte Stimmung)

Ton	Frequenz in Hz	Ton	Frequenz in Hz	Ton	Frequenz in Hz
c'	261,63	f'	349,23	h'	493,88
d'	293,67	g'	392,00	c''	523,25
e'	329,63	a'	440,00		

Schallgeschwindigkeiten (Richtwerte für 20 °C und 101,3 kPa)

Feste Stoffe	v in $\frac{m}{s}$	Flüssigkeiten und Gase	v in $\frac{m}{s}$
Aluminium	5 100	Benzin	1 160
Beton	3 800	Wasser bei 4 °C	1 400
Blei	1 300	Wasser bei 20 °C	1 484
Eis bei – 4 °C	3 230	Kohlenstoffdioxid	260
Glas	4 000 … 5 000	Luft bei 0 °C	331
Gummi	40	Luft bei 10 °C	337
Kupfer	3 900	Luft bei 20 °C	343
Stahl	5 100	Wasserstoff	1 280

Lichtgeschwindigkeiten in Stoffen und im Vakuum

Stoff	c in $10^8 \frac{m}{s}$	Stoff	c in $10^8 \frac{m}{s}$
Diamant	1,22	Kohlenstoffdisulfid	1,84
Flintglas	1,86	Wasser	2,24
Kronglas	1,97	Luft	2,997 11
Polystyrol	1,89	Vakuum	2,997 924 58

Reibungszahlen (Richtwerte)

Werkstoffe	Haftreibungszahl μ_{HR}	Gleitreibungszahl μ_{GR}
Stahl auf Stahl	0,15	0,03 … 0,09
Stahl auf Gusseisen	0,18	0,16
Stahl auf Eis	0,03	0,01
Gummireifen auf Asphalt, trocken	< 0,9	< 0,3
Gummireifen auf Asphalt, nass	< 0,5	< 0,15
Gummireifen auf Beton, trocken	< 1,0	< 0,5
Gummireifen auf Beton, nass	< 0,6	< 0,3
Holz auf Holz	0,5 … 0,65	0,2 … 0,4
Metall auf Holz	0,5 … 0,6	0,2 … 0,5
Leder auf Metall (Dichtungen)	0,6	0,25

Werkstoffe	Rollreibungszahl μ_{RR} in cm	Werkstoffe	Rollreibungszahl μ_{RR} in cm
Gummireifen auf Asphalt	0,002	Eisenreifen auf Schotter	0,04
Gummireifen auf Pflaster	0,05	Eisenreifen auf Pflaster	0,02
Eisenreifen auf Asphalt	0,01	Stahlreifen auf Schienen	0,006

Widerstandsbeiwerte c_w einiger Körper (Kreisscheibe: $c_w = 1$)

Körper	c_w	Körper	c_w
Hohlhalbkugel (Strömung zur Höhlung)	1,4	Pkw (geschlossen)	$\approx 0,3$
Hohlhalbkugel (Strömung zur Wölbung)	0,3 … 0,4	Lkw	0,6 … 1,3
Kugel	0,45	Motorrad	0,6 … 0,7
Stromlinienkörper (Strömung zur Spitze)	0,2	Rennwagen	0,15 … 0,2
Stromlinienkörper (Strömung zur Wölbung)	< 0,1	Fallschirm	1,4

Druckabhängigkeit der Siedetemperatur des Wassers

Druck in kPa	Siedetemperatur in °C	Druck in kPa	Siedetemperatur in °C	Druck in kPa	Siedetemperatur in °C	Druck in kPa	Siedetemperatur in °C
50	81,34	91	97,01	100	99,63	200	120,2
55	83,78	92	97,32	101	99,91	300	133,5
60	85,95	93	97,62	101,325	100,00	400	143,6
65	88,02	94	97,91	102	100,18	500	151,8
70	89,96	95	98,20	103	100,46	600	158,8
75	91,78	96	98,49	104	100,73	700	164,9
80	93,51	97	98,78	105	101,00	800	170,4
85	95,15	98	99,07	106	101,27	900	175,4
90	96,71	99	99,35	107	101,53	1 000	180,0

Eigenschaften von festen Stoffen ($\nearrow$ Chemie)

Stoff	Linearer Ausdehnungs-koeffizient α in $\frac{1}{K}$	Schmelz-temperatur ϑ_S in °C (bei 101,3 kPa)	Siede-temperatur ϑ_V in °C (bei 101,3 kPa)	Spezifische Wärme-kapazität c in $\frac{kJ}{kg \cdot K}$	Spezifische Schmelz-wärme q_S in $\frac{kJ}{kg}$
Aluminium	0,000 023	660	2 450	0,90	397
Beton	0,000 012			0,92	
Bismut	0,000 014	271	1 560	0,12	52,2
Blei	0,000 029	327	1 740	0,13	26
Diamant	0,000 001	ab 3 550	4 830	0,50	
Fensterglas	0,000 010			0,17	
Gold	0,000 014	1 063	2 970	0,13	65
Graphit	0,000 002	3 730	4 830	0,71	
Holz (Eiche)	0,000 008			2,39	
Konstantan	0,000 015			0,41	
Kupfer	0,000 016	1 083	2 600	0,39	205
Magnesium	0,000 026	650	1 110	1,02	382
Mauerwerk	0,000 005			0,86	
Platin	0,000 009	1 770	3 825	0,13	113
Porzellan	0,000 004			$\approx 0,84$	
Quarzglas	< 0,000 001	1 700		0,73	
Silber	0,000 020	961	2 212	0,23	104
Stahl	0,000 013	$\approx 1 500$		$\approx 0,47$	
Wolfram	0,000 004	3 350	5 700	0,13	192
Zink	0,000 036	419	906	0,39	111
Zinn	0,000 027	232	2 350	0,23	59

Eigenschaften von Flüssigkeiten (↗ Chemie)

Stoff	Kubischer Ausdehnungs- koeffizient γ in $\frac{1}{K}$	Schmelz- temperatur ϑ_S in °C (bei 101,3 kPa)	Siede- temperatur ϑ_V in °C (bei 101,3 kPa)	Spezifische Wärme- kapazität c in $\frac{kJ}{kg \cdot K}$	Spezifische Schmelz- wärme q_S in $\frac{kJ}{kg}$	Spezifische Verdampfungs- wärme q_V in $\frac{kJ}{kg}$ (bei 101,3 kPa)
Benzol	0,0011	5,49	80,1	1,70	127	394
Diethyl- ether	0,0016	– 116,3	34,5	2,35	98	384
Ethanol	0,0011	– 114,2	78,4	2,42	108	842
Glycerin	0,0005	18	290	2,39	188	853
Methanol	0,0011	– 97,7	64,7	2,49	69	1 102
Petroleum	0,0009			2,00		
Queck- silber	0,0011	– 39	357	0,14	11	285
Trichlor- methan	0,00128	– 63,5	61,2	0,95	75	245
Wasser	0,00018	0	100	4,186	334	2 260

Eigenschaften von Gasen (↗ Chemie)

Stoff	Schmelz- temperatur ϑ_S in °C (bei 101,3 kPa) (* bei 2,6 MPa)	Siede- temperatur ϑ_V in °C (bei 101,3 kPa)	Spezifische Wärme- kapazität c_V bei konstantem Volumen in $\frac{kJ}{kg \cdot K}$	Spezifische Wärme- kapazität c_p bei konstantem Druck in $\frac{kJ}{kg \cdot K}$	Spezifische Verdampfungs- wärme q_V in $\frac{kJ}{kg}$
Ammoniak	– 78	– 33	1,56	2,05	1 370
Helium	– 270*	– 269	3,22	5,23	25
Kohlenstoffdioxid	– 57	– 79	0,65	0,85	574
Luft	– 213	– 193	0,72	1,01	190
Sauerstoff	– 219	– 183	0,65	0,92	213
Stickstoff	– 210	– 195,8	0,75	1,04	198
Wasserstoff	– 259,3	– 252,8	10,13	14,28	455

Heizwerte

Feste Brennstoffe	H in $\frac{MJ}{kg}$	Flüssige Brennstoffe	H in $\frac{MJ}{l}$	H in $\frac{MJ}{kg}$	Gasförmige Brennstoffe	H' in $\frac{MJ}{m^3}$
Anthrazit	32	Benzol	35	40	Butan	134
Rohbraunkohle	8 … 12	Flugbenzin	45	59	Erdgas	19 … 54
Brikett	20	Erdöl	36 … 41	42 … 48	Kokereigas	20
Holz, trocken	15	Dieselkraftstoff	35 … 38	41 … 44	Methan	36
Magerkohle	33	Heizöl	42	43	Propan	102
Steinkohle	30	Methanol	16	20	Schwefelwasserstoff	24
Steinkohlenteer	36	Petroleum	41	50	Stadtgas	18
Torf, trocken	15	Spiritus	32	39	Steinkohlengas	23
Zechenkoks	28 … 30	Vergaserkraftstoff	32 … 38	44 … 53	Wasserstoff	11

Zusammensetzung der Lufthülle der Erde (bis zu etwa 60 km Höhe)

Stoff	Masseanteil in %	Vol.-anteil in %	Stoff	Masseanteil in %	Vol.-anteil in %
Sauerstoff	23,01	20,93	Wasserstoff	0,000 004	0,000 05
Stickstoff	75,51	78,10	Neon	0,001 2	0,001 8
Argon	1,286	0,932 5	Helium	0,000 07	0,000 5
Kohlenstoff-			Krypton	0,000 3	0,000 1
dioxid	0,04	0,03	Xenon	0,000 04	0,000 009

Spezifische elektrische Widerstände (bei 20 °C)

Metalle	ϱ in $\frac{\Omega \cdot \text{mm}^2}{\text{m}}$	Kohle und Widerstandslegierungen	ϱ in $\frac{\Omega \cdot \text{mm}^2}{\text{m}}$	Isolierstoffe	ϱ in $\frac{\Omega \cdot \text{cm}^2}{\text{cm}}$
Aluminium	0,028	Bogenlampenkohle	60 … 80	Bernstein	bis 10^{18}
Blei	0,21	Bürstenkohle	40 … 100	Glimmer	10^{15} … 10^{17}
Eisen	0,10	Chromnickel	1,1	Holz, trocken	10^{11} … 10^{15}
Gold	0,022	Eisen, legiert (4 Si)	0,5	Quarzglas	10^{13} … 10^{15}
Kupfer	0,017 2	Konstantan	0,50	Polyethylen	10^{12} … 10^{15}
Quecksilber	0,96	Leitungskupfer	0,0178	Polyvinylbenzol	bis 10^{18}
Silber	0,016	Manganin	0,43	Polyvinylchlorid	10^{14} … 10^{15}
Wolfram	0,055	Nickelin	0,43	Porzellan	bis 10^{15}
Zinn	0,11	Stahlguss	0,18	Transformatorenöl	10^{12} … 10^{15}

Elektromagnetisches Spektrum

Bezeichnung	Frequenz f in Hz	Wellenlänge λ
Wechselstrom	10 … 10^2	30 000 km … 3 000 km
Tonfrequenter Wechselstrom (Telefon)	10^2 … 10^4	3 000 km … 30 km
Hertz'sche Wellen	10^4 … 10^{13}	30 km … 0,03 mm
Langwellen	$1,5 \cdot 10^5$ … $3 \cdot 10^5$	2 000 m … 1 000 m
Mittelwellen	$0,5 \cdot 10^6$ … $2 \cdot 10^6$	600 m … 150 m
Kurzwellen	$0,6 \cdot 10^7$ … $2 \cdot 10^7$	50 m … 15 m
Ultrakurzwellen	10^8 … $3 \cdot 10^8$	30 m … 1 m
Mikrowellen	$3 \cdot 10^8$ … 10^{13}	1 m … 0,03 mm
Lichtwellen	10^{12} … $5 \cdot 10^{16}$	0,3 mm … 5 nm
infrarotes Licht	10^{12} … $3,9 \cdot 10^{14}$	0,3 mm … 770 nm
sichtbares Licht	$3,9 \cdot 10^{14}$ … $7,7 \cdot 10^{14}$	770 nm … 390 nm
– Rot	$3,9 \cdot 10^{14}$ … $4,7 \cdot 10^{14}$	770 nm … 640 nm
– Orange	$4,7 \cdot 10^{14}$ … $5 \cdot 10^{14}$	640 nm … 600 nm
– Gelb	$5 \cdot 10^{14}$ … $5,3 \cdot 10^{14}$	600 nm … 570 nm
– Grün	$5,3 \cdot 10^{14}$ … $6,1 \cdot 10^{14}$	570 nm … 490 nm
– Blau	$6,1 \cdot 10^{14}$ … $6,5 \cdot 10^{14}$	490 nm … 430 nm
– Violett	$7 \cdot 10^{14}$ … $7,7 \cdot 10^{14}$	430 nm … 390 nm
ultraviolettes Licht	$7,7 \cdot 10^{14}$ … $5 \cdot 10^{16}$	390 nm … 5 nm
Röntgenstrahlung	$3 \cdot 10^{16}$ … $3 \cdot 10^{21}$	10 nm … 0,1 pm
Gammastrahlung	10^{18} … 10^{23}	300 pm … 0,003 pm
Kosmische Strahlung	10^{21} … 10^{24}	0,3 pm … 0,000 3 pm

van-der-Waals'sche Konstanten a und b

Stoff	a in $\dfrac{\text{kPa} \cdot \text{m}^6}{\text{kmol}^2}$	b in $\dfrac{\text{m}^3}{\text{kmol}}$	Stoff	a in $\dfrac{\text{kPa} \cdot \text{m}^6}{\text{kmol}^2}$	b in $\dfrac{\text{m}^3}{\text{kmol}}$
Argon	136	0,032 2	Krypton	235	0,039 4
Chlor	659	0,056 0	Sauerstoff	138	0,031 6
Chlorwasserstoff	372	0,040 6	Stickstoff	136	0,038 5
Helium	3,43	0,023 5	Wasserstoff	24,8	0,026 7
Kohlenstoffdioxid	365	0,042 5	Xenon	417	0,051 2

Austrittsarbeiten W_A der Elektronen aus reinen Metalloberflächen

Metall	W_A in eV	Metall	W_A in eV	Metall	W_A in eV
Aluminium	4,20	Calcium	3,20	Platin	5,36
Barium	2,52	Gold	4,71	Wolfram	4,53
Cadmium	4,04	Eisen	4,63	Zink	3,95
Caesium	1,94	Magnesium	3,70	Zinn	4,39

Hall-Konstanten R_H

Metall	R_H in $10^{-11} \dfrac{\text{m}^3}{\text{C}}$	Metall	R_H in $10^{-11} \dfrac{\text{m}^3}{\text{C}}$	Metall	R_H in $10^{-11} \dfrac{\text{m}^3}{\text{C}}$
Aluminium	− 3,5	Gold	− 7,2	Silber	− 8,9
Bismut	− (5,3 … 6,8) · 10^4	Kupfer	− 5,3	Wolfram	+ 1,15
Blei	+ 0,9	Palladium	− 8,6	Zink	+ 6,4
Cadmium	+ 5,9	Platin	− 2,0	Zinn	− 0,3

Relative Permittivitäten ε_r (Permittivitätszahlen)

Stoff	ε_r	Stoff	ε_r
Bernstein	2,8	Paraffin	2,3
Glas	5 … 16	Polystyrol	2,6
Glimmer	4 … 10	Porzellan	4,5 … 6,5
Hartpapier	3,5 … 5	Transformatorenöl	2,5
Keramische Werkstoffe		Vakuum	1
für Kondensatoren	100 … 10 000	Wasser	81
Luft	1,000 6		

Relative Permeabilitäten μ_r (Permeabilitätszahlen) magnetischer Werkstoffe

Stoff	Anfangspermeabilität $\mu_{r,a}$	Maximalpermeabilität $\mu_{r,max}$
Elektrolyteisen	600	15 000
Ferrite	300 … 3 000	
Nickel-Eisen-Legierung	2 700	20 000
Sonderlegierungen	bis 100 000	bis 300 000
Technisches Eisen	250	7 000
Transformatorenblech	600	7 600

Brechzahlen *n*

für den Übergang des Lichtes aus dem Vakuum in den betreffenden Stoff
für die gelbe Natriumlinie ($\lambda = 589,3$ nm)

Stoff	Brechzahl *n*	Stoff	Brechzahl *n*
Diamant	2,417	Kronglas, leicht	1,515
Eis	1,31	Kronglas, schwer	1,615
Flintglas, leicht	1,608	Quarzglas	1,459
Flintglas, schwer	1,754	Steinsalz	1,544
Glycerin	1,469	Luft	1,000 3
Kohlenstoffdisulfid	1,629	Wasser	1,333

α-, β- und γ-Strahlung

Name	Art	Symbol	Elektrische Ladung	Massenzahl
α	Heliumkern	^4_2He	zweifach positiv	4
β^-	Elektron	$^0_{-1}\text{e}$	negativ	0
β^+	Positron	$^0_{+1}\text{e}$	positiv	0
γ	elektromagnetische Strahlung	$^0_0\gamma$	ungeladen	0

Kernstrahlung einiger Radionuklide

Radionuklid	Art der Strahlung	Energie in MeV	Radionuklid	Art der Strahlung	Energie in MeV
Natrium-22	β^+ γ	0,545 1,275	Caesium-137	β^- γ	0,514 0,662
Cobalt-60	β^- γ	0,314 1,173; 1,332	Blei-210 (Ra-D)	α β^- γ	3,72 0,061; 0,067 0,047

Bei der β-Strahlung sind die maximalen Energiewerte angegeben.

Halbwertszeiten $T_{1/2}$

Element	Radionuklid	Halbwertszeit	Element	Radionuklid	Halbwertszeit
Kohlenstoff	C-14	5 730 Jahre	Gold	Au-194	39,5 Stunden
Natrium	Na-22	2,6 Jahre	Iridium	Ir-192	73,8 Tage
Phosphor	P-29	4,1 Sekunden		Ir-195	2,5 Stunden
	P-32	14,5 Tage	Blei	Pb-210	22,5 Jahre
Cobalt	Co-60	5,3 Jahre	Radium	Ra-226	1 600 Jahre
Zink	Zn-65	244 Tage	Uran	U-238	4,5 Milliarden Jahre
Krypton	Kr-85	10,7 Jahre	Plutonium	Pu-236	2,9 Jahre
Caesium	Cs-137	30,3 Jahre		Pu-239	24 110 Jahre

Physikalische Formeln

Statik

Größen		
Druck p	**Gewichtskraft F_G**	**Drehmoment (Kraftmoment) M**
$p = \dfrac{F}{A}$ F Kraft A Fläche	$F_G = m \cdot g$ m Masse g Fallbeschleunigung	$\vec{M} = \vec{r} \times \vec{F}$ Unter der Bedingung $\vec{r} \perp \vec{F}$ gilt: $M = F \cdot r$ F Kraft r Hebelarm

Gleichgewichtsbedingung

– für einen Massenpunkt $\displaystyle\sum_{i=1}^{n} \vec{F_i} = 0$ $\vec{F_i}$ Kräfte	– für einen drehbaren starren Körper $\displaystyle\sum_{i=1}^{n} \vec{M_i} = 0$ und $\displaystyle\sum_{i=1}^{n} \vec{F_i} = 0$ $\vec{M_i}$ Drehmomente

Zusammensetzung von zwei Kräften $\vec{F_1}$ und $\vec{F_2}$

$\vec{F_1}$ und $\vec{F_2}$ sind gleich gerichtet.	$\vec{F_1}$ und $\vec{F_2}$ sind entgegengesetzt gerichtet.	$\vec{F_1}$ und $\vec{F_2}$ stehen senkrecht aufeinander.	$\vec{F_1}$ und $\vec{F_2}$ bilden einen beliebigen Winkel α miteinander.
$F_R = F_1 + F_2$	$F_R = F_1 - F_2$	$F_R = \sqrt{F_1^2 + F_2^2}$	$F_R = \sqrt{F_1^2 + F_2^2 + 2F_1 \cdot F_2 \cdot \cos\alpha}$

F_R Betrag der resultierenden Kraft

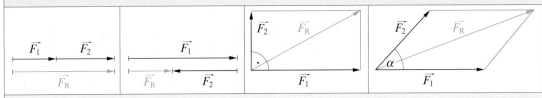

Kraftumformende Einrichtungen

Hebel	Geneigte Ebene
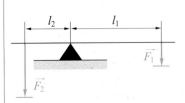	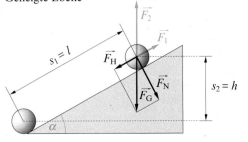
$\dfrac{F_1}{F_2} = \dfrac{l_2}{l_1}$ $\quad F_1, F_2$ Kräfte $\qquad\qquad\quad l_1, l_2$ Länge der Kraftarme	$\dfrac{F_H}{F_G} = \dfrac{h}{l}$ $\qquad F_H$ Hangabtriebskraft $F_H = F_G \cdot \sin\alpha$ $\quad F_G$ Gewichtskraft $F_N = F_G \cdot \cos\alpha$ $\quad F_N$ Normalkraft

Kraftumformende Einrichtungen

Feste Rolle	Lose Rolle	Flaschenzug
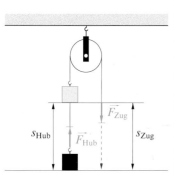	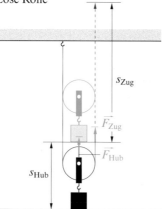	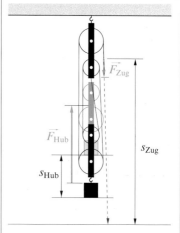
$F_{\text{Zug}} = F_{\text{Hub}}$ $s_{\text{Zug}} = s_{\text{Hub}}$	$F_{\text{Zug}} = \dfrac{F_{\text{Hub}}}{2}$ $s_{\text{Zug}} = 2\,s_{\text{Hub}}$	$F_{\text{Zug}} = \dfrac{F_{\text{Hub}}}{n}$ $s_{\text{Zug}} = n \cdot s_{\text{Hub}}$ n Anzahl der tragenden Seilstücke

Goldene Regel der Mechanik	Für kraftumformende Einrichtungen gilt: $F_1 \cdot s_1 = F_2 \cdot s_2$

Kinematik

Zusammensetzung von zwei Geschwindigkeiten $\vec{v_1}$ und $\vec{v_2}$			
$\vec{v_1}$ und $\vec{v_2}$ sind gleich gerichtet.	$\vec{v_1}$ und $\vec{v_2}$ sind entgegengesetzt gerichtet.	$\vec{v_1}$ und $\vec{v_2}$ stehen senkrecht aufeinander.	$\vec{v_1}$ und $\vec{v_2}$ bilden einen beliebigen Winkel α miteinander.
$v_R = v_1 + v_2$	$v_R = v_1 - v_2$	$v_R = \sqrt{v_1^2 + v_2^2}$	$v_R = \sqrt{v_1^2 + v_2^2 + 2\,v_1 \cdot v_2 \cdot \cos\alpha}$

v_R Betrag der resultierenden Geschwindigkeit

Bewegungsgesetze der Translation

Gleichförmige geradlinige Bewegung	$s = v \cdot t + s_0;\quad v = \dfrac{\Delta s}{\Delta t};\quad a = 0$	s	Weg

| Gleichmäßig beschleunigte geradlinige Bewegung | $s = \dfrac{a}{2} \cdot t^2 + v_0 \cdot t + s_0$

 $v = a \cdot t + v_0;\quad a = \dfrac{\Delta v}{\Delta t} = \text{konst.}$

 Bei der Bedingung $s_0 = 0$ und $v_0 = 0$ gilt:
 $s = \dfrac{a}{2} \cdot t^2;\quad v = a \cdot t;\quad v = \sqrt{2a \cdot s};\quad a = \dfrac{v}{t}$
 Für den freien Fall gilt:
 $s = \dfrac{g}{2} \cdot t^2;\quad v = g \cdot t;\quad v = \sqrt{2g \cdot s}$ | | |

v Geschwindigkeit
t Zeit
s_0 Anfangsweg bei $t = 0$
a Beschleunigung
g Fallbeschleunigung
v_0 Anfangsgeschwindigkeit bei $t = 0$

Bewegungsgesetze der Translation

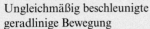

Ungleichmäßig beschleunigte geradlinige Bewegung		
Momentangeschwindigkeit	$v = \dfrac{\mathrm{d}s}{\mathrm{d}t} = \dot{s}$	$s = s(t)$ Weg-Zeit-Funktion
Momentanbeschleunigung	$a = \dfrac{\mathrm{d}v}{\mathrm{d}t} = \dot{v} = \dfrac{\mathrm{d}^2 s}{\mathrm{d}t^2} = \ddot{s}$	$v = v(t)$ Geschwindigkeit-Zeit-Funktion

Für $t_0 = 0$ gilt: Für $t_0 \neq 0$ gilt:

Weg-Zeit-Gesetz	$s = s_0 + \int\limits_0^t v \,\mathrm{d}t$	$s = s_0 + \int\limits_{t_0}^t v \,\mathrm{d}t$
Geschwindigkeit-Zeit-Gesetz	$v = v_0 + \int\limits_0^t a \,\mathrm{d}t$	$v = v_0 + \int\limits_{t_0}^t a \,\mathrm{d}t$

Bewegungen auf krummlinigen Bahnen

Gleichförmige Kreisbewegung	$v = \dfrac{2\pi \cdot r}{T} = 2\pi \cdot r \cdot n = \omega \cdot r$ $a_r = \dfrac{v^2}{r} = \omega^2 \cdot r$	v Geschwindigkeit r Kreisradius T Umlaufzeit n Drehzahl ω Winkelgeschwindigkeit a_r Radialbeschleunigung

Wurfbewegungen

Wurfart	Gesetze und Gleichungen		
Senkrechter Wurf		*Wurfrichtung nach oben*	*Wurfrichtung nach unten*
	Ort-Zeit-Gesetz	$y = v_0 \cdot t - \dfrac{g}{2} \cdot t^2$	$y = -v_0 \cdot t - \dfrac{g}{2} \cdot t^2$
	Geschwindigkeit-Zeit-Gesetz	$v = v_0 - g \cdot t$	$v = -v_0 - g \cdot t$
	Steigzeit t_h	$t_h = \dfrac{v_0}{g}$	
	Steighöhe s_h	$s_h = \dfrac{v_0^2}{2g}$ 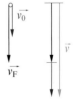	
		v_F Geschwindigkeit des freien Falls	$v_F = g \cdot t$
Waagerechter Wurf	Ort-Zeit-Gesetz	$x = v_0 \cdot t; \quad y = -\dfrac{g}{2} \cdot t^2$	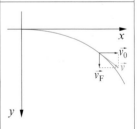
	Geschwindigkeit-Zeit-Gesetz	$v = \sqrt{v_0^2 + g^2 \cdot t^2}$	
	Wurfparabel	$y = -\dfrac{g}{2v_0^2} \cdot x^2$	v_F Geschwindigkeit im freien Fall

Wurfart	Gesetze und Gleichungen	
Schräger Wurf	Ort-Zeit-Gesetz	$x = v_0 \cdot t \cdot \cos \alpha; \quad y = -\dfrac{g}{2} \cdot t^2 + v_0 \cdot t \cdot \sin \alpha$
	Geschwindigkeit-Zeit-Gesetz	$v = \sqrt{v_0^2 + g^2 \cdot t^2 - 2v_0 \cdot g \cdot t \cdot \sin \alpha}$
	Wurfparabel	$y = -\dfrac{g}{2} \cdot \dfrac{x^2}{v_0^2 \cdot \cos^2 \alpha} + x \cdot \tan \alpha$
	Wurfweite s_w	$s_\mathrm{w} = \dfrac{v_0^2 \cdot \sin 2\alpha}{g}$
	Wurfhöhe s_h	$s_\mathrm{h} = \dfrac{v_0^2 \cdot \sin^2 \alpha}{2g}$
	Steigzeit t_h	$t_\mathrm{h} = \dfrac{v_0 \cdot \sin \alpha}{g}$
		v_0 Anfangsgeschwindigkeit

Bewegungsgesetze der Rotation

Größen	Gleichförmige Rotation	Gleichmäßig beschleunigte Rotation
Drehwinkel δ	$\delta = \omega \cdot t + \delta_0$	$\delta = \dfrac{\alpha}{2} \cdot t^2 + \omega_0 \cdot t + \delta_0$ $\delta = \dfrac{\alpha}{2} \cdot t^2 = \dfrac{\omega \cdot t}{2} \quad (\omega_0 = 0;\ \delta_0 = 0)$
Winkelgeschwindigkeit ω	$\omega = $ konst. $\omega = \dfrac{\Delta\delta}{\Delta t} = \dfrac{2\pi}{T} = 2\pi \cdot n;\ \ \omega = \dfrac{v}{r}$	$\omega = \alpha \cdot t + \omega_0$ $\omega = \alpha \cdot t \qquad (\omega_0 = 0)$
Winkelbeschleunigung α	$\alpha = 0$	$\alpha = $ konst. $\alpha = \dfrac{\Delta\omega}{\Delta t};\ \ \alpha = \dfrac{a}{r}$

Dynamik

Grundgesetze der Dynamik

Für die Translation		Für die Rotation	
$\vec{F} = m \cdot \vec{a}$	F Kraft m Masse a Beschleunigung	$\vec{M} = J \cdot \vec{\alpha}$	M Drehmoment J Trägheitsmoment α Winkelbeschleunigung

Rotation eines starren Körpers

Drehmoment M		Trägheitsmoment J		Drehimpuls L	
$\vec{M} = \vec{r} \times \vec{F}$	F Kraft r Radius	$J = \int r^2\,\mathrm{d}m$	r Radius m Masse	$\vec{L} = J \cdot \vec{\omega}$	J Trägheitsmoment ω Winkelgeschwindigkeit
Unter der Bedingung $\vec{r} \perp \vec{F}$ gilt: $M = F \cdot r$					

Rotation eines starren Körpers

Körper	Trägheitsmoment	Körper	Trägheitsmoment
Massenpunkt	$J = m \cdot r^2$	Hohlzylinder	$J = \dfrac{1}{2}\, m\,(r_\mathrm{a}^2 + r_\mathrm{i}^2)$
Dünner Kreisring	$J = m \cdot r^2$	Kugel	$J = \dfrac{2}{5}\, m \cdot r^2$
Vollzylinder	$J = \dfrac{1}{2}\, m \cdot r^2$	Langer dünner Stab	$J = \dfrac{1}{12}\, m \cdot l^2$

Kräfte in der Mechanik

Gewichtskraft F_G	$F_\mathrm{G} = m \cdot g$	m g	Masse Fallbeschleunigung
Reibungskraft F_R Gleitreibungskraft F_GR Haftreibungskraft F_HR Rollreibungskraft F_RR	$F_\mathrm{GR} = \mu_\mathrm{GR} \cdot F_\mathrm{N}$ $F_\mathrm{HR} = \mu_\mathrm{HR} \cdot F_\mathrm{N}$ $F_\mathrm{RR} = \mu_\mathrm{RR} \cdot \dfrac{F_\mathrm{N}}{r}$	F_N μ_GR μ_HR μ_RR r	Normalkraft Gleitreibungszahl Haftreibungszahl Rollreibungszahl Radius des rollenden Körpers
Radialkraft F_r	$F_\mathrm{r} = \dfrac{m \cdot v^2}{r} = m \cdot a_\mathrm{r}$ $F_\mathrm{r} = \dfrac{4\pi^2 \cdot m \cdot r}{T^2} = m \cdot \omega^2 \cdot r$	m v r a_r T ω	Masse Geschwindigkeit Radius Radialbeschleunigung Umlaufzeit Winkelgeschwindigkeit
Federspannkraft F_S (Hooke'sches Gesetz)	$F_\mathrm{S} = D \cdot s$	D s	Federkonstante Verlängerung
Auftriebskraft F_A	$F_\mathrm{A} = \varrho \cdot V \cdot g$	ϱ V g	Dichte der Flüssigkeit/des Gases Volumen Fallbeschleunigung

Mechanische Arbeit

Mechanische Arbeit W	$W = F \cdot s$	wenn F = konst.; $\sphericalangle\,(\vec{F}; \vec{s}) = 0$	F	Kraft
	$W = F \cdot s \cdot \cos \alpha$	wenn F = konst.; $\sphericalangle\,(\vec{F}; \vec{s}) = \alpha$	s	Weg
	$W = \displaystyle\int_{s_1}^{s_2} F(s)\,\mathrm{d}s$	wenn $F \neq$ konst.; $\sphericalangle\,(\vec{F}; \vec{s}) = 0$		

Hubarbeit W_{Hub}	$W_{Hub} = F_G \cdot s;$ $\qquad$ $W_{Hub} = m \cdot g \cdot h$	F_G	Gewichtskraft
		m	Masse
Reibungsarbeit W_R	$W_R = F_R \cdot s;$ $\qquad$ $W_{GR} = \mu_{GR} \cdot F_N \cdot s$ $$W_{RR} = \frac{\mu_{RR}}{r} \cdot F_N \cdot s$$	g	Fallbeschleunigung
		h	Höhe
		F_R	Reibungskraft
		F_N	Normalkraft
Volumenarbeit W_V	$$W_V = -\int_{V_1}^{V_2} p(V)\, dV$$	μ_{GR}	Gleitreibungszahl
		μ_{RR}	Rollreibungszahl
		p	Druck
Beschleunigungs- arbeit W_B	$W_B = F_B \cdot s;$ $\qquad$ $W_B = m \cdot a \cdot s$	V	Volumen
		F_B	beschleunigende Kraft
		a	Beschleunigung
Federspannarbeit W_F	$W_F = \dfrac{1}{2} F_E \cdot s;$ $\qquad$ $W_F = \dfrac{1}{2} D \cdot s^2$ (Bedingung: Es gilt das Hooke'sche Gesetz.)	F_E	Endkraft
		D	Federkonstante

Mechanische Energie

Potenzielle Energie E_{pot}		Kinetische Energie E_{kin}	
im erdnahen Gravitationsfeld	einer gespannten Feder	Translation	Rotation
$E_{pot} = F_G \cdot h$ $E_{pot} = m \cdot g \cdot h$	$E_{pot} = \dfrac{1}{2} F_E \cdot s$ $E_{pot} = \dfrac{1}{2} D \cdot s^2$	$E_{kin} = \dfrac{1}{2} m \cdot v^2$	$E_{kin} = \dfrac{1}{2} J \cdot \omega^2$

Gesetz von der Erhaltung der mechanischen Energie	
In einem abgeschlossenen reibungsfreien mechanischen System gilt: $E_{ges} = E_{pot} + E_{kin} = \text{konst.};$ $E_{pot,a} + E_{kin,a} = E_{pot,e} + E_{kin,e}$	$E_{pot,a};\ E_{kin,a}$ potenzielle bzw. kinetische Energie am Anfang der Energieumwandlung $E_{pot,e};\ E_{kin,e}$ potenzielle bzw. kinetische Energie am Ende der Energieumwandlung
Zusammenhang Arbeit – Energie	$W = \Delta(E_{pot} + E_{kin});$ $\quad$ $W = E_{mech,e} - E_{mech,a}$

Mechanische Leistung, Wirkungsgrad

Leistung P	$P = \dfrac{dW}{dt};$ $\quad$ $P = \dfrac{W}{t}$ $$P = \frac{F \cdot s}{t} = F \cdot v \quad (v \text{ und } F \text{ konst.})$$	W	verrichtete Arbeit
		t	Zeit
		F	Kraft
		s	Weg
		v	Geschwindigkeit
Wirkungsgrad η	$\eta = \dfrac{E_{ab}}{E_{zu}};$ $\quad$ $\eta = \dfrac{W_{ab}}{W_{zu}};$ $\quad$ $\eta = \dfrac{P_{ab}}{P_{zu}}$	$E_{ab},\, W_{ab},\, P_{ab}$	abgegebene, nutzbare Energie, Arbeit, Leistung
		$E_{zu},\, W_{zu},\, P_{zu}$	zugeführte, aufgewandte Energie, Arbeit, Leistung

Stoßvorgänge

Kraftstoß $\vec{I}$	$\vec{I} = \vec{F} \cdot \Delta t$ $$\vec{I} = \int_{t_1}^{t_2} \vec{F}(t)\,\mathrm{d}t; \quad \vec{I} = \sum_{i=1}^{n} F_i \cdot \Delta t_i$$	F	konstante Kraft
		Δt	Zeitdauer
		$F(t)$	zeitabhängige Kraft
		m	Masse
		v	Geschwindigkeit
Impuls $\vec{p}$ Gesamtimpuls eines Systems	$\vec{p} = m \cdot \vec{v}$ $$\vec{p}_{ges} = \sum_{i=1}^{n} m_i \cdot \vec{v}_i; \quad \vec{p}_{ges} = \sum_{i=1}^{n} \vec{p}_i$$	J_A	Trägheitsmoment (für eine feste Achse)
		ω	Winkelgeschwindigkeit
		M	Drehmoment
Drehimpuls $\vec{L}$ Drehmoment und Drehimpulsänderung	$\vec{L} = J_A \cdot \vec{\omega}$ $\Delta \vec{L} = \vec{M} \cdot \Delta t$		

Gesetz von der Erhaltung des Drehimpulses	Zusammenhang zwischen Kraft $\vec{F}$ und Impuls $\vec{p}$
$$L = \sum_{i=1}^{n} L_i = \text{konst.}$$	$$\vec{F} = \frac{\mathrm{d}\vec{p}}{\mathrm{d}t}$$

Gesetz von der Erhaltung des Impulses	
– für ein abgeschlossenes mechanisches System: $\displaystyle\sum_{k=1}^{n} \vec{p}_k = \text{konst.}$	v_1, v_2 Geschwindigkeiten der Körper vor dem Stoß
– für ein abgeschlossenes mechanisches System aus zwei Körpern: $m_1 \cdot \vec{v_1} + m_2 \cdot \vec{v_2} = m_1 \cdot \vec{u_1} + m_2 \cdot \vec{u_2}$	u_1, u_2 Geschwindigkeiten der Körper nach dem Stoß

Stoßarten

Elastischer Stoß (gerade, zentral)			
Impuls	$m_1 \cdot \vec{v_1} + m_2 \cdot \vec{v_2} = m_1 \cdot \vec{u_1} + m_2 \cdot \vec{u_2}$	m_1, m_2 v_1, v_2	Massen der Körper Geschwindigkeiten der Körper vor dem Stoß
Energie	$E_{kin,a} = E_{kin,e}; \quad \Delta E_{kin} = 0$		
Geschwindigkeiten nach dem Stoß	$$u_1 = \frac{(m_1 - m_2)v_1 + 2m_2 \cdot v_2}{m_1 + m_2}$$ $$u_2 = \frac{(m_2 - m_1)v_2 + 2m_1 \cdot v_1}{m_1 + m_2}$$	u_1, u_2 $E_{kin,a}, E_{kin,e}$	Geschwindigkeiten der Körper nach dem Stoß Energie vor bzw. nach dem Stoß

Unelastischer Stoß (gerade, zentral)			
Impuls	$m_1 \cdot \vec{v_1} + m_2 \cdot \vec{v_2} = (m_1 + m_2)\,\vec{u}$	m_1, m_2 v_1, v_2	Massen der Körper Geschwindigkeiten der Körper vor dem Stoß
Energie	$E_{kin,a} > E_{kin,e}$ $$\Delta E_{kin} = \frac{1}{2}(m_1 \cdot v_1^2 + m_2 \cdot v_2^2) - \frac{1}{2}u^2(m_1 + m_2)$$ $$\Delta E_{kin} = \frac{m_1 \cdot m_2}{2(m_1 + m_2)} \cdot (v_1 - v_2)^2$$	u $E_{kin,a}, E_{kin,e}$	Geschwindigkeiten der Körper nach dem Stoß Energie vor bzw. nach dem Stoß
Geschwindigkeit nach dem Stoß	$$u = \frac{m_1 \cdot v_1 + m_2 \cdot v_2}{m_1 + m_2}$$		

Gravitation

Gravitationskraft F (Gravitationsgesetz)	$F = \gamma \cdot \dfrac{m_1 \cdot m_2}{r^2}$	γ m_1, m_2 r r_1, r_2	Gravitationskonstante Massen der Körper Abstand der beiden Massenmittelpunkte Abstände
Arbeit W_G im Gravitationsfeld	$W_G = \gamma \cdot m_1 \cdot m_2 \left(\dfrac{1}{r_1} - \dfrac{1}{r_2} \right)$		$\gamma = 6{,}672\,59 \cdot 10^{-11}\ \mathrm{m^3/(kg \cdot s^2)}$
Energie E_{pot} eines Körpers im Gravitationsfeld der Erde	$E_{pot} = -\gamma \cdot \dfrac{m_E \cdot m}{r}$ (für $r > r_E$)	m_E m r r_E	Masse der Erde Masse des Körpers Abstand zwischen Erdmittelpunkt und Körper Radius der Erde
Gravitationsfeld-stärke g der Erde	$g = \dfrac{\gamma \cdot m_E}{r^2}$ (für $r > r_E$)	m_E r r_E	Masse der Erde Abstand vom Erdmittelpunkt Radius der Erde

Mechanische Schwingungen

Periodendauer T Schwingungsdauer T	$T = \dfrac{t}{n}; \quad T = \dfrac{1}{f}$	n t	Anzahl der Schwingungen Zeit
Frequenz f	$f = \dfrac{n}{t}; \quad f = \dfrac{1}{T}$		
Kreisfrequenz ω	$\omega = 2\pi \cdot f; \quad \omega = \dfrac{2\pi}{T}$		
Weg-Zeit-Gesetz einer harmonischen Schwingung	$y = y_{max} \cdot \sin(\omega \cdot t + \varphi_0)$	y y_{max} ω t φ_0 v a δ	Auslenkung Amplitude Kreisfrequenz Zeit Phasenwinkel Geschwindigkeit Beschleunigung Abklingkoeffizient
Geschwindigkeit-Zeit-Gesetz einer harmonischen Schwingung	$v = \dfrac{dy}{dt} = \dot{y}$ $v = y_{max} \cdot \omega \cdot \cos(\omega \cdot t + \varphi_0)$		
Beschleunigung-Zeit-Gesetz einer harmonischen Schwingung	$a = \dfrac{dv}{dt} = \dfrac{d^2 y}{dt^2} = \ddot{y}$ $a = -y_{max} \cdot \omega^2 \cdot \sin(\omega \cdot t + \varphi_0)$		
Weg-Zeit-Gesetz einer gedämpften Schwingung	$y = -y_{max} \cdot e^{-\delta t} \cdot \sin(\omega \cdot t + \varphi_0)$		
Schwingungsdauer T eines Pendelschwingers	Für kleinen Ausschlag gilt: $T = 2\pi \sqrt{\dfrac{l}{g}}$	l g $g = 9{,}806\,65\ \mathrm{m/s^2}$	Länge Fallbeschleunigung
Schwingungsdauer T eines Federschwingers	$T = 2\pi \sqrt{\dfrac{m}{D}}$	m D	Masse des Körpers Federkonstante

Mechanische Wellen

Ausbreitungs-geschwindigkeit c	$c = \lambda \cdot f$	λ	Wellenlänge
		f	Frequenz
		y	Auslenkung
Wellengleichung	$y = y_{max} \cdot \sin 2\pi \left(\dfrac{t}{T} - \dfrac{x}{\lambda} \right)$	y_{max}	Amplitude
		t	Zeit
		x	Ort
Energiedichte w einer mechanischen Welle	$w = \dfrac{1}{2} \cdot \varrho \cdot \omega^2 \cdot y_{max}{}^2$	T	Periodendauer, Schwingungsdauer
		ϱ	Dichte
		ω	Kreisfrequenz

Mechanik der Flüssigkeiten und Gase

Druck	Dichte	Schweredruck	Barometrische Höhenformel
$p = \dfrac{F}{A}$	$\varrho = \dfrac{m}{V}$	$p = \varrho \cdot g \cdot h = \dfrac{F_G}{A}$	$p = p_0 \cdot e^{-\varrho_0 \cdot g \cdot \frac{h}{p_0}}$
			ϱ_0 Dichte der Luft bei 0 °C und 101,3 kPa
Bedingung: $\vec{F} \perp A$			p_0 Luftdruck in 0 m Höhe

Hydraulische Anlagen

$\dfrac{F_P}{F_A} = \dfrac{A_P}{A_A}$

Bedingung:
Vernachlässigung der Reibung

F_P Kraft am Pumpenkolben
A_P Fläche des Pumpenkolbens
F_A Kraft am Arbeitskolben
A_A Fläche des Arbeitskolbens

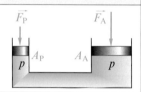

Stationäre Strömung

$\dfrac{A_1}{A_2} = \dfrac{v_2}{v_1}$ A_1, A_2 Querschnittsflächen
v_1, v_2 Geschwindigkeiten der Strömung

Auftrieb

Auftriebskraft

$F_A = \varrho \cdot V \cdot g$

V Volumen der verdrängten Flüssigkeit/des verdrängten Gases
ϱ Dichte der Flüssigkeit/des Gases
g Fallbeschleunigung

Sinken	Schweben	Steigen	Schwimmen
$F_G > F_A$	$F_G = F_A$	$F_G < F_A$	$F_G = F_A$

Strömungswiderstand

$F_w = \dfrac{1}{2} c_w \cdot \varrho \cdot v^2 \cdot A$

c_w Widerstandsbeiwert
ϱ Dichte des strömenden Stoffes
v Strömungsgeschwindigkeit ($\vec{v} \perp A$)
A Querschnittsfläche des umströmten Körpers

Akustik

Schwingung und Schallempfindung		
Amplitude	entspricht	Lautstärke
Frequenz	entspricht	Tonhöhe
Schwingungsform	entspricht	Klangfarbe

Schwingende Saiten		
Frequenz f (Grundschwingung)	$f = \dfrac{1}{2l}\sqrt{\dfrac{F}{\varrho \cdot A}}$	l Länge der Saite F Spannkraft der Saite ϱ Dichte des Saitenmaterials A Querschnitt der Saite

Schwingende Luftsäulen		
Frequenz f einer Pfeife (Grundton) – offene Pfeife – geschlossene Pfeife	$f = \dfrac{c}{2l}$ $f = \dfrac{c}{4l}$	c Schallgeschwindigkeit in Luft l Länge der schwingenden Luftsäule

Schallgeschwindigkeit c		
– in festen Stoffen	$c = \sqrt{\dfrac{E}{\varrho}}$	E Elastizitätsmodul ϱ Dichte
– in Flüssigkeiten	$c = \sqrt{\dfrac{K}{\varrho}}$	K Kompressionsmodul
– in Gasen	$c = \sqrt{\dfrac{\varkappa \cdot p}{\varrho}} = \sqrt{\varkappa \cdot R_S \cdot T}$ mit $\varkappa = \dfrac{c_p}{c_V}$	p Gasdruck T absolute Temperatur des Gases R_S spezifische Gaskonstante

Schalldruckpegel L_P	
$L_P = 10 \lg \dfrac{J}{J_0}\,\mathrm{dB} = 20 \lg \dfrac{p}{p_0}\,\mathrm{dB}$	J Schallintensität p Schalldruck J_0 $10^{-12}\ \mathrm{W/m^2}$ p_0 $2 \cdot 10^{-5}\ \mathrm{Pa}$

Doppler-Effekt

Ruhender Sender, bewegter Empfänger	$f' = f\left(1 \pm \dfrac{v_E}{c}\right)$	f' vom Empfänger aufgenommene Frequenz
Ruhender Empfänger, bewegter Sender	$f' = f\,\dfrac{1}{1 \mp \dfrac{v_S}{c}}$	f Frequenz des Senders c Schallgeschwindigkeit v_S Geschwindigkeit des Senders v_E Geschwindigkeit des Empfängers
Bewegter Sender, bewegter Empfänger	$f' = f\,\dfrac{c \pm v_E}{c \mp v_S}$	oberes Zeichen gilt für Annäherung, unteres Zeichen gilt für Entfernungszunahme

Spezielle Relativitätstheorie

Galilei-transformation	$x = x' + v \cdot t \qquad y = y' \quad z = z' \quad t = t'$	x, y, z	Koordinaten in einem Inertialsystem S
Lorentz-transformation	$x = \dfrac{x' + v \cdot t'}{\sqrt{1 - \dfrac{v^2}{c^2}}} \qquad y = y' \quad z = z' \quad t = \dfrac{t' + x' \cdot \dfrac{v}{c^2}}{\sqrt{1 - \dfrac{v^2}{c^2}}}$	x', y', z' v t, t'	Koordinaten in einem zweiten Inertialsystem S' Relativgeschwindigkeit Zeiten in den jeweiligen Systemen
Relativistisches Additionsgesetz für Geschwindigkeiten	$u = \dfrac{u' + v}{1 + \dfrac{u' \cdot v}{c^2}}$	u, u' v	Geschwindigkeit des Körpers von S bzw. von S' aus gemessen Relativgeschwindigkeit zwischen S und S'
Zeitdilatation	$t = \dfrac{t'}{\sqrt{1 - \dfrac{v^2}{c^2}}}$	c t, t'	Lichtgeschwindigkeit Zeiten in den jeweiligen Systemen
Längen-kontraktion	$l = l' \cdot \sqrt{1 - \dfrac{v^2}{c^2}}$	l, l'	Längen in den jeweiligen Systemen
Relativistische Masse	$m = \dfrac{m_0}{\sqrt{1 - \dfrac{v^2}{c^2}}}$	m_0	Ruhmasse
Masse-Energie-Beziehung	$E = m \cdot c^2; \quad E_0 = m_0 \cdot c^2; \quad E_{\text{kin}} = E - E_0$	E m_0 E_0	Gesamtenergie Ruhmasse Ruhenergie
Gesamtenergie	Für $v \ll c$ gilt: $$E = m_0 \cdot c^2 + \frac{1}{2} m_0 \cdot v^2$$	v c	Geschwindigkeit des Körpers Lichtgeschwindigkeit

Wärme, Wärmeübertragung

Berechnung der Wärme Q (Wärmemenge) Grundgleichung der Wärmelehre	$Q = m \cdot c \cdot \Delta T$ (Bedingung: keine Änderung des Aggregatzustandes)	c m ΔT	spezifische Wärme-kapazität Masse Temperaturänderung
Wärmekapazität C	$C = \dfrac{Q}{\Delta T}$		
Spezifische Wärmekapazität c	$c = \dfrac{Q}{m \cdot \Delta T}$		
Richmann'sche Mischungsregel (ohne Änderung des Aggregat-zustandes)	$T_{\text{M}} = \dfrac{m_{\text{A}} \cdot c_{\text{A}} \cdot T_{\text{a,A}} + m_{\text{B}} \cdot c_{\text{B}} \cdot T_{\text{a,B}}}{m_{\text{A}} \cdot c_{\text{A}} + m_{\text{B}} \cdot c_{\text{B}}}$	T_{M} $T_{\text{a,A}}, T_{\text{a,B}}$ $c_{\text{A}}, c_{\text{B}}$ $m_{\text{A}}, m_{\text{B}}$	Mischungstemperatur Ausgangstemperaturen der Körper A und B spezifische Wärme-kapazitäten der Stoffe Massen der Körper
Grundgesetz des Wärmeaustauschs	$Q_{\text{zu}} = |Q_{\text{ab}}|$	Q_{zu} Q_{ab}	zugeführte Wärme abgeführte Wärme

Heizwert H	$$H = \frac{Q}{m}$$ Für gasförmige Brennstoffe gilt auch: $$H' = \frac{Q}{V_n}$$	Q	beim Verbrennen eines Stoffes frei werdende Wärme
		m	Masse
		V_n	Volumen im Normzustand
Wärmeleitung (für ΔT = konst.)	$$Q = \frac{\lambda \cdot A \cdot t \cdot \Delta T}{l}$$	Q	Wärme
		λ	Wärmeleitfähigkeit
		A	Flächeninhalt der Querschnittsfläche
Wärmestrom Φ	$$\Phi = \frac{Q}{t}$$	t	Zeit
		ΔT	Temperaturdifferenz
Wärmeübertragung (für ΔT = konst.)	$Q = \alpha \cdot A \cdot t \cdot \Delta T$	l	Länge des Leiters
		α	Wärmeübergangs-koeffizient

Feste Stoffe und Flüssigkeiten

Spezifische Schmelzwärme q_S	$$q_S = \frac{Q_S}{m}$$	Q_S	Schmelzwärme
		m	Masse
Spezifische Verdampfungswärme q_V	$$q_V = \frac{Q_V}{m}$$	Q_V	Verdampfungswärme
		m	Masse
Längenänderung Δl	$\Delta l = \alpha \cdot l_0 \cdot \Delta T$ $l = l_0 (1 + \alpha \cdot \Delta T)$	α	linearer Ausdehnungskoeffizient
		ΔT	Temperaturänderung
		l_0	Anfangslänge
Volumenänderung ΔV	$\Delta V = \gamma \cdot V_0 \cdot \Delta T$; $V = V_0 (1 + \gamma \cdot \Delta T)$	γ	kubischer Ausdehnungskoeffizient
		V_0	Anfangsvolumen
		$\gamma \approx 3\alpha$	

Ideales Gas

Normzustand des idealen Gases	T_n = 273,15 K p_n = 1,013 25 $\cdot$ 10^5 Pa = 1,013 25 bar $V_{m,n}$ = 2,241 4 $\cdot$ 10^{-2} $\cdot$ m³/mol	T_n	Normtemperatur
		p_n	Normdruck
		$V_{m,n}$	molares Normvolumen
Zustandsgleichung für eine abgeschlossene Gasmenge	$$\frac{p_1 \cdot V_1}{T_1} = \frac{p_2 \cdot V_2}{T_2} = \frac{p \cdot V}{T} = \text{konst.}$$ $p \cdot V = n \cdot R \cdot T$ (n = konst.) $p \cdot V = m \cdot R_S \cdot T$ (m = konst.)	V	Volumen
		p	Druck
		T	Temperatur
		n	Stoffmenge
		m	Masse
		M	molare Masse
Universelle Gaskonstante R	$$R = \frac{p_n \cdot V_{m,n}}{T_n}$$	c_p	spezifische Wärmekapazität bei konstantem Druck
Spezifische Gaskonstante R_S	$$R_S = \frac{R}{M}; \quad R_S = c_p - c_V$$	c_V	spezifische Wärmekapazität bei konstantem Volumen
			$R = 8{,}314\,472$ J/(K $\cdot$ mol)

Isotherme Zustandsänderung (Gesetz von Boyle und Mariotte)	$p_1 \cdot V_1 = p_2 \cdot V_2$ $p \cdot V = $ konst. (Bedingung: $T = $ konst.)	V Volumen p Druck T Temperatur
Isochore Zustandsänderung (Gesetz von Amontons)	$\dfrac{p_1}{T_1} = \dfrac{p_2}{T_2}$ $\dfrac{p}{T} = $ konst. (Bedingung: $V = $ konst.)	
Isobare Zustandsänderung (Gesetz von Gay-Lussac)	$\dfrac{V_1}{T_1} = \dfrac{V_2}{T_2}$ $\dfrac{V}{T} = $ konst. (Bedingung: $p = $ konst.)	
Adiabatische Zustandsänderung (Gesetz von Poisson)	$p_1 \cdot V_1^{\varkappa} = p_2 \cdot V_2^{\varkappa}$ $p \cdot V^{\varkappa} = $ konst. (Bedingung: $Q = 0$)	$\varkappa$ Adiabatenexponent (Poisson-Konstante) $\varkappa \approx 1{,}67$ (einatomiges Gas) $\varkappa \approx 1{,}40$ (zweiatomiges Gas) $\varkappa = \dfrac{c_p}{c_V}$

Reales Gas

van-der-Waals'sche Zustandsgleichung	$\left(p + a\,\dfrac{n^2}{V^2}\right)(V - nb) = nRT$	p Druck a, b van-der-Waals'sche Konstanten n Stoffmenge V Volumen R (universelle) Gaskonstante T Temperatur

Thermodynamik

Erster Hauptsatz der Wärmelehre	$\Delta U = Q + W$	ΔU Änderung der inneren Energie (des Systems) Q Wärme W Arbeit
Volumenarbeit W_V – bei konstantem Druck – bei veränderlichem Druck	$W_V = -p \cdot \Delta V$ $W_V = -\displaystyle\int_{V_1}^{V_2} p(V)\,\mathrm{d}V$	p Druck V Volumen
Enthalpie H (Wärmeinhalt)	$H = U + p \cdot V$	p Druck V Volumen
Wärmekapazität C eines Körpers – bei konstantem Volumen – bei konstantem Druck	$C_V = \dfrac{\Delta U}{\Delta T}$ für $V = $ konst. $C_p = \dfrac{\Delta U + W}{\Delta T}$ für $p = $ konst.	U innere Energie ΔT Temperaturänderung W Arbeit V Volumen p Druck

Spezifische Wärmekapazität c – einatomiger Gase – zweiatomiger Gase	$c_V = 3/2\ R/M \quad c_p = 5/2\ R/M$ $c_V = 5/2\ R/M \quad c_p = 7/2\ R/M$	c_p für p = konst. $\quad c_V$ für V = konst. R (universelle) Gaskonstante M molare Masse
Leistung P_{th} von Wärmequellen	$P_{th} = \dfrac{\lvert Q_{ab} \rvert}{t}$	Q_{ab} abgegebene Wärme t Zeit
Thermischer Wirkungsgrad η – von Wärmequellen – für Carnot-Prozesse	$\eta = \dfrac{\lvert Q_{ab} \rvert}{Q_{zu}}$ $\eta = \dfrac{Q_{zu} + Q_{ab}}{Q_{zu}}$ $= \dfrac{T_{zu} - T_{ab}}{T_{zu}} = 1 - \dfrac{T_{ab}}{T_{zu}}$	Q_{ab} abgegebene Wärme Q_{zu} zugeführte Wärme T_{ab} Temperatur, bei der die Wärme abgegeben wird T_{zu} Temperatur, bei der die Wärme zugeführt wird
Entropie S	$\Delta S = \dfrac{Q_{rev}}{T}$ $\Delta S = k \cdot \ln W$	Q_{rev} reversibel aufgenommene Wärme T Temperatur, bei der die Wärme zugeführt wird W Wahrscheinlichkeit des thermodynamischen Zustandes k Boltzmann-Konstante
Zweiter Hauptsatz der Wärmelehre (für abgeschlossene Systeme)	$\Delta S \geq 0$	ΔS Entropieänderung für reversible Prozesse $\Delta S = 0$ für irreversible Prozesse $\Delta S > 0$

Kinetische Gastheorie

Anzahl N der Teilchen	$N = N_A \cdot n$	n Stoffmenge V Volumen m Masse N_A Avogadro-Konstante
Molares Volumen V_m	$V_m = \dfrac{V}{n}$	
Molare Masse M	$M = \dfrac{m}{n}$	$N_A = 6{,}022\,136\,7 \cdot 10^{23}\ \text{mol}^{-1}$
Masse m_T eines Teilchens	$m_T = \dfrac{m}{N}$	
Mittlere kinetische Energie $\bar{E}_{kin}$ der Teilchen des idealen Gases	$\bar{E}_{kin} = \dfrac{3}{2}\,k \cdot T$	k Boltzmann-Konstante T Temperatur
Innere Energie U des idealen Gases	$U = N \cdot \bar{E}_{kin}$	N Anzahl der Teilchen $\bar{E}_{kin}$ mittlere kin. Energie der Teilchen
Druck-Volumen-Gesetz	$p \cdot V = \dfrac{2}{3}\,N \cdot \bar{E}_{kin}$ $p \cdot V = \dfrac{1}{3}\,N \cdot m_T \cdot \bar{v}^2$	N Anzahl der Teilchen $\bar{E}_{kin}$ mittlere kin. Energie der Teilchen $\bar{v}$ mittlere Geschwindigkeit m_T Masse eines Teilchens
Mittlere Geschwindigkeit $\bar{v}$ der Teilchen	$\bar{v} = \sqrt{\dfrac{3k \cdot T}{m_T}}$	T Temperatur m_T Masse eines Teilchens

Gleichstrom

Elektrische Stromstärke I	$I = \dfrac{Q}{t}$	Q	elektrische Ladung
		t	Zeit
Elektrische Spannung U	$U = \dfrac{W}{Q}$	W	elektrische Arbeit
Elektrischer Widerstand R	$R = \dfrac{U}{I}$		
Ohm'sches Gesetz (bei konstanter Temperatur)	$U \sim I$ $U = R \cdot I \qquad R = \text{konst.}$		
Widerstandsgesetz	$R = \dfrac{\varrho \cdot l}{A}$	ϱ l A	spezifischer elektrischer Widerstand Länge des Leiters Querschnittsfläche
Temperaturabhängigkeit des elektrischen Widerstandes	$\Delta R = R_{20} \cdot \alpha \cdot \Delta T$ $R = R_{20}(1 + \alpha \cdot \Delta T)$	ΔR R_{20} α ΔT	Widerstandsänderung Widerstand bei 20 °C Temperaturkoeffizient Temperaturänderung
Elektrische Arbeit W_{el} (Joule'sches Gesetz)	$W_{\mathrm{el}} = U \cdot I \cdot t$	U I t	elektrische Spannung elektrische Stromstärke Zeit
Elektrische Leistung P_{el}	$P_{\mathrm{el}} = U \cdot I = \dfrac{W_{\mathrm{el}}}{t}$		

Stromkreisarten

Unverzweigter Stromkreis (Reihenschaltung)	Verzweigter Stromkreis (Parallelschaltung)
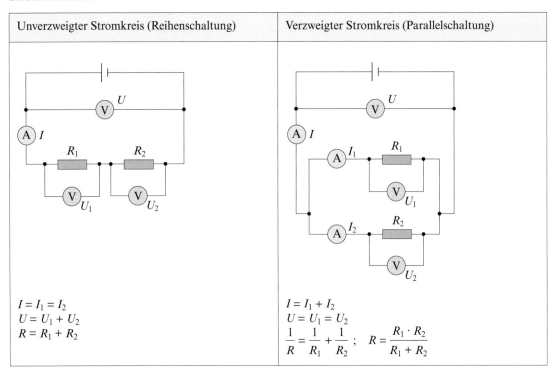	

$I = I_1 = I_2$
$U = U_1 + U_2$
$R = R_1 + R_2$

$I = I_1 + I_2$
$U = U_1 = U_2$
$\dfrac{1}{R} = \dfrac{1}{R_1} + \dfrac{1}{R_2} \; ; \quad R = \dfrac{R_1 \cdot R_2}{R_1 + R_2}$

Unverzweigter Stromkreis (Reihenschaltung)	Verzweigter Stromkreis (Parallelschaltung)
Spannungsteilerregel $\quad \dfrac{U_1}{U_2} = \dfrac{R_1}{R_2}$	**Stromteilerregel** $\quad \dfrac{I_1}{I_2} = \dfrac{R_2}{R_1}$
Reihenschaltung von Kondensatoren	Parallelschaltung von Kondensatoren
$\dfrac{1}{C} = \dfrac{1}{C_1} + \dfrac{1}{C_2}; \quad C = \dfrac{C_1 \cdot C_2}{C_1 + C_2}$	$C = C_1 + C_2$
Reihenschaltung von Spannungsquellen	Parallelschaltung von Spannungsquellen
$U = U_1 + U_2 + \ldots + U_n$	Für gleiche Spannungsquellen gilt: $U = U_1 = U_2 = \ldots = U_n$

Diode und Transistor

Diode		Transistor	
pn-Gebiet in Durchlass-richtung	pn-Gebiet in Sperr-richtung	npn-Transistor	pnp-Transistor

Leitungsvorgänge in Festkörpern und Flüssigkeiten

Hall-Spannung U_H	$U_H = R_H \dfrac{I \cdot B}{d}$ $R_H = \dfrac{1}{n \cdot e}$	I elektrische Stromstärke des Gleichstroms durch die Folie B magnetische Flussdichte senkrecht zur Folienfläche R_H Hall-Konstante d Dicke des Leiterbandes n Elektronendichte in der Folie e Elementarladung
1. Faraday'sches Gesetz	$m = c \cdot I \cdot t$	m Masse des elektrolytisch abgeschiedenen Stoffes c elektrochemisches Äquivalent I elektrische Stromstärke t Zeit
2. Faraday'sches Gesetz	$Q = n \cdot z \cdot F$ $F = N_A \cdot e$	Q elektrische Ladung n abgeschiedene Stoffmenge z Wertigkeit des Stoffes F Faraday-Konstante N_A Avogadro-Konstante e Elementarladung $F = 9{,}648\,530\,9 \cdot 10^4$ C/mol $N_A = 6{,}022\,141\,5 \cdot 10^{23}$ mol^{-1}

Elektrostatisches Feld

Elektrische Ladung Q – allgemein	$Q = \int\limits_{t_1}^{t_2} I \, dt$	I t	elektrische Stromstärke Zeit
– für I = konst.	$Q = I \cdot t$		
Coulomb'sches Gesetz (Kraft F zwischen zwei Ladungen im Vakuum)	$F = \dfrac{1}{4\pi \cdot \varepsilon_0 \cdot \varepsilon_r} \cdot \dfrac{Q_1 \cdot Q_2}{r^2}$	Q_1, Q_2 ε_0 ε_r r	Punktladungen elektrische Feldkonstante relative Permittivität Abstand der Punktladungen
Permittivität ε	$\varepsilon = \varepsilon_0 \cdot \varepsilon_r$		voneinander
Elektrische Feldstärke $\vec{E}$ – allgemein	$\vec{E} = \dfrac{\vec{F}}{Q_P}$	F Q_P	Kraft elektrische Ladung des in das Feld gebrachten Probekörpers
– im homogenen Feld eines Plattenkondensators	$E = \dfrac{U}{s}$	U s Q	elektrische Spannung Abstand der Platten felderzeugende elektrische
– im Abstand r von einer Punktladung Q im Vakuum	$E = \dfrac{Q}{4\pi \cdot \varepsilon_0 \cdot r^2}$	ε_0	Ladung elektrische Feldkonstante
Elektrische Flussdichte $\vec{D}$	$\vec{D} = \varepsilon_0 \cdot \varepsilon_r \cdot \vec{E}$	ε_0 ε_r E	elektrische Feldkonstante relative Permittivität elektrische Feldstärke
Elektrischer Fluss Ψ	$\Psi = \int\limits_{A} \vec{D} \, d\vec{A}$ Für $\vec{D}$ = konst. und $\vec{D} \parallel \vec{A}$: $\Psi = D \cdot A$	$\vec{A}$ A D	Flächennormale Flächeninhalt elektrische Flussdichte
Elektrische Kapazität C – allgemein	$C = \dfrac{Q}{U}$	Q U ε_0 ε_r	elektrische Ladung elektrische Spannung elektrische Feldkonstante relative Permittivität des
– für einen Plattenkondensator	$C = \varepsilon_0 \cdot \varepsilon_r \cdot \dfrac{A}{s} = \varepsilon \cdot \dfrac{A}{s}$	A s ε	Stoffes im Plattenkondensator Fläche der Platten Abstand der Platten Permittivität
Kinetische Energie E_{kin} eines Ladungsträgers nach der Beschleu- nigung in einem elektrischen Feld	$E_{kin} = Q \cdot U$	U Q	elektrische Spannung elektrische Ladung
Arbeit W im elektrischen Feld – allgemein – Beschleunigungsarbeit W beim Elektron – Arbeit W zum Laden eines Kondensators	$W = Q \cdot U$ $W = e \cdot U$ $W = \dfrac{1}{2} C \cdot U^2$	Q U e C $e = 1{,}602\,177\,33 \cdot 10^{-19}$ C	elektrische Ladung elektrische Spannung Elementarladung Kapazität des Kondensators
Energiedichte w eines elektrischen Feldes	$w = \dfrac{dE_{el}}{dV}$; $w = \dfrac{E_{el}}{V}$ $w = \dfrac{1}{2} \varepsilon_0 \cdot \varepsilon_r \cdot E^2$	E_{el} V ε_0 ε_r E	elektrische Energie Volumen elektrische Feldkonstante relative Permittivität elektrische Feldstärke

Magnetostatisches Feld

Magnetische Feldstärke H
– außerhalb eines geraden
  stromdurchflossenen Leiters
– im Inneren einer langen
  stromdurchflossenen Spule
  (homogenes Feld)
	$H = \dfrac{I}{2\pi \cdot r}$
	
	$H = \dfrac{N \cdot I}{l}$
		I elektrische Stromstärke
		r Abstand vom Leiter
		N Windungszahl der Spule
		l Länge der Spule

Magnetische Flussdichte B
– allgemein
 	
– bei homogenem Feld
  im Inneren einer langen Spule
	$B = \dfrac{F}{I \cdot l}$ (für $\vec{B}$ senkrecht
	          zur Stromrich-
	          tung)
	
	$B = \mu_r \cdot \mu_0 \cdot \dfrac{N \cdot I}{l}$
		F Kraft auf den stromdurchflossenen
		    Leiter im magnetischen Feld
		I elektrische Stromstärke
		l Länge des Leiters bzw. der Spule
		N Windungszahl der Spule
		μ_r relative Permeabilität
		μ_0 magnetische Feldkonstante

Permeabilität μ	$\mu = \mu_r \cdot \mu_0$	$\mu_0 = 1{,}256\,637\,061\,4 \cdot 10^{-6}$ H/m
Magnetischer Fluss Φ	$\Phi = B \cdot A$ (für $\vec{B}$ = konst. und $\vec{B}$ senkrecht zur Fläche)	B magnetische Flussdichte A Fläche
Kraft $\vec{F_L}$ auf einen bewegten Ladungsträger (Lorentzkraft)	$\vec{F_L} = Q \cdot \vec{v} \times \vec{B}$ $F_L = Q \cdot v \cdot B$ (für $\vec{v} \perp \vec{B}$)	Q elektrische Ladung v Geschwindigkeit B magnetische Flussdichte
Kraft F auf einen strom- durchflossenen Leiter	$F = l \cdot I \cdot B$ (für $\vec{B}$ senk- recht zur Stromrichtung)	l Länge des Leiters I elektrische Stromstärke B magnetische Flussdichte

Elektromagnetisches Feld

Induktionsgesetz – für eine Leiterschleife – für eine Spule – für einen bewegten Leiter	$U_i = -\dfrac{\Delta\Phi}{\Delta t}$; $U_i = -\dfrac{d\Phi}{dt}$ $U_i = -N\dfrac{d\Phi}{dt}$ $|U_i| = B \cdot l \cdot v$ $(\vec{v} \perp \vec{B})$	Φ magnetischer Fluss durch eine Leiterschleife U_i Induktionsspannung N Windungszahl der Spule B magnetische Flussdichte l Länge des Leiters v Geschwindigkeit des Leiters
Selbstinduktionsspannung U_i in einer Spule – allgemein – bei gleichmäßiger Änderung der Stromstärke	$U_i = -L\dfrac{dI}{dt}$ $U_i = -L\dfrac{\Delta I}{\Delta t}$	L Induktivität I elektrische Stromstärke t Zeit
Induktivität L für eine lange Spule	$L = \dfrac{\mu_0 \cdot \mu_r \cdot N^2 \cdot A}{l}$	μ_0 magnetische Feldkonstante μ_r relative Permeabilität N Windungszahl A Querschnittsfläche der Spule l Länge der Spule
Energie E_{mag} des magnetischen Feldes einer stromdurchflossenen Spule	$E_{mag} = \dfrac{1}{2} \cdot L \cdot I^2$	L Induktivität der Spule I elektrische Stromstärke

Wechselstrom

Momentanwert – Wechselspannung u – Wechselstromstärke i	$u = u_{max} \cdot \sin(\omega \cdot t + \varphi_1)$ $i = i_{max} \cdot \sin(\omega \cdot t + \varphi_2)$	u_{max}, i_{max} Amplitude der elektrischen Spannung bzw. Stromstärke ω Kreisfrequenz φ_1, φ_2 Phasenwinkel t Zeit
Effektivwert – Wechselspannung U – Wechselstromstärke I	$U = \dfrac{u_{max}}{\sqrt{2}}$ $I = \dfrac{i_{max}}{\sqrt{2}}$	
Leistungsfaktor $\cos\varphi$	$\cos\varphi = \dfrac{P_W}{P_S}$	φ Phasenverschiebung zwischen Stromstärke und Spannung $\cos\varphi$ Leistungsfaktor P_W Wirkleistung P_S Scheinleistung U, I Effektivwerte der elektrischen Spannung bzw. Stromstärke t Zeit
Wirkleistung P_W	$P_W = U \cdot I \cdot \cos\varphi = P_S \cdot \cos\varphi$	
Scheinleistung P_S	$P_S = U \cdot I$	
Blindleistung P_B	$P_B = P_S \cdot \sin\varphi$	
Scheinarbeit W_S	$W_S = P_S \cdot t = U \cdot I \cdot t$	
Wirkarbeit W_W	$W_W = P_W \cdot t = U \cdot I \cdot t \cdot \cos\varphi$	

Widerstände im Wechselstromkreis

Ohmscher Widerstand R	Induktiver Widerstand X_L	Kapazitiver Widerstand X_C
$R = \dfrac{U}{I}$ bei $\vartheta =$ konst.	$X_L = \dfrac{U}{I}$; $X_L = \omega \cdot L$ bei $\varphi = \dfrac{\pi}{2}$	$X_C = \dfrac{U}{I}$; $X_C = \dfrac{1}{\omega \cdot C}$ bei $\varphi = -\dfrac{\pi}{2}$

	Reihenschaltung von R, X_L und X_C	Parallelschaltung von R, X_L und X_C
Zeigerdiagramm		

	Reihenschaltung von R, X_L und X_C	Parallelschaltung von R, X_L und X_C
Blindwiderstand X	$X = \omega \cdot L - \dfrac{1}{\omega \cdot C}$	$\dfrac{1}{X} = \omega \cdot C - \dfrac{1}{\omega \cdot L}$
Scheinwiderstand Z	$Z = \sqrt{R^2 + X^2}$	$\dfrac{1}{Z} = \sqrt{\dfrac{1}{R^2} + \dfrac{1}{X^2}}$
Tangens der Phasen-verschiebung φ	$\tan \varphi = \dfrac{X_L - X_C}{R}$	$\tan \varphi = R\left(\dfrac{1}{X_C} - \dfrac{1}{X_L}\right)$

Transformator

Spannungsverhältnis am unbe-lasteten (idealen) Transformator	$\dfrac{U_1}{U_2} = \dfrac{N_1}{N_2}$	U_1	Primärspannung
		U_2	Sekundärspannung
		N_1	Windungszahl der Primärspule
		N_2	Windungszahl der Sekundärspule
Stromstärkeverhältnis am stark belasteten Transformator	$\dfrac{I_1}{I_2} = \dfrac{N_2}{N_1}$	I_1	Primärstromstärke
		I_2	Sekundärstromstärke

Elektromagnetische Schwingungen

Thomson'sche Schwingungsgleichung	$T = 2\pi \cdot \sqrt{L \cdot C}$	T	Periodendauer
		L	Induktivität
		C	Kapazität
Eigenfrequenz f eines elektrischen Schwingkreises – ungedämpft ($R = 0$)	$f = \dfrac{1}{2\pi \cdot \sqrt{L \cdot C}}$	R	ohmscher Widerstand
		L	Induktivität
		C	Kapazität
– gedämpft	$f = \dfrac{1}{2\pi} \cdot \sqrt{\dfrac{1}{L \cdot C} - \dfrac{R^2}{4L^2}}$		

Elektromagnetische Wellen

Ausbreitungsgeschwindigkeit c (im Vakuum)	$c = \lambda \cdot f$ $c = \sqrt{\dfrac{1}{\varepsilon_0 \cdot \mu_0}}$	λ	Wellenlänge
		f	Frequenz
		ε_0	elektrische Feldkonstante
		μ_0	magnetische Feldkonstante
Eigenfrequenz f eines Dipols	$f = \dfrac{c}{2l}$	c	Ausbreitungsgeschwindigkeit
		l	Länge des Dipols

Strahlenoptik

Reflexionsgesetz	$\alpha = \alpha'$	α	Einfallswinkel
		α'	Reflexionswinkel
Brechzahl n	$n = \dfrac{c_{\text{Vakuum}}}{c_{\text{Medium}}}$	α	Einfallswinkel
		β	Brechungswinkel
		n_1, n_2	Brechzahlen der Medien 1 und 2
Brechungsgesetz	$\dfrac{\sin \alpha}{\sin \beta} = \dfrac{n_2}{n_1} = \dfrac{c_1}{c_2}$	c_1, c_2	Lichtgeschwindigkeit im Medium 1 bzw. im Medium 2

Grenzwinkel α_G der Totalreflexion	$\sin \alpha_G = \dfrac{n_2}{n_1}$	n_1	Brechzahl des optisch dichteren Mediums
		n_2	Brechzahl des optisch dünneren Mediums
Abbildungsgleichung (für dünne Linsen)	$\dfrac{1}{f} = \dfrac{1}{g} + \dfrac{1}{b}$	f	Brennweite
		g	Gegenstandsweite
		b	Bildweite
Abbildungsmaßstab	$\dfrac{G}{B} = \dfrac{g}{b}$	G	Gegenstandsgröße
		B	Bildgröße
Brechwert D einer Linse	$D = \dfrac{1}{f}$		
Vergrößerung V – einer Lupe	$V = \dfrac{s_0}{f}$	s_0	deutliche Sehweite
		f_{ob}	Brennweite des Objektivs
– eines Fernrohrs (Kepler'sches Fernrohr)	$V = \dfrac{f_{ob}}{f_{ok}}$	f_{ok}	Brennweite des Okulars
		V_{ob}	Vergrößerung des Objektivs
		V_{ok}	Vergrößerung des Okulars
– eines Mikroskops	$V = V_{ob} \cdot V_{ok}$		

Wellenoptik

Ausbreitungsgeschwindigkeit einer Lichtwelle	$c = \lambda \cdot f$	λ	Wellenlänge
		f	Frequenz
Interferenz am Einzelspalt – für Maxima	$\dfrac{2n + 1}{2d} \lambda \approx \sin \alpha_n = \dfrac{s_n}{e_n}$	d	Spaltbreite
		λ	Wellenlänge
– für Minima	$\dfrac{n \cdot \lambda}{d} = \sin \alpha_n = \dfrac{s_n}{e_n}$	s_n	Abstand zwischen dem n-ten jeweiligen Maximum/Minimum und dem Maximum 0-ter Ordnung
Interferenz am Doppelspalt – für Maxima	$\dfrac{n \cdot \lambda}{b} = \sin \alpha_n = \dfrac{s_n}{e_n}$	e_n	Abstand zwischen dem n-ten Interferenzstreifen und dem Doppelspalt bzw. dem Gitter
– für Minima	$\dfrac{2n + 1}{2b} \cdot \lambda \approx \sin \alpha_n = \dfrac{s_n}{e_n}$	b	Abstand der Spalte (Gitterkonstante)
			$(n = 1, 2, 3, \ldots)$
Interferenz am Gitter für Hauptmaxima	$\dfrac{n \cdot \lambda}{b} = \sin \alpha_n$		
Interferenz an dünnen Schichten (reflektiertes Licht)	$d_A = \dfrac{2m}{n} \cdot \dfrac{\lambda}{4}$	d_A	Schichtdicke bei Auslöschung
		d_V	Schichtdicke bei Verstärkung
		n	Brechzahl der Schicht
	$d_V = \dfrac{2m + 1}{n} \cdot \dfrac{\lambda}{4}$	λ	Wellenlänge im Vakuum
			$(m = 0, 1, 2, \ldots)$
Brewster'sches Gesetz (Lichtwellen)	$\tan \alpha_p = \dfrac{n_2}{n_1}$	α_p	Polarisationswinkel
		n_1, n_2	Brechzahlen der Medien 1 und 2

Doppler-Effekt für Licht (bewegter Sender, ruhender Empfänger)	$f' = f \cdot \dfrac{\sqrt{1 \pm \dfrac{v}{c}}}{\sqrt{1 \mp \dfrac{v}{c}}}$	f' vom Empfänger gemessene Frequenz f Frequenz des Senders v Relativgeschwindigkeit zwischen Sender und Empfänger c Lichtgeschwindigkeit

Quantenphysik

Energie E eines Lichtquants	$E = h \cdot f$	h Planck'sches Wirkungsquantum f Frequenz
Energiebilanz beim Fotoeffekt	$h \cdot f = E_{\text{kin}} + W_{\text{A}}$	E_{kin} kinetische Energie W_{A} Austrittsarbeit
Austrittsarbeit W_{A}	$W_{\text{A}} = h \cdot f_{\text{g}}$	f_{g} Grenzfrequenz c Lichtgeschwindigkeit λ Wellenlänge
Masse m eines Lichtquants	$m = \dfrac{h \cdot f}{c^2}$	
Impuls p eines Lichtquants	$p = \dfrac{h}{\lambda}$	$h = 6{,}626\,075\,5 \cdot 10^{-34}\,\text{J} \cdot \text{s}$
Compton-Effekt – Energiebilanz – Compton-Wellenlänge des Elektrons	$h \cdot f_0 = E_{\text{kin}} + h \cdot f$ $\lambda_{\text{C}} = \dfrac{h}{m_{\text{e}} \cdot c}$	f_0 Frequenz des auftreffenden Quants f Frequenz des gestreuten Quants E_{kin} kinetische Energie des Elektrons λ_{C} Compton-Wellenlänge m_{e} Ruhmasse des Elektrons
de-Broglie-Wellenlänge λ	$\lambda = \dfrac{h}{p} = \dfrac{h}{m \cdot v}$	p Impuls v Geschwindigkeit des Elementarteilchens
Heisenberg'sche Unschärferelation	$\Delta x \cdot \Delta p_{\text{x}} \approx h$ $\Delta E \cdot \Delta t \approx h$	Δx Unschärfe der Ortskoordinate Δp_{x} Unschärfe der Impulskoordinate ΔE Unschärfe der Energie Δt Unschärfe der Zeit
Bohr'sche Frequenzbedingung	$h \cdot f = E_m - E_n = \Delta E$	ΔE abgegebener Energiebetrag n, m Bezeichnung der Energiezustände des Atoms
Spektrallinien für das H-Atom – Lyman-Serie – Balmer-Serie	$f = R_{\text{H}} \left(\dfrac{1}{n^2} - \dfrac{1}{m^2} \right)$ $n = 1;\ m = 2, 3, 4, \dots$ $n = 2;\ m = 3, 4, 5, \dots$	R_{H} Rydberg-Frequenz für das Wasserstoffatom $R_{\text{H}} = 3{,}289\,841\,844\,99 \cdot 10^{15}\,\text{Hz}$
Beziehungen zwischen den Quantenzahlen	$0 < l < n - 1$ $-l < m < l$ $s = +1/2$ oder $s = -1/2$ $Z = 2n^2$	n Hauptquantenzahl l Nebenquantenzahl (Bahnquantenzahl) m Magnetquantenzahl s Spinquantenzahl Z Höchstzahl der Elektronen pro Energieniveau mit der Hauptquantenzahl n

Temperaturstrahlung

Kirchhoff'sches Strahlungsgesetz	$\varepsilon\,(\lambda,\,T) = \alpha\,(\lambda,\,T)$	$\varepsilon\,(\lambda,\,T)$ Emissionsgrad eines nichtschwarzen Körpers $\alpha\,(\lambda,\,T)$ Absorptionsgrad eines nichtschwarzen Körpers
Stefan-Boltzmann'sches Strahlungsgesetz (für den schwarzen Strahler)	$\Phi = \sigma \cdot A \cdot T^4$	Φ Strahlungsfluss σ Stefan-Boltzmann-Konstante T Temperatur des Strahlers A Senderfläche
Wien'sches Strahlungsgesetz	$\dfrac{\mathrm{d}L}{\mathrm{d}\lambda} = \dfrac{2hc^2}{\lambda^5} \cdot e^{-\frac{hc}{\lambda kT}}$	L Strahldichte (Strahlungsfluss bezogen auf Raumwinkel und Fläche) c Lichtgeschwindigkeit k Boltzmann-Konstante h Planck'sches Wirkungsquantum λ Wellenlänge T Temperatur

Kernphysik

Atomare Masseneinheit u	$1\mathrm{u} = \dfrac{1}{12}\, m_{\mathrm{a}}\,(^{12}_{6}\mathrm{C})$	m_{a} Atommasse
Relative Atommasse A_{r}	$A_{\mathrm{r}} = \dfrac{m_{\mathrm{a}}}{\mathrm{u}}$	m_{a} Atommasse u atomare Masseneinheit
Massenzahl A	$A = Z + N$	Z Protonenanzahl N Neutronenanzahl
Massendefekt	$\Delta m = (Z \cdot m_{\mathrm{p}} + N \cdot m_{\mathrm{n}}) - m_{\mathrm{k}}$	m_{p} Masse eines Protons m_{n} Masse eines Neutrons m_{k} Gesamtmasse des Kerns
Kernbindungsenergie E_{B}	$E_{\mathrm{B}} = \Delta m \cdot c^2$	c Lichtgeschwindigkeit
Halbwertszeit $T_{1/2}$	$T_{1/2} = \dfrac{\ln 2}{\lambda}$	λ Zerfallskonstante N_0 Anzahl der Kerne zum Zeitpunkt $t = 0$
Zerfallsgesetz	$N = N_0 \cdot e^{-\lambda \cdot t}$ $N = N_0 \cdot \left(\dfrac{1}{2}\right)^{\frac{t}{T_{1/2}}}$	N Anzahl der Kerne zum Zeitpunkt t t Zeit
Aktivität A eines Radionuklids	$A = \dfrac{\Delta N}{\Delta t}$; $A = \lambda \cdot N$	ΔN Anzahl der zerfallenen Kerne in der Zeitdauer Δt
Energiedosis D	$D = \dfrac{E}{m}$	E aufgenommene Strahlungsenergie m Masse des bestrahlten Körpers
Äquivalentdosis H	$H = D \cdot q$	D Energiedosis q Bewertungsfaktor

Astronomie

Konstanten, Einheiten und Werte

Konstanten

Größe	Formelzeichen	Wert
Gravitationskonstante	γ, G, f	$6{,}672\,59 \cdot 10^{-11}\ \mathrm{m^3/(kg \cdot s^2)}$
Solarkonstante	S	$1{,}368\ \mathrm{kW/m^2}$
Hubble-Konstante	H	$70 \ldots 100\ \mathrm{km/(s \cdot Mpc)}$
Masseverhältnis Erde – Mond	m_E/m_M	$81{,}2$
Masseverhältnis Sonne – Erde	m_S/m_E	$332\,964{,}0$
Schiefe der Ekliptik (für das Jahr 2000)	ε	$23°\ 26'\ 21{,}488''$
Nutationskonstante (für das Jahr 2000)	N	$9{,}205\,5''$
Sonnenparallaxe	p_S	$8{,}794\,148''$
Aberrationskonstante (für das Jahr 2000)	$\bar{k}$	$20{,}495\,52''$

Einheiten der Länge

Name der Einheit	Einheitenzeichen	Beziehungen
Astronomische Einheit	AE	$1\ \mathrm{AE} = 149{,}6 \cdot 10^9\ \mathrm{m} = 4{,}85 \cdot 10^{-6}\ \mathrm{pc} = 15{,}8 \cdot 10^{-6}\ \mathrm{Lj}$
Parsec	pc	$1\ \mathrm{pc} = 30{,}857 \cdot 10^{15}\ \mathrm{m} = 0{,}206 \cdot 10^6\ \mathrm{AE} = 3{,}26\ \mathrm{Lj}$
Lichtjahr	Lj, ly	$1\ \mathrm{Lj} = 9{,}4605 \cdot 10^{15}\ \mathrm{m} = 63{,}239 \cdot 10^3\ \mathrm{AE} = 0{,}306\,6\ \mathrm{pc}$

Einheiten der Zeit

Tropisches Jahr	365 d 5 h 48 min 46 s
Siderisches Jahr	365 d 6 h 9 min 9 s
Siderischer Monat	27,322 d (27 d 7 h 43 min 12 s)
Synodischer Monat	29,53 d (29 d 12 h 44 min 3 s)
Sterntag	23 h 56 min 4,091 s = 86 164,091 s = 0,997 27 d
Sonnentag	1 d = 24 h = 86 400 s

Ausgewählte Zeitzonen

Zeitzone	Vergleich zur MGZ
Mittlere Greenwicher Zeit (MGZ)	= Westeuropäische Zeit (WEZ)
Mitteleuropäische Zeit	MGZ + 1 Stunde
Osteuropäische Zeit	MGZ + 2 Stunden
Atlantic Standard Time	MGZ − 4 Stunden
Pacific Standard Time	MGZ − 8 Stunden

Astronomische Koordinaten

	Horizontsystem	Rotierendes Äquatorsystem
Grundkreis	Horizont	Himmelsäquator
Mittelpunkt	Beobachtungsort	Beobachtungsort
Pole	Zenit, Nadir	Himmelspole
Abstandswinkel	Höhe h	Deklination δ
Richtungswinkel	Azimut a	Rektaszension α
Leitpunkt	Südpunkt des Horizonts	Frühlingspunkt $\curlyvee$

Azimut

Geowissenschaftliche Zählung		Astronomische Zählung	
$0° = 360°$	Nord	$0° = 360°$	Süd
$90°$	Ost	$90°$	West
$180°$	Süd	$180°$	Nord
$270°$	West	$270°$	Ost

Besondere Daten

Ereignis	Zeitraum
Frühling	21. März bis 21. Juni (92 d 19 h)
Sommer	21. Juni bis 23. September (93 d 15 h)
Herbst	23. September bis 21. Dezember (89 d 20 h)
Winter	21. Dezember bis 21. März (89 d 0 h)
Erde im Aphel (fernster Punkt)	2. Juli
Erde im Perihel (nächster Punkt)	2. Januar
Sommersonnenwende	21./22. Juni
Wintersonnenwende	21./22. Dezember

Einige bedeutende Meteoritenfälle

Fall- bzw. Fundort	Masse in t	Art des Meteoriten
Hoba West/Namibia	60	Fe/Ni
Ahnighito/Grönland	30,4	Fe/Ni
Bacuberita/Mexiko	27	Fe/Ni
Kirin/China	1,77	Stein

Erde

Größe	Formelzeichen	Wert
Radius am Äquator Radius am Pol	$r_Ä$ r_P	6 378 km 6 357 km
Abplattung Volumen Masse	$(r_Ä - r_P) : r_Ä$ V_E m_E	0,003 3 $1{,}083 \cdot 10^{12}$ km^3 $5{,}976 \cdot 10^{24}$ kg
Mittlere Dichte Normfallbeschleunigung Luftdruck in Meereshöhe (Normdruck)	ϱ_E g_n p_n	5,52 g/cm^3 9,806 65 m/s^2 101,325 kPa = 1 01325 hPa
Mittlere Entfernung von der Sonne Mittlere Bahngeschwindigkeit Siderische Umlaufzeit um die Sonne	r, S_S v_E T_{sid}	$149{,}6 \cdot 10^6$ km = 1 AE 29,79 km/s 365,26 d

Mond

Größe	Formelzeichen	Wert
Mittlere Entfernung von der Erde Mittlerer scheinbarer Radius Radius	s_M R'_M R_M	384 400 km ≈ 60,3 Erdradien 15′ 32,6″ = 0,259° 1 738 km ≈ 0,272 5 Erdradien
Volumen Masse Mittlere Dichte	V_M m_M ϱ_M	$2{,}192 \cdot 10^{10}$ km^3 ≈ 0,02 V_E $7{,}35 \cdot 10^{22}$ kg = 0,012 3 m_E 3,34 g/cm^3 = 0,61 ϱ_E
Fallbeschleunigung an der Oberfläche Mittlere Bahngeschwindigkeit Bahnneigung gegen die Erdbahn Siderische Umlaufzeit um die Erde	g_M v_M T_{sid}	1,62 m/s^2 = 0,165 g_n 1,02 km/s 5° 8′ 43″ 27,322 d

Planeten des Sonnensystems

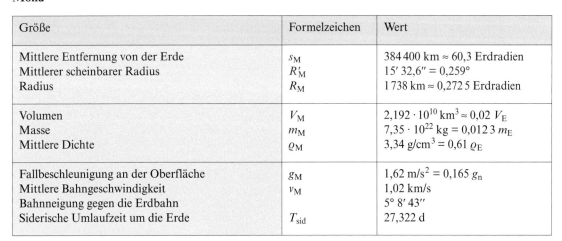

Planet	Symbol	Mittlere Bahngeschwindigkeit in km/s	Mittlere Entfernung von der Sonne in 10^6 km	Äquatordurchmesser in km	Masse in Erdmassen ($5{,}976 \cdot 10^{24}$ kg)	Mittlere Dichte in g/cm^3
Merkur	☿	47,8	57,9	4 878	0,06	5,43
Venus	♀	35,03	108,2	12 104	0,82	5,24
Erde	♁, ⊕	29,79	149,6	12 756	1	5,52
Mars	♂	24,13	227,9	6 794	0,11	3,93
Jupiter	♃	13,06	778,3	143 600	317,9	1,31
Saturn	♄	9,64	1 427	120 000	95,15	0,69
Uranus	⛢	6,81	2 869,6	50 800	14,54	1,3
Neptun	♆	5,43	4 496,7	49 500	17,20	1,71
Pluto*	♇	4,74	5 906	2 390	0,002 1	≈ 1,75

* Seit der Neufassung des Begriffs „Planet“ durch die Internationale Astronomische Union am 24. 8. 2006 gilt Pluto nicht mehr als Planet, sondern als Zwergplanet.

Sonne

Größe	Formelzeichen	Wert
Mittlere Entfernung zwischen Sonne und Erde Mittlerer scheinbarer Radius Radius	S_S R'_S R_S	$149{,}6 \cdot 10^6$ km = 1 AE $16' \, 1{,}2'' = 0{,}267°$ 700 000 km = 109 Erdradien
Volumen Masse Mittlere Dichte	V_S m_S ϱ_S	$1{,}414 \cdot 10^{18}$ km^3 = $1{,}3 \cdot 10^6 \, V_E$ $2 \cdot 10^{30}$ kg = $3{,}35 \cdot 10^5 \, m_E$ $1{,}41$ g/cm^3 = $0{,}26 \, \varrho_E$
Fallbeschleunigung an der Oberfläche Oberflächentemperatur	g_S T	274 m/s^2 = $27{,}94 \, g_n$ 5777 K ≈ 6000 K

Einige Daten unseres Milchstraßensystems (Galaxis)

Durchmesser der diskusähnlichen Scheibe	30 000 pc
Dicke – in den Randgebieten – im zentralen Kern	 1 000 pc 5 000 pc
Mittlere Dichte	≈ 10^{-23} g/cm^3
Abstand der Sonne vom Zentrum der „Scheibe" Zeit für einen vollen Umlauf der Sonne um das Zentrum Umlaufgeschwindigkeit der Sonne um das Zentrum	≈ 10 000 pc ≈ 32 600 Lj ≈ 250 Mio. Jahre ≈ 250 km/s
Mit bloßem Auge sichtbare Sterne Gesamtanzahl der Sterne	≈ 6 000 100–300 Mrd.

Scheinbare Helligkeiten einiger Sterne

Stern (Sternbild)	Scheinbare Helligkeit	Farbe	Entfernung
Sirius (Großer Hund)	$-1{,}46^m$	weiß	8,8 Lj
Wega (Leier)	$0{,}04^m$	weiß	26 Lj
Rigel (Orion)	$0{,}12^m$	weiß	880 Lj
Atair (Adler)	$0{,}77^m$	gelblich	16,1 Lj
Aldebaran (Stier)	$0{,}85^m$	orange	68 Lj
Spica (Jungfrau)	$0{,}97^m$	bläulich	274 Lj
Pollux (Zwillinge)	$1{,}21^m$	orange	36 Lj

Radien und mittlere Dichten von Sternen

Stern	Radius in Sonnenradien	Mittlere Dichte in g/cm^3
Überriesen	20 bis 750	10^{-7}
Riesen	3 bis 40	10^{-5} bis 10^{-2}
Massereiche Hauptreihensterne	1 bis 8	10^{-2}
Massearme Hauptreihensterne	0,2 bis 1	1 bis 3
Weiße Zwerge	≈ 0,01	10^5

Entwicklung der Galaxien (Hubble-Diagramm)

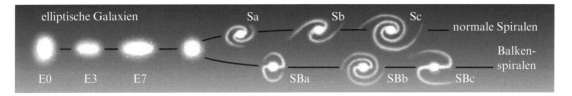

Einige Galaxien

Objekt (Sternbild)	Hubble-Typ	Entfernung in 10^3 Lj.	Durchmesser in 10^3 Lj.	Scheinbare Helligkeit	Absolute Helligkeit
Galaxis	Sb		100		– 20,2
NGC 185 (Kassiopeia)	E 3	2150	3,25	9,4	– 15,2
NGC 205 (Andromedanebel)	E 5	2100	7,8	8,2	– 16,3
Leo II (Löwe)	E 0	750	1	12,3	– 9,5
Centaurus A	E 0p	$1012 \cdot 10^6$	$1898 \cdot 10^3$	7,0	– 20,0

Einige Monde der Planeten

Planet und Monde		Entfernung des Mondes vom Planeten in km	Siderische Umlaufzeit in d	Durchmesser in km
Mars:	Phobos	$9,38 \cdot 10^3$	0,319	22
	Deimos	$23,48 \cdot 10^3$	1,262	12
Jupiter:	Ganymed	$1070 \cdot 10^3$	7,155	5276
	Callisto	$1880 \cdot 10^3$	16,689	4820
Saturn:	Titan	$1222 \cdot 10^3$	15,95	5150
	Rhea	$527 \cdot 10^3$	4,52	1530
Uranus:	Titania	$436 \cdot 10^3$	8,70	1610
	Oberon	$583 \cdot 10^3$	13,46	1550
Neptun:	Triton	$355 \cdot 10^3$	5,88	2705
	Nereid	$5563 \cdot 10^3$	360	340
Pluto*:	Charon	$19,6 \cdot 10^3$	6,39**	1200

* siehe Fußnote auf Seite 95   ** Dauer der Bewegung um den gemeinsamen Schwerpunkt

Kosmische Geschwindigkeiten

1. kosmische Geschwindigkeit (Kreisbahn an der Erdoberfläche)	$v_\text{K} = \sqrt{\gamma \dfrac{m_\text{E}}{r_\text{E}}} = 7{,}92 \text{ km/s}$	γ m_E r_E v_p1 v_p2	Gravitationskonstante Masse der Erde Radius der Erde Parabelgeschwindigkeit für die Erde 11,2 km/s 12,4 km/s
2. kosmische Geschwindigkeit (Fluchtgeschwindigkeit aus dem Gravitationsfeld der Erde)	$v_\text{P} = \sqrt{2\gamma \dfrac{m_\text{E}}{r_\text{E}}} = 11{,}2 \text{ km/s}$		
3. kosmische Geschwindigkeit (Hyperbel, Fluchtgeschwindigkeit aus dem Gravitationsfeld der Sonne)	$v_\text{H} = \sqrt{v_\text{p1}^2 + v_\text{p2}^2} = 16{,}7 \text{ km/s}$		

Formeln

Grundlegende Größen

Fluchtgeschwindigkeit v eines Sternsystems (Gesetz von Hubble)	$v = H \cdot r$	H r	Hubble-Konstante Entfernung des Sternsystems
Wien'sches Verschiebungsgesetz Stefan-Boltzmann'sches Strahlungsgesetz	$\lambda_{\max} \sim T^{-1}$ $\lambda_{\max} = \dfrac{\omega}{T}$ $\Phi \sim A \cdot T^4$ $\Phi = \sigma \cdot A \cdot T^4$	$\lambda_{\max}$ T ω Φ A σ ω	Wellenlänge beim Maximum der Strahldichte Temperatur Wien'sche Verschiebungskonstante Strahlungsfluss (Gesamtstrahlungsleistung) Oberfläche des Körpers Stefan-Boltzmann-Konstante $\omega = 2{,}8978 \cdot 10^{-3}$ m $\cdot$ K
Zusammenhang zwischen scheinbarer Helligkeit, absoluter Helligkeit und Entfernung eines Sterns	$m - M = 5 \cdot \lg r - 5$	m M r	scheinbare Helligkeit absolute Helligkeit Entfernung des Sterns in pc
Leuchtkraft L	$L = \dfrac{E}{t}$	E t	ausgestrahlte Energie Zeit
Parallaxe p	$\sin p = \dfrac{a}{r}$	a r	große Halbachse der Erdbahn Entfernung des Sterns
Zusammenhang zwischen Parallaxe und Entfernung eines Sterns	$r = \dfrac{1}{p}$	r p	Entfernung des Sterns in pc Parallaxe in Bogensekunden

Die Kepler'schen Gesetze

Erstes Kepler'sches Gesetz	Alle Planeten bewegen sich auf Ellipsenbahnen, in deren einem Brennpunkt die Sonne steht.	A t	vom Leitstrahl überstrichene Fläche erforderliche Zeit
Zweites Kepler'sches Gesetz	$\dfrac{\Delta A}{\Delta t} = $ konst.; $\quad \dfrac{\Delta A_1}{\Delta t_1} = \dfrac{\Delta A_2}{\Delta t_2}$		
Drittes Kepler'sches Gesetz	$\dfrac{T_1^2}{T_2^2} = \dfrac{a_1^3}{a_2^3}$	T a	Umlaufzeit große Halbachse der Planetenbahn
Numerische Exzentrizität ε (für Ellipse)	$\varepsilon = \dfrac{e}{a}$	e	lineare Exzentrizität

Das Gravitationsgesetz

Gravitationsgesetz, Gravitationskraft F	$F = \gamma \cdot \dfrac{m_1 \cdot m_2}{r^2}$	γ m_1, m_2 r r_1, r_2	Gravitationskonstante Massen der Körper Abstand der beiden Massenmittelpunkte Abstände der Körper vom Gravitationszentrum
Arbeit W_G im Gravitationsfeld	$W_G = \gamma \cdot m_1 \cdot m_2 \left(\dfrac{1}{r_1} - \dfrac{1}{r_2} \right)$		

Chemie

Übersichten zur Chemie

Chemische Elemente

Die Werte in eckigen Klammern geben die Atommassen der längstlebigen zurzeit bekannten Atomart des betreffenden Elements an.
Die Massenzahlen der Elemente sind nach der Häufigkeit der natürlich vorkommenden Isotope geordnet.

Element	Symbol	Ordnungszahl	Atommasse in u (gerundet)	Massenzahlen natürlicher Isotope	Oxidationszahlen (häufig auftretende)	Elektronegativitätswert
Actinium	Ac	89	227	227; 228	+3	1,1
Aluminium	Al	13	27	27	+3	1,5
Americium	Am	95	[243]		+3	1,3
Antimon	Sb	51	122	121; 123	+3; +5; −3	1,9
Argon	Ar	18	40	40; 36; 38	±0	
Arsen	As	33	75	75	+3; +5; −3	2,0
Astat	At	85	[210]	215; 216; 218	−1	2,2
Barium	Ba	56	137	138; 137; 136; 135; 134; 130; 132	+2	0,9
Berkelium	Bk	97	[247]		+3	1,3
Beryllium	Be	4	9	9	+2	1,5
Bismut	Bi	83	209	209	+3; −3	1,9
Blei	Pb	82	207	208; 206; 207; 204	+2; +4	1,8
Bor	B	5	11	11; 10	+3	2,0
Brom	Br	35	80	79; 81	+1; +5; −1	2,8
Cadmium	Cd	48	112,5	114; 112; 111; 110; 113; 116; 106; 108	+2	1,7
Caesium	Cs	55	133	133	+1	0,7
Calcium	Ca	20	40	40; 44; 42; 48; 43; 46	+2	1,0
Californium	Cf	98	[251]		+3	1,3
Cer	Ce	58	140	140; 142; 138; 136	+3	1,1
Chlor	Cl	17	35,5	35; 37	+1; +3; +5; +7; −1	3,0
Chrom	Cr	24	52	52; 53; 50; 54	+2; +3; +6	1,6
Cobalt	Co	27	59	59	+2; +3	1,8
Curium	Cm	96	[247]		+3	1,3
Dysprosium	Dy	66	162,5	164; 162; 163; 161; 160; 158; 156	+3	1,2
Einsteinium	Es	99	[252]			1,3
Eisen	Fe	26	56	56; 54; 57; 58	+2; +3; +6	1,8
Erbium	Er	68	167	166; 168; 167; 170; 164; 162	+3	1,2
Europium	Eu	63	152	153; 151	+3	1,2
Fermium	Fm	100	[257]			1,3
Fluor	F	9	19	19	−1	4,0
Francium	Fr	87	[223]	223	+1	0,7
Gadolinium	Gd	64	157	158; 160; 156; 157; 155; 154; 152	+3	1,1

Element	Symbol	Ordnungszahl	Atommasse in u (gerundet)	Massenzahlen natürlicher Isotope	Oxidationszahlen (häufig auftretende)	Elektronegativitätswert
Gallium	Ga	31	70	69; 71	+3	1,6
Germanium	Ge	32	72,5	74; 72; 70; 73; 76	+4	1,8
Gold	Au	79	197	197	+1; +3	2,4
Hafnium	Hf	72	178,5	180; 178; 177; 179; 176; 174	+4	1,3
Helium	He	2	4	4; 3	±0	
Holmium	Ho	67	165	165	+3	1,2
Indium	In	49	115	115; 113	+3	1,7
Iod	I	53	127	127	+1; +5; +7; −1	2,5
Iridium	Ir	77	192	193; 191	+3; +4	2,2
Kalium	K	19	39	39; 41; 40	+1	0,8
Kohlenstoff	C	6	12	12; 13	+2; +4; −2	2,5
Krypton	Kr	36	84	84; 86; 83; 82; 80; 78	±0	
Kupfer	Cu	29	63,5	63; 65	+1; +2	1,9
Lanthan	La	57	139	139; 138	+3	1,1
Lithium	Li	3	7	7; 6	+1	1,0
Lutetium	Lu	71	175	175; 176	+3	1,2
Magnesium	Mg	12	24	24; 26; 25	+2	1,2
Mangan	Mn	25	55	55	+2; +4; +6; +7	1,5
Molybdän	Mo	42	96	98; 96; 95; 92; 100; 97; 94	+6	1,8
Natrium	Na	11	23	23	+1	0,9
Neodym	Nd	60	144	142; 144; 146; 143; 145; 148; 150	+3	1,2
Neon	Ne	10	20	20; 22; 21	±0	
Neptunium	Np	93	[237]	237	+5	1,3
Nickel	Ni	28	59	58; 60; 62; 61; 64	+2	1,8
Niob	Nb	41	93	93	+5	1,6
Osmium	Os	76	190	192; 190; 189; 188; 187; 186; 184	+4; +8	2,2
Palladium	Pd	46	106	106; 108; 105; 110; 104; 102	+2; +4	2,2
Phosphor	P	15	31	31	+3; +5; −3	2,1
Platin	Pt	78	195	195; 194; 196; 198; 192; 190	+2; +4	2,2
Plutonium	Pu	94	[244]	239	+4	1,3
Polonium	Po	84	[209]	209; 210; 211; 212; 214; 215; 216; 218	+4; −2	2,0
Praseodym	Pr	59	141	141	+3	1,1
Promethium	Pm	61	[145]	147	+3	1,2
Protactinium	Pa	91	231	231; 234	+5	1,5
Quecksilber	Hg	80	200,5	202; 200; 199; 201; 198; 204; 196	+1; +2	1,9
Radium	Ra	88	226	223; 224; 226; 228	+2	0,9
Radon	Rn	86	[222]	218; 219; 220; 222	±0	
Rhenium	Re	75	186	187; 185	+7	1,9
Rhodium	Rh	45	103	103	+3; +4	2,2
Rubidium	Rb	37	85,5	85; 87	+1	0,8
Ruthenium	Ru	44	101	102; 104; 101; 99; 100; 96; 98	+4; +8	2,2
Samarium	Sm	62	150	152; 154; 147; 149; 148; 150; 144	+3	1,2

Element	Symbol	Ordnungszahl	Atommasse in u (gerundet)	Massenzahlen natürlicher Isotope	Oxidationszahlen (häufig auftretende)	Elektronegativitätswert
Sauerstoff	O	8	16	16; 18; 17	−2	3,5
Scandium	Sc	21	45	45	+3	1,3
Schwefel	S	16	32	32; 34; 33; 36	+4; +6; −2	2,5
Selen	Se	34	79	80; 78; 82; 76; 77; 74	+4; +6; −2	2,4
Silber	Ag	47	108	107; 109	+1	1,9
Silicium	Si	14	28	28; 29; 30	+4; −4	1,8
Stickstoff	N	7	14	14; 15	+3; +5; −3	3,0
Strontium	Sr	38	87,5	88; 86; 87; 84	+2	1,0
Tantal	Ta	73	181	181; 180	+5	1,5
Technetium	Tc	43	[98]		+7	1,9
Tellur	Te	52	127,5	130; 128; 126; 125; 124; 122; 123; 120	+4; +6; −2	2,1
Terbium	Tb	65	159	159	+3	1,2
Thallium	Tl	81	204	205; 203	+3	1,8
Thorium	Th	90	232	227; 228; 230; 231; 234	+4	1,3
Thulium	Tm	69	169	169	+3	1,2
Titan	Ti	22	48	48; 46; 47; 49; 50	+4	1,5
Uran	U	92	238	238; 234; 235	+4; +5; +6	1,7
Vanadium	V	23	51	51; 50	+5	1,6
Wasserstoff	H	1	1	1; 2	+1; −1	2,1
Wolfram	W	74	184	184; 186; 182; 183; 180	+6	1,7
Xenon	Xe	54	131	132; 129; 131; 134; 136; 130; 128; 124; 126	±0	
Ytterbium	Yb	70	173	174; 172; 173; 171; 176; 170; 168	+3	1,1
Yttrium	Y	39	89	89	+3	1,3
Zink	Zn	30	65	64; 66; 68; 67; 70	+2	1,6
Zinn	Sn	50	119	120; 118; 116; 119; 117; 124; 122; 112; 114; 115	+2; +4	1,8
Zirconium	Zr	40	91	90; 94; 92; 91; 96	+4	1,4

Atom- und Ionenradien einiger Elemente

Symbol	Atomradius in 10^{-12} m	Ionenradius in 10^{-12} m	Symbol	Atomradius in 10^{-12} m	Ionenradius in 10^{-12} m	Symbol	Atomradius in 10^{-12} m	Ionenradius in 10^{-12} m
Al	143	50 (+3)	I	133	216 (−1)	S	104	184 (−2)
Ba	217	135 (+2)	K	231	133 (+1)	Se	117	198 (−2)
Be	112	31 (+2)	Cu	128	72 (+2)	Ag	144	126 (+1)
Br	114	195 (−1)	Li	152	60 (+1)	Si	117	41 (+4)
Cs	262	169 (+1)	Mg	160	65 (+2)	N	70	171 (−3)
Ca	197	97 (+2)	Na	186	95 (+1)	Sr	215	113 (+2)
Cl	99	181 (−1)	P	110	212 (−3)	Te	137	221 (−2)
Fe	124	64 (+3)	Rb	244	148 (+1)	Zn	133	74 (+2)
F	64	136 (−1)	O	66	140 (−2)			

Elektronenkonfiguration der Atome im Grundzustand

Bei den mit * gekennzeichneten Atomen bestehen Abweichungen in der Anordnung der neu hinzukommenden Elektronen oder ist die Anordnung derselben nicht gesichert. Z Ordnungszahl

Periode	Z	Name	Symbol	Elektronenkonfiguration der Atome																	
				1s	2s	2p	3s	3p	3d	4s	4p	4d	4f	5s	5p	5d	5f	6s	6p	6d	7s
1	1	Wasserstoff	H	1																	
	2	Helium	He	2																	
2	3	Lithium	Li	2	1																
	4	Beryllium	Be	2	2																
	5	Bor	B	2	2	1															
	6	Kohlenstoff	C	2	2	2															
	7	Stickstoff	N	2	2	3															
	8	Sauerstoff	O	2	2	4															
	9	Fluor	F	2	2	5															
	10	Neon	Ne	2	2	6															
3	11	Natrium	Na	2	2	6	1														
	12	Magnesium	Mg	2	2	6	2														
	13	Aluminium	Al	2	2	6	2	1													
	14	Silicium	Si	2	2	6	2	2													
	15	Phosphor	P	2	2	6	2	3													
	16	Schwefel	S	2	2	6	2	4													
	17	Chlor	Cl	2	2	6	2	5													
	18	Argon	Ar	2	2	6	2	6													
4	19	Kalium	K	2	2	6	2	6		1											
	20	Calcium	Ca	2	2	6	2	6		2											
	21	Scandium	Sc	2	2	6	2	6	1	2											
	22	Titan	Ti	2	2	6	2	6	2	2											
	23	Vanadium	V	2	2	6	2	6	3	2											
	24	Chrom	Cr	2	2	6	2	6	4	2*											
	25	Mangan	Mn	2	2	6	2	6	5	2											
	26	Eisen	Fe	2	2	6	2	6	6	2											
	27	Cobalt	Co	2	2	6	2	6	7	2											
	28	Nickel	Ni	2	2	6	2	6	8	2											
	29	Kupfer	Cu	2	2	6	2	6	9	2*											
	30	Zink	Zn	2	2	6	2	6	10	2											
	31	Gallium	Ga	2	2	6	2	6	10	2	1										
	32	Germanium	Ge	2	2	6	2	6	10	2	2										
	33	Arsen	As	2	2	6	2	6	10	2	3										
	34	Selen	Se	2	2	6	2	6	10	2	4										
	35	Brom	Br	2	2	6	2	6	10	2	5										
	36	Krypton	Kr	2	2	6	2	6	10	2	6										
5	37	Rubidium	Rb	2	2	6	2	6	10	2	6			1							
	38	Strontium	Sr	2	2	6	2	6	10	2	6			2							
	39	Yttrium	Y	2	2	6	2	6	10	2	6	1		2							
	40	Zirkonium	Zr	2	2	6	2	6	10	2	6	2		2							
	41	Niob	Nb	2	2	6	2	6	10	2	6	3		2*							
	42	Molybdän	Mo	2	2	6	2	6	10	2	6	4		2*							
	43	Technetium	Tc	2	2	6	2	6	10	2	6	5		2*							
	44	Ruthenium	Ru	2	2	6	2	6	10	2	6	6		2*							
	45	Rhodium	Rh	2	2	6	2	6	10	2	6	7		2*							
	46	Palladium	Pd	2	2	6	2	6	10	2	6	8		2*							
	47	Silber	Ag	2	2	6	2	6	10	2	6	9		2*							
	48	Cadmium	Cd	2	2	6	2	6	10	2	6	10		2							
	49	Indium	In	2	2	6	2	6	10	2	6	10		2	1						
	50	Zinn	Sn	2	2	6	2	6	10	2	6	10		2	2						

Periode	Z	Name	Symbol	1s	2s	2p	3s	3p	3d	4s	4p	4d	4f	5s	5p	5d	5f	6s	6p	6d	7s
	51	Antimon	Sb	2	2	6	2	6	10	2	6	10		2	3						
	52	Tellur	Te	2	2	6	2	6	10	2	6	10		2	4						
	53	Iod	I	2	2	6	2	6	10	2	6	10		2	5						
	54	Xenon	Xe	2	2	6	2	6	10	2	6	10		2	6						
6	55	Caesium	Cs	2	2	6	2	6	10	2	6	10		2	6			1			
	56	Barium	Ba	2	2	6	2	6	10	2	6	10		2	6			2			
	57	Lanthan	La	2	2	6	2	6	10	2	6	10		2	6	1		2			
	58	Cer	Ce	2	2	6	2	6	10	2	6	10	1	2	6	1		2*			
	59	Praseodym	Pr	2	2	6	2	6	10	2	6	10	2	2	6	1		2			
	60	Neodym	Nd	2	2	6	2	6	10	2	6	10	3	2	6	1		2*			
	61	Promethium	Pm	2	2	6	2	6	10	2	6	10	4	2	6	1		2*			
	62	Samarium	Sm	2	2	6	2	6	10	2	6	10	5	2	6	1		2*			
	63	Europium	Eu	2	2	6	2	6	10	2	6	10	6	2	6	1		2*			
	64	Gadolinium	Gd	2	2	6	2	6	10	2	6	10	7	2	6	1		2			
	65	Terbium	Tb	2	2	6	2	6	10	2	6	10	8	2	6	1		2			
	66	Dysprosium	Dy	2	2	6	2	6	10	2	6	10	9	2	6	1		2			
	67	Holmium	Ho	2	2	6	2	6	10	2	6	10	10	2	6	1		2			
	68	Erbium	Er	2	2	6	2	6	10	2	6	10	11	2	6	1		2			
	69	Thulium	Tm	2	2	6	2	6	10	2	6	10	12	2	6	1		2*			
	70	Ytterbium	Yb	2	2	6	2	6	10	2	6	10	13	2	6	1		2*			
	71	Lutetium	Lu	2	2	6	2	6	10	2	6	10	14	2	6	1		2			
	72	Hafnium	Hf	2	2	6	2	6	10	2	6	10	14	2	6	2		2			
	73	Tantal	Ta	2	2	6	2	6	10	2	6	10	14	2	6	3		2			
	74	Wolfram	W	2	2	6	2	6	10	2	6	10	14	2	6	4		2			
	75	Rhenium	Re	2	2	6	2	6	10	2	6	10	14	2	6	5		2			
	76	Osmium	Os	2	2	6	2	6	10	2	6	10	14	2	6	6		2			
	77	Iridium	Ir	2	2	6	2	6	10	2	6	10	14	2	6	7		2			
	78	Platin	Pt	2	2	6	2	6	10	2	6	10	14	2	6	8		2*			
	79	Gold	Au	2	2	6	2	6	10	2	6	10	14	2	6	9		2*			
	80	Quecksilber	Hg	2	2	6	2	6	10	2	6	10	14	2	6	10		2			
	81	Thallium	Tl	2	2	6	2	6	10	2	6	10	14	2	6	10		2	1		
	82	Blei	Pb	2	2	6	2	6	10	2	6	10	14	2	6	10		2	2		
	83	Bismut	Bi	2	2	6	2	6	10	2	6	10	14	2	6	10		2	3		
	84	Polonium	Po	2	2	6	2	6	10	2	6	10	14	2	6	10		2	4		
	85	Astat	At	2	2	6	2	6	10	2	6	10	14	2	6	10		2	5		
	86	Radon	Rn	2	2	6	2	6	10	2	6	10	14	2	6	10		2	6		
7	87	Francium	Fr	2	2	6	2	6	10	2	6	10	14	2	6	10		2	6		1
	88	Radium	Ra	2	2	6	2	6	10	2	6	10	14	2	6	10		2	6		2
	89	Actinium	Ac	2	2	6	2	6	10	2	6	10	14	2	6	10		2	6	1	2
	90	Thorium	Th	2	2	6	2	6	10	2	6	10	14	2	6	10	1	2	6	1	2*
	91	Protactinium	Pa	2	2	6	2	6	10	2	6	10	14	2	6	10	2	2	6	1	2*
	92	Uran	U	2	2	6	2	6	10	2	6	10	14	3	6	10	3	2	6	1	2*
	93	Neptunium	Np	2	2	6	2	6	10	2	6	10	14	2	6	10	4	2	6	1	2*
	94	Plutonium	Pu	2	2	6	2	6	10	2	6	10	14	2	6	10	5	2	6	1	2*
	95	Americium	Am	2	2	6	2	6	10	2	6	10	14	2	6	10	6	2	6	1	2*
	96	Curium	Cm	2	2	6	2	6	10	2	6	10	14	2	6	10	7	2	6	1	2*
	97	Berkelium	Bk	2	2	6	2	6	10	2	6	10	14	2	6	10	8	2	6	1	2*
	98	Californium	Cf	2	2	6	2	6	10	2	6	10	14	2	6	10	9	2	6	1	2*
	99	Einsteinium	Es	2	2	6	2	6	10	2	6	10	14	2	6	10	10	2	6	1	2*
	100	Fermium	Fm	2	2	6	2	6	10	2	6	10	14	2	6	10	11	2	6	1	2*
	101	Mendelevium	Md[1]	2	2	6	2	6	10	2	6	10	14	2	6	10	12	2	6	1	2*
	102	Nobelium	No[1]	2	2	6	2	6	10	2	6	10	14	2	6	10	13	2	6	1	2*
	103	Lawrencium	Lr[1]	2	2	6	2	6	10	2	6	10	14	2	6	10	14	2	6	1	2*
	104	Rutherfordium	Rf[1]	2	2	6	2	6	10	2	6	10	14	2	6	10	14	2	6	2	2*
	105	Dubnium	Db[1]	2	2	6	2	6	10	2	6	10	14	2	6	10	14	2	6	3	2*

[1] IUPAC-Empfehlung für Namen und Symbole (1997)

Anorganische Stoffe (zers.: zersetzlich; subl.: sublimiert, [1] bei 101,325 kPa)

Name	Symbol/ Formel	Molare Masse M in g $\cdot$ mol^{-1} (gerundet)	Aggregat-zustand bei 25 °C	Dichte ϱ in g $\cdot$ cm^{-3} bei 25 °C (* bei 0 °C)	Schmelz-tempe-ratur[1] ϑ_S in °C	Siede-tempe-ratur[1] ϑ_V in °C
Aluminium	Al	27	s	2,70	660	2450
Aluminiumbromid	AlBr$_3$	267	s	3,01	97,5	257
Aluminiumchlorid	AlCl$_3$	133	s	2,44	192,5 (u. Druck)	subl. bei 180
Aluminiumhydroxid	Al(OH)$_3$	78	s	2,42	zers. ab 170	–
Aluminiumiodid	AlI$_3$	408	s	3,89	191	386
Aluminiumoxid	Al$_2$O$_3$	102	s	3,90	2045	2980
Aluminiumsulfat	Al$_2$(SO$_4$)$_3$	342	s	2,71	zers. ab 600	–
Aluminiumsulfat-18-Wasser	Al$_2$(SO$_4$)$_3$ $\cdot$ 18 H$_2$O	666	s	1,69	zers. ab 86	–
Ammoniak	NH$_3$	17	g	0,77 g $\cdot$ l^{-1}*	–78	–33
Ammoniumcarbonat-1-Wasser	(NH$_4$)$_2$CO$_3$ $\cdot$ H$_2$O	114	s		zers. ab 58	–
Ammoniumchlorid	NH$_4$Cl	53,5	s	1,52	zers. ab 350	subl. bei 340
Ammoniumnitrat	NH$_4$NO$_3$	80	s	1,73	169	zers. ab 200
Ammoniumsulfat	(NH$_4$)$_2$SO$_4$	132	s	1,77	zers. ab 280	–
Antimon	Sb	122	s	6,68	631	1380
Argon	Ar	40	g	1,78 g $\cdot$ l^{-1}*	–189	–186
Arsen (grau)	As	75	s	5,72	817 (u. Druck)	subl. bei 613
Arsentrioxid	As$_2$O$_3$	198	s	3,86	309	457
Barium	Ba	137	s	3,50	725	1640
Bariumcarbonat	BaCO$_3$	197	s	4,40	zers. ab 1350	–
Bariumchlorid	BaCl$_2$	208	s	3,9	963	1562
Bariumfluorid	BaF$_2$	175	s	4,9	1287	2260
Bariumhydroxid	Ba(OH)$_2$	171	s	4,5	408	–
Bariumsulfat	BaSO$_4$	233	s	4,48	1350	–
Bismut	Bi	209	s	9,8	271	1560
Blei	Pb	207	s	11,34	327	1740
Blei(II)-chlorid	PbCl$_2$	278	s	5,85	498	954
Blei(II)-iodid	PbI$_2$	461	s	6,2	402	872
Blei(II)-nitrat	Pb(NO$_3$)$_2$	331	s	4,53	zers. ab 470	–
Blei(II)-oxid	PbO	223	s	9,53	890	1470
Blei(II, IV)-oxid	Pb$_3$O$_4$	685	s	9,10	zers. ab 550	–
Blei(IV)-oxid	PbO$_2$	239	s	9,37	zers. ab 290	–
Blei(II)-sulfat	PbSO$_4$	303	s	6,2	1170	–
Blei(II)-sulfid	PbS	239	s	7,5	1114	–
Bor	B	11	s	2,3	2030	3900
Brom	Br$_2$	160	l	3,12	–7	58,7
Bromwasserstoff	HBr	81	g	3,64 g $\cdot$ l^{-1}*	–87	–67
Cadmium	Cd	112	s	8,64	321	767
Caesium	Cs	133	s	1,9	29	690
Calcium	Ca	40	s	1,55	838	1490
Calciumbromid	CaBr$_2$	200	s	3,35	730	810
Calciumcarbid	CaC$_2$	64	s	2,22	$\approx$ 2300	–
Calciumcarbonat	CaCO$_3$	100	s	2,93	zers. ab 825	–
Calciumchlorid	CaCl$_2$	111	s	2,15	772	>1600

Aggregatzustand: s = fest; l = flüssig; g = gasförmig

Name	Symbol/ Formel	Molare Masse M in g · mol^{-1} (gerundet)	Aggregat-zustand bei 25 °C	Dichte ϱ in g · cm^{-3} bei 25 °C (* bei 0 °C)	Schmelz-tempe-ratur[1] ϑ_S in °C	Siede-tempe-ratur[1] ϑ_V in °C
Calciumhydroxid	$Ca(OH)_2$	74	s	2,23	zers. ab 580	–
Calciumnitrat	$Ca(NO_3)_2$	164	s	2,47	561	–
Calciumoxid	CaO	56	s	3,40	≈ 2570	2850
Calciumphosphat	$Ca_3(PO_4)_2$	310	s	3,14	1670	–
Calciumsulfat	$CaSO_4$	136	s	2,96	1450	–
Calciumsulfat-2-Wasser	$CaSO_4 \cdot 2\,H_2O$	172	s	2,32	zers. ab 100	–
Chlor	Cl_2	71	g	3,214 g · l^{-1}*	−101	−35
Chlorwasserstoff	HCl	36,5	g	1,639 g · l^{-1}*	−112	−85
Chrom	Cr	52	s	7,19	≈ 1900	2642
Chrom(II)-chlorid	$CrCl_2$	123	s	2,75	815	–
Chrom(III)-chlorid	$CrCl_3$	158	s	2,76	≈ 1150	subl. bei ≈ 1300
Chrom(III)-oxid	Cr_2O_3	152	s	5,21	2437	≈ 3000
Chrom(VI)-oxid	CrO_3	100	s	2,70	zers. bei 198	–
Chrom(III)-sulfat-18-Wasser	$Cr_2(SO_4)_3 \cdot$ 18 H_2O	716	s	1,86	zers. ab 100	–
Cobalt	Co	59	s	8,90	1490	≈ 2900
Cobaltchlorid	$CoCl_2$	130	s	3,36	727	1050
Cobalt(II)-oxid	CoO	75	s	5,68	1935	zers. ab 2800
Deuterium	D_2	4	g	0,170 g · l^{-1}*	−254,6	−249,7
Deuteriumoxid	D_2O	20	l	1,11	3,8	101,4
Eisen	Fe	56	s	7,86	1540	≈ 3000
Eisen(III)-chlorid	$FeCl_3$	162	s	2,80	306	zers. ab 315
Eisen(III)-hydroxid	$Fe(OH)_3$	107	s	3,4 … 3,9	zers. ab 500	–
Eisen(II)-nitrat	$Fe(NO_3)_2$	180	s	–	–	–
Eisen(II)-oxid	FeO	72	s	5,70	1360	–
Eisen(III)-oxid	Fe_2O_3	160	s	5,24	zers. ab 1560	–
Eisen(II, III)-oxid	Fe_3O_4	231,5	s	5,18	zers. ab 1538	–
Eisen(II)-sulfat	$FeSO_4$	152	s	2,84	zers.	–
Eisen(III)-sulfat	$Fe_2(SO_4)_3$	400	s	3,10	zers. bei 480	–
Eisen(II)-sulfid	FeS	88	s	4,84	1195	zers.
Fluor	F_2	38	g	1,69 g · l^{-1}*	−220	−188
Fluorwasserstoff	HF	20	g	0,99 (l)	−83	19
Gold	Au	197	s	19,3	1063	2970
Helium	He	4	g	0,179 g · l^{-1}*	−270	−269
Iod	I_2	254	s	4,94	114	182,8
Iodwasserstoff	HI	128	g	5,79 g · l^{-1}*	−51	−35
Kalium	K	39	s	0,86	64	760
Kaliumbromid	KBr	119	s	2,75	734	1382
Kaliumcarbonat	K_2CO_3	138	s	2,43	897	zers.
Kaliumchlorat	$KClO_3$	122,5	s	2,32	368	zers. ab 400
Kaliumchlorid	KCl	74,5	s	1,98	770	1405
Kaliumchromat	K_2CrO_4	194	s	2,73	975	zers.
Kaliumcyanid	KCN	65	s	1,52	623	–
Kaliumdichromat	$K_2Cr_2O_7$	294	s	2,69	395	zers. ab 500
Kaliumfluorid	KF	58	s	2,48	857	1502
Kaliumhydroxid	KOH	56	s	2,04	360	1320
Kaliumiodid	KI	166	s	3,13	682	1324
Kaliumnitrat	KNO_3	101	s	2,11	339	zers. ab 400
Kaliumnitrit	KNO_2	85	s	1,92	zers. ab 350	–
Kaliumpermanganat	$KMnO_4$	158	s	2,70	zers. ab 240	–
Kaliumphosphat	K_3PO_4	212	s	2,56	1340	–
Kaliumsulfat	K_2SO_4	174	s	2,66	1074	1688

Name	Symbol/ Formel	Molare Masse M in g · mol^{-1} (gerundet)	Aggregatzustand bei 25 °C	Dichte ϱ in g · cm^{-3} bei 25 °C (* bei 0 °C)	Schmelztemperatur[1] ϑ_S in °C	Siedetemperatur[1] ϑ_V in °C
Kohlenstoff (Diamant)	C	12	s	3,51	ab 3 550	–
Kohlenstoff (Graphit)	C	12	s	2,26	3 730	–
Kohlenstoffdioxid	CO_2	44	g	1,977 g · l^{-1}*	–57 (u. Druck)	subl. bei –79
Kohlenstoffdisulfid	CS_2	76	l	1,26	–112	46
Kohlenstoffmonooxid	CO	28	g	1,250 g · l^{-1}*	–205	–192
Krypton	Kr	84	g	3,71 g · l^{-1}*	–157	–152
Kupfer	Cu	63,5	s	8,96	1 083	2 600
Kupfer(I)-chlorid	CuCl	99	s	4,14	422	1 367
Kupfer(II)-chlorid	$CuCl_2$	134,5	s	3,4	630	zers. ab 990
Kupfer(I)-iodid	CuI	190,5	s	5,65	602	1 336
Kupfer(II)-nitrat	$Cu(NO_3)_2$	187,5	s	–	–	–
Kupfer(I)-oxid	Cu_2O	143	s	6,0	1 232	zers. ab 1 800
Kupfer(II)-oxid	CuO	79,5	s	6,45	1 326	–
Kupfer(II)-sulfat	$CuSO_4$	159,5	s	3,61	200	zers. ab 650
Kupfer(II)-sulfat-5-Wasser	$CuSO_4 \cdot$ 5 H_2O	249,5	s	2,3	zers. ab 110	–
Kupfer(I)-sulfid	Cu_2S	159	s	5,8	1 130	–
Kupfer(II)-sulfid	CuS	95,5	s	4,6	zers. ab 200	–
Lithium	Li	7	s	0,534	180	1 372
Lithiumhydrid	LiH	8	s	0,82	680	–
Magnesium	Mg	24	s	1,74	650	1 110
Magnesiumbromid	$MgBr_2$	184	s	3,72	711	1 230
Magnesiumcarbonat	$MgCO_3$	84	s	3,04	zers. ab 350	–
Magnesiumchlorid	$MgCl_2$	95	s	2,32	712	1 420
Magnesiumhydroxid	$Mg(OH)_2$	58	s	2,4	zers. ab 350	–
Magnesiumnitrat	$Mg(NO_3)_2$	148	s	–	–	–
Magnesiumoxid	MgO	40	s	3,65	2 800	3 600
Magnesiumphosphat	$Mg_3(PO_4)_2$	263	s	2,1	1 184	–
Magnesiumsulfat	$MgSO_4$	120	s	2,66	1 127	–
Mangan(II)-chlorid	Mn	55	s	7,43	1 244	$\approx$ 2 100
Mangan(II)-chlorid	$MnCl_2$	126	s	2,98	650	1 190
Mangan(IV)-oxid	MnO_2	87	s	5,03	535	zers.
Mangan(II)-sulfat	$MnSO_4$	151	s	3,18	700	zers. bei 850
Natrium	Na	23	s	0,97	98	892
Natriumbromid	NaBr	103	s	3,21	747	1 390
Natriumcarbonat	Na_2CO_3	106	s	2,53	852	zers. ab 1 600
Natriumcarbonat-10-Wasser	$Na_2CO_3 \cdot$ 10 H_2O	286	s	1,46	33	–
Natriumchlorid	NaCl	58,5	s	2,16	800	1 465
Natriumfluorid	NaF	42	s	2,79	992	1 704
Natriumhydrogencarbonat	$NaHCO_3$	84	s	2,20	zers. ab 270	–
Natriumhydrogenphosphat-7-Wasser	$NaHPO_4 \cdot$ 7 H_2O	286	s	1,678	48	–
Natriumhydroxid	NaOH	40	s	2,13	322	1 390
Natriumiodid	NaI	150	s	3,67	662	1 305
Natriumnitrat	$NaNO_3$	85	s	2,25	310	zers. ab 380
Natriumnitrit	$NaNO_2$	69	s	2,17	271	zers. bei 320
Natriumphosphat	Na_3PO_4	164	s	2,5	1 340	–
Natriumphosphat-12-Wasser	$Na_3PO_4 \cdot$ 12 H_2O	380	s	1,62	zers. ab 73,4	–
Natriumsulfat	Na_2SO_4	142	s	2,69	884	–
Natriumthiosulfat-5-Wasser	$Na_2S_2O_3 \cdot$ 5 H_2O	216	s	1,5	zers.	–
Neon	Ne	20	g	0,899 g · l^{-1}*	–249	–246
Nickel	Ni	59	s	8,90	1 450	2 730

Name	Symbol/ Formel	Molare Masse M in g · mol^{-1} (gerundet)	Aggregat- zustand bei 25 °C	Dichte ϱ in g · cm^{-3} bei 25 °C (* bei 0 °C)	Schmelz- tempe- ratur[1] ϑ_S in °C	Siede- tempe- ratur[1] ϑ_V in °C
Osmium	Os	190	s	22,59	2 500	> 3 300
Ozon	O_3	48	g	2,14 g · l^{-1}*	−193	−111
Perchlorsäure	$HClO_4$	100,5	l	1,76	−112	zers. ab 90
Phosphor (weiß)	P	31	s	1,82	44	280
Phosphor(V)-oxid	P_2O_5	142	s	2,30	562	subl. bei 358
Phosphorsäure	H_3PO_4	98	s	1,88	42	zers. ab 213
Platin	Pt	195	s	21,45	1 770	3 825
Quecksilber	Hg	200,5	l	13,53	−39	357
Quecksilber(I)-chlorid	Hg_2Cl_2	472	s	7,15	525	subl. bei 383
Quecksilber(II)-chlorid	$HgCl_2$	271,5	s	5,42	277	304
Quecksilber(II)-oxid	HgO	216,5	s	11,14	zers. ab 500	−
Salpetersäure	HNO_3	63	l	1,51	−42	86
Sauerstoff	O_2	32	g	1,429 g · l^{-1}*	−219	−183
Schwefel (amorph)	S	32	s	1,92	120	444,6
Schwefel (monoklin)	S	32	s	1,96	119	444,6
Schwefel (rhombisch)	S	32	s	2,07	113	444,6
Schwefeldioxid	SO_2	64	g	2,926 g · l^{-1}*	−76	−10
Schwefelsäure	H_2SO_4	98	l	1,83	11	zers. ab 338
Schwefeltrioxid (α)	SO_3	80	l	1,99	17	45
Schwefelwasserstoff	H_2S	34	g	1,539 g · l^{-1}*	−86	−60
Selen (grau)	Se	79	s	4,79	217	685
Silber	Ag	108	s	10,50	961	2 212
Silberbromid	AgBr	188	s	6,47	430	zers. ab 700
Silberchlorid	AgCl	143	s	5,56	455	1 554
Silberiodid	AgI	235	s	5,71	557	1 506
Silbernitrat	$AgNO_3$	170	s	4,35	209	zers. ab 444
Silicium	Si	28	s	2,33	1 410	3 280
Siliciumdioxid	SiO_2	60	s	2,65	1 713	> 2 200
Stickstoff	N_2	28	g	1,251 g · l^{-1}*	−210	−195,8
Stickstoffdioxid	NO_2	46	g	1,45 g · l^{-1}*	−11	21
Stickstoffmonooxid	NO	30	g	1,340 g · l^{-1}*	−164	−152
Stickstoffpentaoxid	N_2O_5	108	g	1,64	30	47
Stickstofftrioxid	N_2O_3	76	g	1,45	−102	zers. bei 3,5
Strontium	Sr	88	s	2,58	757	1 364
Wasser	H_2O	18	l	1,0	0	100
Wasserstoff	H_2	2	g	0,0899 g · l^{-1}*	−259,3	−252,8
Wasserstoffperoxid	H_2O_2	34	l	1,46	−0,43	150
Xenon	Xe	131	g	5,89 g · l^{-1}*	−112	−108,0
Zink	Zn	65	s	7,14	419	906
Zinkbromid	$ZnBr_2$	225	s	4,22	394	650
Zinkchlorid	$ZnCl_2$	136	s	2,90	318	732
Zinknitrat-6-Wasser	$Zn(NO_3)_2 \cdot$ 6 H_2O	297,5	s	2,07	36,4	zers. ab 105
Zinkoxid	ZnO	81,5	s	5,47	1 975 (u. Druck)	subl. bei 1 800
Zinn (weiß)	Sn	119	s	7,28	232	2 350
Zinn(IV)-oxid	SnO_2	151	s	6,95	1 900	subl. > 1 800

Organische Stoffe (zers.: zersetzlich; subl.: sublimiert; [1] bei 101,3 kPa)

Name	Formel	Molare Masse M in g·mol^{-1} (gerundet)	Aggregat-zustand bei 25 °C	Dichte ϱ in g·cm^{-3} bei 25 °C (* bei 0 °C)	Schmelz-tempe-ratur[1] ϑ_S in °C	Siede-tempe-ratur[1] ϑ_V in °C
Acrylnitril	$CH_2=CH-CN$	53	l	0,81	−82	78
Aminobenzol (Anilin)	⟨○⟩−NH$_2$	93	l	1,02	−6,2	184,4
2-Amino-ethansäure (Glycin)	$CH_2(NH_2)-COOH$	75	s	1,16	zers. ab 232	−
2-Amino-propan-säure (Alanin)	$CH_3-CH(NH_2)-COOH$	89	s	1,40	zers. ab 295	−
Anthracen	⟨○○○⟩	178	s	1,242	216	340
Benzaldehyd	⟨○⟩−CHO	106	l	1,05	−26	178
Benzoesäure	⟨○⟩−COOH	122	s	1,27 (15 °C)	121,7	249
Benzol (Benzen)	⟨○⟩	78	l	0,88	5,49	80,1
Benzolsulfonsäure	⟨○⟩−SO$_3$H	158	s	−	≈60	−
Brenztraubensäure (2-Ketopropansäure)	$CH_3-\overset{\|\text{O}}{C}-COOH$	88	l	1,26	11	165
Biphenyl	⟨○⟩−⟨○⟩	154	s	0,9896 (77 °C)	69	255
Brombenzol	⟨○⟩−Br	157	l	1,495	−30,6	155,6
Bromethan	CH_3-CH_2-Br	109	l	1,46	−94	38,4
Brommethan	CH_3-Br	95	g	1,73 (0 °C)	−	4
1,3-Butadien	$CH_2=CH-CH=CH_2$	54	g	0,65 (−6 °C)	−109	−4,5
Butan	$CH_3-(CH_2)_2-CH_3$	58	g	2,703 g·l^{-1}*	−135	−0,5
1-Butanol	$CH_3-(CH_2)_3-OH$	74	l	0,81	−89	117
2-Butanol	$CH_3-CH-CH_2-CH_3$ \\ $\quad$ OH	74	l	0,81	−115	99
Butansäure (Buttersäure)	C_3H_7-COOH	88	l	0,96	−5	164
Butansäureethylester	$C_3H_7-COO-C_2H_5$	116	l	0,879 (20°C)	−93,3	120
Chlorbenzol	⟨○⟩−Cl	113	l	1,10	−45	132
Chlorethan	CH_3-CH_2-Cl	64,5	g	0,92 (6 °C)	−136,4	12,3
Chlorethen (Vinylchlorid)	$CH_2=CH-Cl$	62,5	g	0,97 (−13 °C)	−159,7	−13,5
Chlormethan	CH_3Cl	50,5	g	2,31 g·l^{-1}*	−97	−23,7
Citronensäure	$\begin{array}{c} CH_2-COOH \\ \| \\ HO-C-COOH \\ \| \\ CH_2-COOH \end{array}$	192	s	1,54	153	zers.
Cyclohexan	C_6H_{12}	84	l	0,779	6,6	80,8
Cyclohexen	C_6H_{10}	82	l	0,81	−104	83
1,2-Dibromethan	$Br-CH_2-CH_2-Br$	188	l	2,18	10	131,6
1,2-Dichlorbenzol	⟨○⟩$^{Cl}_{Cl}$	147	l	1,31	−17,5	179,2
1,3-Dichlorbenzol	⟨○⟩^{Cl}−Cl	147	l	1,29	−24,4	172
1,4-Dichlorbenzol	Cl−⟨○⟩−Cl	147	s	1,26 (55 °C)	54	173,7
Dichlordifluormethan (Freon 12)	CCl_2F_2	121	g	1,468 (−30°C)	−158	−30

Aggregatzustand: s = fest; l = flüssig; g = gasförmig

Name	Formel	Molare Masse M in g·mol⁻¹ (gerundet)	Aggregatzustand bei 25 °C	Dichte ϱ in g·cm⁻³ bei 25 °C (* bei 0 °C)	Schmelztemperatur[1] ϑ_S in °C	Siedetemperatur[1] ϑ_V in °C
1,2-Dichlorethan	Cl–CH₂–CH₂–Cl	99	l	1,26	−35,5	83,7
Dichlormethan	Cl–CH₂–Cl	85	l	1,34	−96,7	40,7
Diethylether	C₂H₅–O–C₂H₅	74	l	0,714	−116,3	34,5
1,2-Dihydroxybenzol (Brenzcatechin)	OH, OH	110	s	1,344	103	246
1,3-Dihydroxybenzol (Resorcin)	OH, OH	110	s	1,271 (15 °C)	110	280
1,4-Dihydroxybenzol (p-Hydrochinon)	OH, OH	110	s	1,358	170	286
1,2-Dimethylbenzol (o-Xylol)	CH₃, CH₃	106	l	0,875	−25	144
1,3-Dimethylbenzol (m-Xylol)	CH₃, CH₃	106	l	0,864	−48	139
1,4-Dimethylbenzol (p-Xylol)	CH₃, CH₃	106	l	0,861	13	138
Ethan	CH₃–CH₃	30	g	1,356 g·l⁻¹*	−183,2	−88,5
Ethanal (Acetaldehyd)	CH₃CHO	44	g	0,788 (13 °C)	−123	20,2
Ethanol	C₂H₅OH	46	l	0,79	−114,2	78,4
Ethansäure (Essigsäure)	CH₃COOH	60	l	1,05	16,6	118,1
Ethansäureethylester	CH₃–COO–C₂H₅	88	l	0,899	−83,6	77,1
Ethansäuremethylester	CH₃–COO–CH₃	74	l	0,92	−98	56,9
Ethen (Ethylen)	CH₂=CH₂	28	g	1,260 g·l⁻¹*	−169,5	−103,9
Ethin (Acetylen)	CH≡CH	26	g	1,17 g·l⁻¹*	−81,8	−83,8
Ethylbenzol	⌬–CH₂–CH₃	106	l	0,87	−93,9	136,2
Ethylenglykol (Glykol)	HO–CH₂–CH₂–OH	62	l	1,113	−12,9	197,8
Furan	⌬O	68	l	0,94	−86	32
Glucose (Traubenzucker)	C₆H₁₂O₆	180	s	1,54	146	zers. ab 200
Glycerin (Gycerol)	CH₂–CH–CH₂ ∣ OH ∣ OH ∣ OH	92	l	1,26	18	zers. bei 290
Harnstoff	CO(NH₂)₂	60	s	1,34	132,7	zers.
Heptan	CH₃–(CH₂)₅–CH₃	100	l	0,68	−90	98
1-Hepten	CH₂=CH–(CH₂)₄–CH₃	98	l	0,70	−119	94
Hexachlorcyclohexan (Lindan)	C₆H₆Cl₆	291	s	1,85	113	323
Hexadecansäure (Palmitinsäure)	CH₃–(CH₂)₁₄–COOH	256	s	0,85	62	271 (133 hPa)
Hexan	CH₃–(CH₂)₄–CH₃	86	l	0,659	−94,3	68,7
1-Hexen	C₆H₁₂	84	l	0,6732	−139,8	63,5
1-Hexin	C₆H₁₀	82	l	0,719 (15 °C)	−124	71,5
2-Hydroxybenzoesäure (Salicylsäure)	COOH, OH	138	s	1,44	158	subl. bei 76 zers. 200 °C
Isopropylbenzol (Cumol)	C₆H₅–CH(CH₃)₂	120	l	0,86	−97	153

Name	Formel	Molare Masse M in g·mol⁻¹ (gerundet)	Aggregatzustand bei 25 °C	Dichte ϱ in g·cm⁻³ bei 25 °C (* bei 0 °C)	Schmelztemperatur[1] ϑ_S in °C	Siedetemperatur[1] ϑ_V in °C
Methan	CH_4	16	g	0,717 g·l⁻¹*	−182,5	−161,4
Methanal (Formaldehyd)	$HCHO$	30	g	0,82 (−20 °C)	−92	−21
Methanol	CH_3OH	32	l	0,79	−97,7	64,7
Methansäure (Ameisensäure)	$HCOOH$	46	l	1,22	8,4	100,5
Methylbenzol (Toluol)	⬡–CH_3	92	l	0,87 (15 °C)	−95,3	110,8
2-Methylpropan (Isobutan)	$(CH_3)_2{-}CH{-}CH_3$	58	g	2,67 g·l⁻¹*	−145	−11,7
2-Methyl-2-propanol	$(CH_3)_3C{-}OH$	74	l	0,78	24	82
Milchsäure (2-Hydroxypropansäure)	$CH_3{-}CH{-}COOH$ OH	90	l	1,21	18	119 zers.
Naphthalin	(Naphthalin-Struktur)	128	s	1,168 (22 °C)	80,4	217,9
Nitrobenzol	⬡–NO_2	123	l	1,20	5,7	210,9
Octadecansäure (Stearinsäure)	$CH_3{-}(CH_2)_{16}{-}COOH$	284,5	s	0,94 (20 °C)	69	383
Octadecen-(9)-säure (Ölsäure)	$C_{17}H_{33}COOH$	282,5	l	0,89 (25 °C)	16	360
Octan	$CH_3{-}(CH_2)_6{-}CH_3$	114	l	0,7024	−56,5	125,8
Oxalsäure (Ethandisäure)	$HOOC{-}COOH$	90	s	1,901 (25 °C)	189,5	subl.
Pentan	$CH_3{-}(CH_2)_3{-}CH_3$	72	l	0,6337 (15 °C)	−129,7	36,2
Phenol	⬡–OH	94	s	1,05 (45 °C)	41	181,4
Phthalsäure	⬡$\genfrac{}{}{0pt}{}{-COOH}{-COOH}$	166	s	1,59	210	zers. ab 231
Propan	$CH_3{-}CH_2{-}CH_3$	44	g	2,01 g·l⁻¹*	−187,1	−42,1
1-Propanol	$CH_3{-}(CH_2)_2{-}OH$	60	l	0,8035	−126	97,2
2-Propanol	$CH_3{-}CH{-}CH_3$ OH	60	l	0,7854	−89,5	82
Propanon (Aceton)	$CH_3{-}CO{-}CH_3$	58	l	0,79	−95	56,1
Propen (Propylen)	$CH_3{-}CH{=}CH_2$	42	g	1,937 g·l⁻¹*	−185,2	−47,7
Propin	$CH_3{-}C{\equiv}CH$	40	g	1,787 g·l⁻¹*	−102	−23,3
Terephthalsäure	$HOOC{-}$⬡$-COOH$	166	s	1,51	subl.	subl. bei ≈ 300
Tetrachlormethan (Tetrachlorkohlenstoff)	CCl_4	154	l	1,60	−22,9	76,7
Thiophen	(Thiophen-Struktur, S)	84	l	1,06	−38	84
Trichlormethan (Chloroform)	$CHCl_3$	119,5	l	1,50 (15 °C)	−63,5	61,2
Triiodmethan (Iodoform)	CHI_3	394	s	4,008 (17 °C)	123	218
1,3,5-Trimethylbenzol	H_3C–⬡(CH_3)–CH_3	120	l	0,86	−44	164
2,2,4-Trimethylpentan (Isooctan)	$(CH_3)_3C{-}CH_2{-}CH(CH_3)_2$	114	l	0,69	−107	99
Vinylbenzol (Styrol, Styren)	⬡–$CH{=}CH_2$	104	l	0,91	−31	145

Molare Standardgrößen

Tabellierungsbedingungen für molare Standardgrößen: 25 °C (298 K) und 101,325 kPa
$\Delta_B H_m^{\ominus}$: molare Standardbildungsenthalpie; $\Delta_B G_m^{\ominus}$: molare freie Standardbildungsenthalpie;
$S_m^{\ominus}$: molare Standardentropie
Aggregatzustand: s = fest; l = flüssig; g = gasförmig; aq = in wässriger Lösung bei $c = 1\ \text{mol} \cdot l^{-1}$

Anorganische Verbindungen

Name	Symbol/ Formel	Aggregatzustand	$\Delta_B H_m^{\ominus}$ in kJ · mol^{-1}	$\Delta_B G_m^{\ominus}$ in kJ · mol^{-1}	$S_m^{\ominus}$ in J · K^{-1} · mol^{-1}
Aluminium	Al	s	0	0	28
Aluminium-Ionen	Al^{3+}	aq	−525	−481	−322
Aluminiumbromid	AlBr$_3$	s	−511	−489	180
Aluminiumchlorid	AlCl$_3$	s	−706	−630	109
Aluminiumoxid	Al$_2$O$_3$	s	−1676	−1582	51
Ammoniak	NH$_3$	g	−46	−16	193
Ammoniaklösung	NH$_3$	aq	−80	−26	111
Ammonium-Ionen	NH$_4^+$	aq	−132	−79	113
Ammoniumchlorid	NH$_4$Cl	s	−315	−203	95
Ammoniumnitrat	NH$_4$NO$_3$	s	−366	−184	151
Ammoniumsulfat	(NH$_4$)$_2$SO$_4$	s	−1181	−902	220
Barium-Ionen	Ba^{2+}	aq	−538	−561	10
Bariumchlorid	BaCl$_2$	s	−859	−810	124
Bariumhydroxid	Ba(OH)$_2$	s	−946	−859	107
Bariumsulfat	BaSO$_4$	s	−1473	−1362	132
Blei	Pb	s	0	0	65
Blei(II)-Ionen	Pb^{2+}	aq	−2	−24	10
Blei(II)-bromid	PbBr$_2$	s	−277	−261	161
Blei(II)-chlorid	PbCl$_2$	s	−359	−314	136
Blei(II)-nitrat	Pb(NO$_3$)$_2$	s	−456		
Blei(II)-oxid (rot)	PbO	s	−219	−189	66
Blei(II)-sulfat	PbSO$_4$	s	−923	−816	148
Blei(II)-sulfid	PbS	s	−99	−97	91
Brom	Br$_2$	g	31	3	245
Brom	Br$_2$	l	0	0	152
Brom-Atome	Br	g	112	82	175
Bromid-Ionen	Br$^-$	aq	−122	−104	82
Bromwasserstoff	HBr	g	−36	−53	199
Bromwasserstoffsäure	HBr	aq	−122	−104	82
Calcium-Ionen	Ca^{2+}	aq	−543	−554	−53
Calciumcarbid	CaC$_2$	s	−60	−65	70
Calciumcarbonat	CaCO$_3$	s	−1207	−1129	93
Calciumchlorid	CaCl$_2$	s	−796	−748	105
Calciumchlorid-6-Wasser	CaCl$_2$ · 6 H$_2$O	s	−2609		
Calciumhydroxid	Ca(OH)$_2$	s	−986	−898	83
Calciumoxid	CaO	s	−635	−604	38
Calciumphosphat	Ca$_3$(PO$_4$)$_2$	s	−4121	−3885	236
Calciumsulfat	CaSO$_4$	s	−1434	−1322	107
Calciumsulfat-1/2-Wasser	CaSO$_4$ · 1/2 H$_2$O	s	−1577	−1437	130
Calciumsulfat-2-Wasser	CaSO$_4$ · 2 H$_2$O	s	−2023	−1797	194
Carbonat-Ionen	CO$_3^{2-}$	aq	−677	−528	−57
Chlor	Cl$_2$	g	0	0	223
Chlor-Atome	Cl	g	121	105	165
Chlorid-Ionen	Cl$^-$	aq	−167	−131	56
Chlorwasserstoff	HCl	g	−92	−95	187
Chlorwasserstoffsäure (Salzsäure)	HCl	aq	−167	−131	56

Name	Symbol/ Formel	Aggregat- zustand	$\Delta_B H_m^\ominus$ in kJ · mol⁻¹	$\Delta_B G_m^\ominus$ in kJ · mol⁻¹	$S_m^\ominus$ in J · K⁻¹ · mol⁻¹
Dihydrogenphosphat-Ionen	$H_2PO_4^-$	aq	−1296	−1135	90
Distickstoffmonooxid	N_2O	g	82	104	220
Distickstoffpentaoxid	N_2O_5	g	11	118	347
Distickstofftetraoxid	N_2O_4	g	9	98	304
Distickstofftrioxid	N_2O_3	g	83	140	307
Eisen	Fe	s	0	0	27
Eisen(II)-Ionen	Fe^{2+}	aq	−89	−79	−138
Eisen(III)-Ionen	Fe^{3+}	aq	−49	−5	−316
Eisen(III)-chlorid	$FeCl_3$	s	−399	−334	142
Eisen(II)-oxid	FeO	s	−272	−251	61
Eisen(III)-oxid (Hämatit)	Fe_2O_3	s	−824	−742	87
Eisen(II, III)-oxid	Fe_3O_4	s	−1118	−1015	146
Eisen(II)-sulfid	FeS	s	−102	−102	60
Eisen(II)-sulfid (Pyrit)	FeS_2	s	−172	−160	53
Fluor	F_2	g	0	0	203
Fluor-Atome	F	g	79	62	159
Fluorid-Ionen	F^-	aq	−333	−279	−14
Fluorwasserstoff	HF	g	−273	−275	174
Hydrogencarbonat-Ionen	HCO_3^-	aq	−692	−587	91
Hydrogenphosphat-Ionen	HPO_4^{2-}	aq	−1292	−1089	−34
Hydrogensulfat-Ionen	HSO_4^-	aq	−886	−753	127
Hydrogensulfid-Ionen	HS^-	aq	−18		61
Hydrogensulfit-Ionen	HSO_3^-	aq	−628		132
Hydronium-Ionen	H_3O^+	aq	−286	−237	70
Hydroxid-Ionen	OH^-	aq	−230	−157	−11
Iod	I_2	g	62	19	261
Iod	I_2	s	0	0	116
Iod-Atome	I	g	107	70	181
Iodid-Ionen	I^-	aq	−55	−52	111
Iodwasserstoff	HI	g	26	2	207
Kalium	K	s	0	0	65
Kalium-Atome	K	g	89	60	160
Kalium-Ionen	K^+	aq	−252	−283	102
Kaliumbromid	KBr	s	−394	−380	96
Kaliumcarbonat	K_2CO_3	s	−1150	−1065	156
Kaliumchlorat	$KClO_3$	s	−391	−290	143
Kaliumchlorid	KCl	s	−437	−409	83
Kaliumdichromat	$K_2Cr_2O_7$	s	−2033		
Kaliumhydroxid	KOH	s	−425	−379	79
Kaliumhyperoxid	K_2O_4	s	−569	−481	245
Kaliumiodid	KI	s	−328	−323	106
Kaliumnitrat	KNO_3	s	−495	−395	133
Kaliumoxid	K_2O	s	−361	−323	102
Kaliumpermanganat	$KMnO_4$	s	−813	−714	172
Kaliumperoxid	K_2O_2	s	−495	−428	110
Kaliumsulfat	K_2SO_4	s	−1438	−1320	176
Kohlenstoff (Diamant)	C	s	2	3	2
Kohlenstoff (Graphit)	C	s	0	0	6
Kohlenstoff-Atome	C	g	717	671	158
Kohlenstoffdioxid	CO_2	g	−394	−394	214
Kohlenstoffdisulfid	CS_2	g	117	67	238
Kohlenstoffdisulfid	CS_2	l	90	65	151
Kohlenstoffmonooxid	CO	g	−111	−137	198
Kupfer	Cu	s	0	0	33
Kupfer-Atome	Cu	g	338	298	166
Kupfer(I)-Ionen	Cu^+	aq	72	50	41
Kupfer(II)-Ionen	Cu^{2+}	aq	65	66	−100

Name	Symbol/ Formel	Aggregat- zustand	$\Delta_B H_m^{\ominus}$ in kJ·mol^{-1}	$\Delta_B G_m^{\ominus}$ in kJ·mol^{-1}	$S_m^{\ominus}$ in J·K^{-1}·mol^{-1}
Kupfer(II)-chlorid	$CuCl_2$	s	−218	−174	108
Kupfer(I)-oxid	Cu_2O	s	−171	−148	92
Kupfer(II)-oxid	CuO	s	−156	−128	43
Kupfer(II)-sulfat	$CuSO_4$	s	−771	−662	109
Kupfer(II)-sulfat-5-Wasser	$CuSO_4 \cdot 5\,H_2O$	s	−2280	−1880	300
Kupfer(I)-sulfid	Cu_2S	s	−81	−86	116
Kupfer(II)-sulfid	CuS	s	−53	−53	66
Lithium	Li	s	0	0	29
Lithium-Ionen	Li^+	aq	−279	−293	−13
Lithiumoxid	Li_2O	s	−599	−562	38
Lithiumperoxid	Li_2O_2	s	−633	−571	56
Magnesium	Mg	s	0	0	33
Magnesium-Atome	Mg	g	146	112	149
Magnesium-Ionen	Mg^{2+}	aq	−467	−455	−138
Magnesiumcarbonat	$MgCO_3$	s	−1096	−1012	66
Magnesiumchlorid	$MgCl_2$	s	−642	−592	90
Magnesiumhydroxid	$Mg(OH)_2$	s	−925	−834	63
Magnesiumoxid	MgO	s	−601	−569	27
Magnesiumsulfat	$MgSO_4$	s	−1285	−1171	92
Magnesiumsulfat-7-Wasser	$MgSO_4 \cdot 7\,H_2O$	s	−3388	−2872	372
Mangan(II)-chlorid	$MnCl_2$	s	−481	−440	118
Mangan(II)-Ionen	Mn^{2+}	aq	−221	−228	−74
Mangan(II)-oxid	MnO	s	−385	−363	60
Mangan(IV)-oxid	MnO_2	s	−520	−465	53
Mangan(II)-sulfat	$MnSO_4$	s	−1065	−957	112
Natrium	Na	s	0	0	51
Natrium-Atome	Na	g	107	77	154
Natrium-Ionen	Na^+	g	611	573	148
Natrium-Ionen	Na^+	aq	−240	−262	59
Natriumbromid	$NaBr$	s	−361	−349	87
Natriumcarbonat	Na_2CO_3	s	−1131	−1048	139
Natriumcarbonat-10-Wasser	$Na_2CO_3 \cdot 10\,H_2O$	s	−4085		
Natriumchlorid	$NaCl$	g	−181	−201	230
Natriumchlorid	$NaCl$	s	−411	−384	72
Natriumfluorid	NaF	s	−575	−545	51
Natriumhydrogencarbonat	$NaHCO_3$	s	−951	−853	102
Natriumhydroxid	$NaOH$	s	−426	−380	64
Natriumiodid	NaI	s	−288	−285	98
Natriumnitrat	$NaNO_3$	s	−468	−367	116
Natriumoxid	Na_2O	s	−418	−379	75
Natriumperoxid	Na_2O_2	s	−513	−450	95
Natriumsulfat	Na_2SO_4	s	−1388	−1270	150
Natriumsulfat-10-Wasser	$Na_2SO_4 \cdot 10\,H_2O$	s	−4324	−3644	593
Nickel(II)-Ionen	Ni^{2+}	aq	−54	−46	−129
Nitrat-Ionen	NO_3^-	aq	−205	−109	146
Ozon	O_3	g	143	164	239
Permanganat-Ionen	MnO_4^-	aq	−541	−447	191
Phosphat-Ionen	PO_4^{3-}	aq	−1277	−1019	−222
Phosphor (weiß)	P	s	0	0	41
Phosphor (rot)	P	s	−17	−12	23
Phosphor	P_4	g	59	24,5	280
Phosphor(V)-oxid (dimer)	P_4O_{10}	s	−3010	−2723	229
Phosphorsäure	H_3PO_4	s	−1279	−1119	110

Name	Symbol/ Formel	Aggregat- zustand	$\Delta_B H_m^\ominus$ in $kJ \cdot mol^{-1}$	$\Delta_B G_m^\ominus$ in $kJ \cdot mol^{-1}$	$S_m^\ominus$ in $J \cdot K^{-1} \cdot mol^{-1}$
Quecksilber(II)-chlorid	$HgCl_2$	s	−230	−184	144
Quecksilber(II)-oxid (rot)	HgO	s	−91	−59	70
Salpetersäure	HNO_3	g	−134	−74	266
Salpetersäure	HNO_3	l	−174	−81	156
Sauerstoff	O_2	g	0	0	205
Sauerstoff-Atome	O	g	249	232	161
Schwefel (rhombisch)	S	s	0	0	32
Schwefel (monoklin)	S	s	0,4	0,1	33
Schwefel	S_8	g	100	49	430
Schwefeldioxid	SO_2	g	−297	−300	248
Schwefelsäure	H_2SO_4	l	−814	−690	157
Schwefeltrioxid	SO_3	g	−396	−371	257
Schwefelwasserstoff	H_2S	g	−21	−33	206
Sulfat-Ionen	SO_4^{2-}	aq	−909	−744	20
Sulfid-Ionen	S^{2-}	aq	33	86	−15
Sulfit-Ionen	SO_3^{2-}	aq	−625		44
Silber	Ag	s	0	0	43
Silber-Atome	Ag	g	284	245	173
Silber-Ionen	Ag^+	aq	106	77	73
Silberbromid	$AgBr$	s	−101	−97	107
Silbercarbonat	Ag_2CO_3	s	−506	−437	167
Silberchlorid	$AgCl$	s	−127	−110	96
Silberfluorid	AgF	s	−205	−187	84
Silberiodid	AgI	s	−62	−66	115
Silbernitrat	$AgNO_3$	s	−124	−33	141
Silberoxid	Ag_2O	s	−31	−11	121
Silbersulfid	Ag_2S	s	−33	−41	144
Siliciumdioxid (Quarz)	SiO_2	s	−911	−856	41
Stickstoff	N_2	g	0	0	192
Stickstoff-Atome	N	g	473	456	153
Stickstoffdioxid	NO_2	g	33	51	240
Stickstoffmonooxid	NO	g	90	87	211
Thiosulfat-Ionen	$S_2O_3^{2-}$	aq	−645		121
Tetraamminkupfer(II)-Ionen	$[Cu(NH_3)_4]^{2+}$	aq	334	−256	807
Wasser	H_2O	g	−242	−229	189
Wasser	H_2O	l	−286	−237	70
Wasserstoff	H_2	g	0	0	131
Wasserstoff-Atome	H	g	218	203	115
Wasserstoff-Ionen	H^+	aq	0	0	0
Wasserstoffperoxid	H_2O_2	l	−188	−120	110
Zink	Zn	s	0	0	42
Zink-Atome	Zn	g	130	95	161
Zink-Ionen	Zn^{2+}	aq	−154	−147	−112
Zinkbromid	$ZnBr_2$	s	−330	−312	136
Zinkchlorid	$ZnCl_2$	s	−415	−369	111
Zinkiodid	ZnI_2	s	−208	−209	161
Zinkoxid	ZnO	s	−350	−320	44
Zinksulfat	$ZnSO_4$	s	−983	−871	110
Zinksulfid (Zinkblende)	ZnS	s	−205	−200	58
Zinn-Ionen	Sn^{2+}	aq	−545	−557	−39
Zinn(II)-chlorid	$SnCl_2$	s	−328	−286	134
Zinn(IV)-chlorid	$SnCl_4$	l	−511	−440	259
Zinn(IV)-oxid	SnO_2	s	−581	−520	52

Molare Standardgrößen

Tabellierungsbedingungen für molare Standardgrößen: 25 °C (298 K) und 101,325 kPa
$\Delta_B H_m^{\ominus}$: molare Standardbildungsenthalpie; $\Delta_B G_m^{\ominus}$: molare freie Standardbildungsenthalpie;
$S_m^{\ominus}$: molare Standardentropie: $\Delta_V H_m^{\ominus}$ molare Standardverbrennungsenthalpie
Aggregatzustand: s = fest; l = flüssig; g = gasförmig; aq = in wässriger Lösung bei c = 1 mol · l^{-1}

Organische Verbindungen

Name	Formel	Aggregat-zustand	$\Delta_B H_m^{\ominus}$ in kJ · mol^{-1}	$\Delta_B G_m^{\ominus}$ in kJ · mol^{-1}	$S_m^{\ominus}$ in J · K^{-1} · mol^{-1}	$\Delta_V H_m^{\ominus}$ in kJ · mol^{-1}
Aminobenzol (Anilin)	$C_6H_5NH_2$	l	31	148	192	
Acetat-Ionen	CH_3COO^-	aq	−486	−368	86	
Benzoesäure	C_6H_5COOH	s	−385	−245	167	−3221
Benzol	⬡	g	83	130	269	−3265 (l)
Benzol		l	49	125	173	
Brommethan	CH_3Br	g	−36	−27	246	
1,3-Butadien	$CH_2=CHCH=CH_2$	g	110	151	279	
Butan	$CH_3(CH_2)_2CH_3$	g	−126	−17	310	−2874
1-Buten	C_4H_8	g	0	71	306	−271,5
Campher	$C_{10}H_{16}O$	s				−5910
Chlormethan	CH_3Cl	g	−86	−63	235	
Cyclohexan	C_6H_{12}	g	−123	32	298	−3916 (l)
Cyclohexan	C_6H_{12}	l	−156	27	204	
Essigsäureethylester	$CH_3COOC_2H_5$	l	−479	−333	259	
Ethan	C_2H_6	g	−85	−33	230	−1557
Ethanal (Acetaldehyd)	CH_3CHO	g	−166	−133	264	−1191
Ethanol	C_2H_5OH	l	−277	−174	161	−1364
Ethansäure(Essigsäure)	CH_3COOH	l	−484	−389	160	−872
Ethen	C_2H_4	g	+52	68	219	−1409
Ethin	C_2H_2	g	227	209	201	−1299
Ethylenglykol (Glykol)	$HO-CH_2-CH_2-OH$	l	−454	−327	179	
Fluormethan	CH_3F	g	−234	−210	223	
Formiat-Ionen	$HCOO^-$	aq	−426	−351	92	
α-D-Glucose	$C_6H_{12}O_6$	s	−1274	−910	212	−2820
Glycerin	$C_3H_5(OH)_3$	l	−666	−480	205	−1650
Glycin	NH_2CH_2COOH	s	−529	−369	104	
Harnstoff	$CO(NH_2)_2$	s	−333	−197	105	
Heptan	C_7H_{16}	l	−224	1	329	
Heptan	C_7H_{16}	g	−188	8	428	
Hexan	C_6H_{14}	l	−199	−4	296	−4158
Hexan	C_6H_{14}	g	−167	0	389	
Methan	CH_4	g	−75	−51	186	−889
Methanal (Formaldehyd)	$HCHO$	g	−116	−110	219	−563
Methanol	CH_3OH	g	−201	−162	240	−725 (l)
Methanol	CH_3OH	l	−239	−166	127	
Methansäure (Ameisensäure)	$HCOOH$	l	−425	−361	129	−270
Methansäure (Ameisensäure)	$HCOOH$	aq	−426	−351	92	
Methylbenzol (Toluol)	⬡$-CH_3$	l	12	114	221	−3907
Nitrobenzol	⬡$-NO_2$	l	16	146	224	
Nonan	C_9H_{20}	g	−229	25	506	−6118
Nonan	C_9H_{20}	l	−275	12	394	
Octan	C_8H_{18}	g	−208	17	467	
Octan	C_8H_{18}	l	−250	7	361	−5464
Palmitinsäure	$C_{15}H_{31}COOH$	s	−903	−315	476	

Name	Formel	Aggregat-zustand	$\Delta_B H_m^{\ominus}$ in $kJ \cdot mol^{-1}$	$\Delta_B G_m^{\ominus}$ in $kJ \cdot mol^{-1}$	$S_m^{\ominus}$ in $J \cdot K^{-1} \cdot mol^{-1}$	$\Delta_V H_m^{\ominus}$ in $kJ \cdot mol^{-1}$
Pentan	C_5H_{12}	g	−146	−8	349	
Pentan	C_5H_{12}	l	−173	−9	263	−3509
Phenol	⬡–OH	s	−165	−50	144	−3050
Propan	C_3H_8	g	−104	−23	270	−2217
Propanal	CH_3CH_2CHO	g	−192	−131	305	−1815 (l)
1-Propanol	C_3H_7OH	g	−258	−163	325	−2016 (l)
2-Propanol	C_3H_7OH	g	−272	−173	310	−2003
2-Propanol	C_3H_7OH	l	−318	−180	180	
Propanon (Aceton)	CH_3COCH_3	l	−248	−155	200	−1785
Propen	$CH_3CH{=}CH_2$	g	20	63	267	−2056
Propin	$CH_3C{\equiv}CH$	g	185	194	248	−1936
Saccharose	$C_{12}H_{22}O_{11}$	s	−2222	−1544	360	−5650
Stearinsäure	$C_{17}H_{35}COOH$	s	−949			−11298
Tetrabrommethan	CBr_4	g	50	36	358	
Tetrachlormethan	CCl_4	l	−133	−63	216	
Tetrachlormethan	CCl_4	g	−100	−58	310	
Trichlormethan (Chloroform)	$CHCl_3$	g	−101	−68	296	
Trichlormethan (Chloroform)	$CHCl_3$	l	−132	−71	203	
Triiodmethan (Iodoform)	CHI_3	g	220	187	356	

Griechische Zahlwörter in der chemischen Nomenklatur

Ziffer	Zahlwort	Ziffer	Zahlwort	Ziffer	Zahlwort
1/2	hemi	7	hepta	14	tetradeca
1	mono	8	octa	15	pentadeca
2	di, bis	9	nona	16	hexadeca
3	tri	10	deca	17	heptadeca
4	tetra	11	undeca	18	octadeca
5	penta	12	dodeca	19	enneadeca
6	hexa	13	trideca	20	eicosa

Namen und allgemeine Formeln von organischen Verbindungen

Kohlenwasserstoffe			Verbindungen mit funktionellen Gruppen im Molekül R, R': Kohlenwasserstoffreste	
Name	Allgemeine Formel	Strukturmerkmal	Name	Allgemeine Formel
Alkane	C_nH_{2n+2}	$-\overset{\mid}{\underset{\mid}{C}}-\overset{\mid}{\underset{\mid}{C}}-$	Alkohole	R–OH
			Aldehyde	R–C⟨=O, H
Alkene	C_nH_{2n}	$\rangle C=C\langle$	Ether	R–O–R'
			Ketone	R–C(=O)–R'
Alkine	C_nH_{2n-2}	$-C{\equiv}C-$		
Diene	C_nH_{2n-2}	$\rangle C=C-\overset{\mid}{C}=C\langle$	Carbonsäuren	R–C⟨=O, OH
Cycloalkane	C_nH_{2n}	(Ringstruktur)	Ester	R–C⟨=O, O–R'
			Amine	R–NH$_2$
			Nitrile	R–C≡N
			Sulfonsäuren	R–SO$_3$H

Bindungsenthalpien bei 25 °C und Bindungslängen

Bindung	Bindungsenthalpie in $kJ \cdot mol^{-1}$	Bindungslänge in pm	Bindung	Bindungsenthalpie in $kJ \cdot mol^{-1}$	Bindungslänge in pm	Bindung	Bindungsenthalpie in $kJ \cdot mol^{-1}$	Bindungslänge in pm
H–H	436	74	H–F	567	92	C–H	413	108
F–F	159	142	H–Cl	431	128	C–F	489	136
Cl–Cl	242	199	H–Br	366	141	C–Cl	339	177
Br–Br	193	228	H–I	298	160	C–Br	285	194
I–I	151	267	H–O	463	97	C–I	218	214
C–C	348	154	H–S	367	134	C–N	305	147
C=C	614	134	H–N	391	101	C≡N	891	116
C≡C	839	120	H–Si	318	148	C–O	358	143
N≡N	945	110	Si–Si	176	232	C=O	745	122
O=O	498	121	S–S	255	205	C=S	536	189

Molare Gitterenthalpie $\Delta_G H_m$ von Ionensubstanzen bei 25 °C

Verbindung	$\Delta_G H_m$ in $kJ \cdot mol^{-1}$	Verbindung	$\Delta_G H_m$ in $kJ \cdot mol^{-1}$	Verbindung	$\Delta_G H_m$ in $kJ \cdot mol^{-1}$	Verbindung	$\Delta_G H_m$ in $kJ \cdot mol^{-1}$
LiF	−1039	NaCl	−780	CaF_2	−2617	MgO	−3929
LiCl	−850	KCl	−710	$CaCl_2$	−2231	CaO	−3477
LiBr	−802	RbCl	−686	$CaBr_2$	−2134	SrO	−3205
LiI	−742	CsCl	−651	CaI_2	−2043	BaO	−3042

Molare Hydratationsenthalpie $\Delta_H H_m$ einiger Ionen bei 25 °C

Ion	$\Delta_H H_m$ in $kJ \cdot mol^{-1}$	Ion	$\Delta_H H_m$ in $kJ \cdot mol^{-1}$	Ion	$\Delta_H H_m$ in $kJ \cdot mol^{-1}$	Ion	$\Delta_H H_m$ in $kJ \cdot mol^{-1}$
H_3O^+	−1085	Be^{2+}	−2500	OH^-	−365
Li^+	−510	Mg^{2+}	−1910	F^-	−510
Na^+	−400	Ca^{2+}	−1580	Cl^-	−380
K^+	−325	Sr^{2+}	−1430	Br^-	−340
Rb^+	−300	Ba^{2+}	−1290	I^-	−300
Cs^+	−270	Al^{3+}	−4610	NO_3^-	−256

Umschlagsbereiche für Säure-Base-Indikatoren

Indikator	pH-Wert-Bereich des Farbumschlages	Farbe des Indikators	
		unterer pH-Wert	oberer pH-Wert
Thymolblau 1. Stufe	1,2 … 2,8	rot	gelb
Methylgelb	2,4 … 4,0	rot	gelb
Methylorange	3,0 … 4,4	rot	gelborange
Methylrot	4,4 … 6,2	rosa	gelb
Lackmus	5,0 … 8,0	rot	blau
Bromthymolblau	6,0 … 7,6	gelb	blau
Thymolblau 2. Stufe	8,0 … 9,6	gelb	blau
Phenolphthalein	8,3 … 10,0	farblos	rot
Alizaringelb	10,1 … 12	gelb	orangebraun

pH-Werte von Lösungen

pH-Wert	0 1 2	3 4 5 6	7	8 9 10	11 12 13 14
Eigenschaft der Lösung	stark sauer	schwach sauer	neutral	schwach alkalisch	stark alkalisch
Stoffmengenkonzentration von Hydronium-Ionen und Hydroxid-Ionen	$c(H_3O^+) > c(OH^-)$		$c(H_3O^+) = c(OH^-)$	$c(H_3O^+) < c(OH^-)$	

Massenanteil und Dichte von sauren und alkalischen Lösungen

Lösung	Verdünnte Lösung * gesättigte Lösung bei 20 °C			Konzentrierte Lösung		
	Massen-anteil in %	Dichte bei 20 °C in g · cm^{-3}	Stoffmengen-konzentration in mol · l^{-1}	Massen-anteil in %	Dichte bei 20 °C in g · cm^{-3}	Stoffmengen-konzentration in mol · l^{-1}
Salzsäure	7	1,033	2	37	1,18	12
Schwefelsäure	9	1,059	1	96	1,83	17,97
Salpetersäure	12	1,066	2	65	1,39	14,35
Phosphorsäure	10	1,05	1,1	85	1,71	14,65
Essigsäure	12	1,015	2,1	98	1,05	17,22
Natronlauge	8	1,087	2,2	32	1,35	11,21
Kalilauge	11	1,1	2,2	27	1,26	6,12
Kalkwasser	0,12*	1,001*	0,017*			
Barytwasser	1,8*	1,04*	0,11*			
Ammoniaklösung	3	0,981	1,7	25	0,91	13,35

Einteilung des Wassers nach Härtebereichen

Wasserhärte in °d	0 … 7	7 … 14	14 … 21	> 21
Härtebereich	1 = weich	2 = mittel	3 = hart	4 = sehr hart
Bedeutung	1 °d $\cong \beta(CaO) = 10$ mg · l^{-1}		1 °d $\cong c(Ca^{2+}) = 0,178$ mmol · l^{-1}	

Komplexzerfallskonstanten (Dissoziationskonstanten) bei 25 °C

Gleichgewicht	Komplexzerfallskonstante K_D	$pK_0 = -\lg \{K_D\}$
$[Ag(CN)_2]^- \rightleftharpoons Ag^+ + 2\,CN^-$	$1,0 \cdot 10^{-20}$ mol^2 · l^{-2}	20
$[Ag(NH_3)_2]^+ \rightleftharpoons Ag^+ + 2\,NH_3$	$6,0 \cdot 10^{-8}$ mol^2 · l^{-2}	7,2
$[Ag(S_2O_3)_2]^{3-} \rightleftharpoons Ag^+ + 2\,S_2O_3^{2-}$	$5,0 \cdot 10^{-14}$ mol^2 · l^{-2}	13,3
$[AlF_6]^{3-} \rightleftharpoons Al^{3+} + 6\,F^-$	$1,4 \cdot 10^{-20}$ mol^6 · l^{-6}	19,9
$[Co(NH_3)_6]^{2+} \rightleftharpoons Co^{2+} + 6\,NH_3$	$1,3 \cdot 10^{-5}$ mol^6 · l^{-6}	4,9
$[Co(NH_3)_6]^{3+} \rightleftharpoons Co^{3+} + 6\,NH_3$	$2,2 \cdot 10^{-34}$ mol^6 · l^{-6}	33,7
$[Cu(NH_3)_4]^{2+} \rightleftharpoons Cu^{2+} + 4\,NH_3$	$4,7 \cdot 10^{-15}$ mol^4 · l^{-4}	14,3
$[Fe(CN)_6]^{4-} \rightleftharpoons Fe^{2+} + 6\,CN^-$	$1,0 \cdot 10^{-35}$ mol^6 · l^{-6}	35

Säurekonstanten K_S und Basekonstanten K_B bei 22 °C

Säure-stärke	K_S in mol · l^{-1}	pK_S	Formel der Säure	Formel der korrespon-dierenden Base	pK_B	K_B in mol · l^{-1}	Base-stärke
	$1,0 \cdot 10^{11}$	-11	HI	I$^-$	25	$1,0 \cdot 10^{-25}$	
	$1,0 \cdot 10^{10}$	-10	HClO$_4$	ClO$_4^-$	24	$1,0 \cdot 10^{-24}$	
	$1,0 \cdot 10^{9}$	-9	HBr	Br$^-$	23	$1,0 \cdot 10^{-23}$	
	$1,0 \cdot 10^{7}$	-7	HCl	Cl$^-$	21	$1,0 \cdot 10^{-21}$	
	$1,0 \cdot 10^{3}$	-3	H$_2$SO$_4$	HSO$_4^-$	17	$1,0 \cdot 10^{-17}$	
	55,5	$-1,74$	H$_3$O$^+$	H$_2$O	15,74	$1,8 \cdot 10^{-16}$	
	$2,1 \cdot 10^{1}$	$-1,32$	HNO$_3$	NO$_3^-$	15,32	$4,8 \cdot 10^{-16}$	
	$6,6 \cdot 10^{-1}$	0,18	[(NH$_2$)CO(NH$_3$)]$^+$	CO(NH$_2$)$_2$	13,82	$1,5 \cdot 10^{-14}$	
	$5,6 \cdot 10^{-2}$	1,25	HOOC$-$COOH	HOOC$-$COO$^-$	12,75	$1,77 \cdot 10^{-13}$	
	$1,5 \cdot 10^{-2}$	1,81	H$_2$SO$_3$	HSO$_3^-$	12,19	$6,5 \cdot 10^{-13}$	
	$1,2 \cdot 10^{-2}$	1,92	HSO$_4^-$	SO$_4^{2-}$	12,08	$8,3 \cdot 10^{-13}$	
	$7,5 \cdot 10^{-3}$	2,12	H$_3$PO$_4$	H$_2$PO$_4^-$	11,88	$1,3 \cdot 10^{-12}$	
	$6,0 \cdot 10^{-3}$	2,22	[Fe(H$_2$O)$_6$]$^{3+}$	[Fe(OH)(H$_2$O)$_5$]$^{2+}$	11,78	$1,7 \cdot 10^{-12}$	
	$7,2 \cdot 10^{-4}$	3,14	HF	F$^-$	10,86	$1,4 \cdot 10^{-11}$	
	$4,5 \cdot 10^{-4}$	3,35	HNO$_2$	NO$_2^-$	10,65	$2,2 \cdot 10^{-11}$	
	$1,8 \cdot 10^{-4}$	3,75	HCOOH	HCOO$^-$	10,25	$5,6 \cdot 10^{-11}$	
	$2,6 \cdot 10^{-5}$	4,58	C$_6$H$_5$NH$_3^+$	C$_6$H$_5$NH$_2$	9,42	$3,8 \cdot 10^{-10}$	
	$1,8 \cdot 10^{-5}$	4,75	CH$_3$COOH	CH$_3$COO$^-$	9,25	$5,6 \cdot 10^{-10}$	
	$1,4 \cdot 10^{-5}$	4,85	[Al(H$_2$O)$_6$]$^{3+}$	[Al(OH)(H$_2$O)$_5$]$^{2+}$	9,15	$7,1 \cdot 10^{-10}$	
	$3,0 \cdot 10^{-7}$	6,52	H$_2$CO$_3$	HCO$_3^-$	7,48	$3,3 \cdot 10^{-8}$	
	$1,2 \cdot 10^{-7}$	6,92	H$_2$S	HS$^-$	7,08	$8,3 \cdot 10^{-8}$	
	$9,1 \cdot 10^{-8}$	7,04	HSO$_3^-$	SO$_3^{2-}$	6,96	$1,1 \cdot 10^{-7}$	
	$6,2 \cdot 10^{-8}$	7,20	H$_2$PO$_4^-$	HPO$_4^{2-}$	6,80	$1,6 \cdot 10^{-7}$	
	$5,6 \cdot 10^{-10}$	9,25	NH$_4^+$	NH$_3$	4,75	$1,8 \cdot 10^{-5}$	
	$4,0 \cdot 10^{-10}$	9,40	HCN	CN$^-$	4,60	$2,5 \cdot 10^{-5}$	
	$2,5 \cdot 10^{-10}$	9,60	[Zn(H$_2$O)$_6$]$^{2+}$	[Zn(OH)(H$_2$O)$_5$]$^+$	4,40	$4,0 \cdot 10^{-5}$	
	$1,3 \cdot 10^{-10}$	9,89	C$_6$H$_5$OH	C$_6$H$_5$O$^-$	4,11	$7,8 \cdot 10^{-5}$	
	$4,0 \cdot 10^{-11}$	10,40	HCO$_3^-$	CO$_3^{2-}$	3,60	$2,5 \cdot 10^{-4}$	
	$4,4 \cdot 10^{-13}$	12,36	HPO$_4^{2-}$	PO$_4^{3-}$	1,64	$2,3 \cdot 10^{-2}$	
	$1,0 \cdot 10^{-13}$	13,00	HS$^-$	S^{2-}	1,00	$1,0 \cdot 10^{-1}$	
	$1,8 \cdot 10^{-16}$	15,74	H$_2$O	OH$^-$	$-1,74$	55,5	
	$1,0 \cdot 10^{-23}$	23	NH$_3$	NH$_2^-$	-9	$1,0 \cdot 10^{9}$	
	$1,0 \cdot 10^{-24}$	24	OH$^-$	O^{2-}	-10	$1,0 \cdot 10^{10}$	

Kryoskopische und ebullioskopische Konstanten k_G und k_S von Lösemitteln

Lösemittel	Schmelztemperatur ϑ_S in °C	k_G in K · kg · mol^{-1}	Siedetemperatur ϑ_V in °C	k_S in K · kg · mol^{-1}
Wasser	0	1,86	100	0,515
Benzol	5,5	5,12	80,1	2,53
Cyclohexan	6,5	20,2	80,8	2,79
Campher	179,5	40,4		
Essigsäure	16,6	3,9	118,1	3,07
Ethanol	$-114,2$	7,3	78,8	1,20

Löslichkeit einiger Salze in Wasser

Angabe in den weißen Feldern:
100 g Wasser lösen a g Salz bis zur Sättigung bei 101,3 kPa und 20 °C.

Ionen	Cl^-	Br^-	I^-	NO_3^-	S^{2-}	SO_4^{2-}	CO_3^{2-}	PO_4^{3-}
Na^+	36	91	179	88	19	19	22	12
K^+	34	66	144	32	–	11	112	23
NH_4^+	37	74	172	188	–	75	100	20
Mg^{2+}	54	102	148	71	–	36	$2 \cdot 10^{-1}$	–
Ca^{2+}	75	142	204	127	–	$2 \cdot 10^{-1}$	$2 \cdot 10^{-3}$	$2 \cdot 10^{-2}$
Ba^{2+}	36	104	170	9	–	$3 \cdot 10^{-4}$	$2 \cdot 10^{-3}$	–
Cu^{2+}	77	122	–	122	$3 \cdot 10^{-3}$	21	–	–
Ag^+	$2 \cdot 10^{-4}$	$1 \cdot 10^{-5}$	$3 \cdot 10^{-7}$	218	$1 \cdot 10^{-5}$	$8 \cdot 10^{-1}$	$3 \cdot 10^{-3}$	–
Zn^{2+}	367	447	432	118	–	54	$2 \cdot 10^{-2}$	–
Pb^{2+}	1	$9 \cdot 10^{-1}$	$7 \cdot 10^{-2}$	52	$9 \cdot 10^{-5}$	$4 \cdot 10^{-3}$	$1 \cdot 10^{-4}$	$1 \cdot 10^{-7}$
Fe^{2+}	62	–	–	–	$6 \cdot 10^{-4}$	27	–	–
Al^{3+}	46	–	–	75	–	36	–	–

Löslichkeit einiger Gase in Wasser

Die Löslichkeit wird in g Gas je kg Wasser bei 101,3 kPa angegeben.

Gas		Temperatur in °C					
Name	Chemisches Zeichen	0	20	25	40	60	80
Helium	He	0,0017	0,0015	0,0015	0,0014	0,0013	
Argon	Ar	0,099	0,059	0,053	0,042	0,030	
Wasserstoff	H_2	0,0019	0,0016	0,0015	0,0014	0,0012	0,0008
Stickstoff	N_2	0,0294	0,0190	0,0175	0,0139	0,0105	0,0066
Sauerstoff	O_2	0,0694	0,0434	0,0393	0,0308	0,0227	0,0138
Chlor	Cl_2	5,0	7,25	6,41	4,59	3,30	2,23
Ammoniak	NH_3	897	529	480	316	168	65
Schwefelwasserstoff	H_2S	7,07	3,85	3,38	2,36	1,48	0,77
Schwefeldioxid	SO_2	228	113	94,1	54,1		
Kohlenstoffmonooxid	CO	0,0440	0,0284	0,0260	0,0208	0,0152	0,0098
Kohlenstoffdioxid	CO_2	3,35	1,69	1,45	0,973	0,576	
Methan	CH_4	0,0396	0,0232	0,0209	0,0159	0,0114	0,0070
Ethan	C_2H_6	0,132	0,062	0,0535	0,0366	0,0239	0,0134
Ethen	C_2H_4	0,281	0,149	0,131			

Löslichkeitsprodukte bei 25 °C

Name des Stoffes	Formel	Löslichkeitsprodukt K_L		Löslichkeits-exponent pK_L
		Zahlenwert	Einheit	
Aluminiumhydroxid	$Al(OH)_3$	$1{,}0 \cdot 10^{-33}$	$mol^4 \cdot l^{-4}$	33,0
Bariumcarbonat	$BaCO_3$	$8{,}1 \cdot 10^{-9}$	$mol^2 \cdot l^{-2}$	8,1
Bariumhydroxid	$Ba(OH)_2$	$4{,}3 \cdot 10^{-3}$	$mol^3 \cdot l^{-3}$	2,4
Bariumphosphat	$Ba_3(PO_4)_2$	$6{,}0 \cdot 10^{-38}$	$mol^5 \cdot l^{-5}$	37,2
Bariumsulfat	$BaSO_4$	$1{,}0 \cdot 10^{-10}$	$mol^2 \cdot l^{-2}$	10,0
Bismut(III)-sulfid	Bi_2S_3	$1{,}6 \cdot 10^{-72}$	$mol^5 \cdot l^{-5}$	71,8
Blei(II)-carbonat	$PbCO_3$	$3{,}3 \cdot 10^{-14}$	$mol^2 \cdot l^{-2}$	13,5
Blei(II)-chlorid	$PbCl_2$	$2{,}0 \cdot 10^{-5}$	$mol^3 \cdot l^{-3}$	4,7
Bleihydroxid	$Pb(OH)_2$	$2{,}8 \cdot 10^{-16}$	$mol^3 \cdot l^{-3}$	15,55
Blei(II)-iodid	PbI_2	$8{,}7 \cdot 10^{-9}$	$mol^3 \cdot l^{-3}$	8,1
Blei(II)-sulfid	PbS	$3{,}4 \cdot 10^{-28}$	$mol^2 \cdot l^{-2}$	27,5
Blei(II)-sulfat	$PbSO_4$	$1{,}5 \cdot 10^{-8}$	$mol^2 \cdot l^{-2}$	7,8
Cadmiumcarbonat	$CdCO_3$	$2{,}5 \cdot 10^{-14}$	$mol^2 \cdot l^{-2}$	13,6
Cadmiumhydroxid	$Cd(OH)_2$	$1{,}2 \cdot 10^{-14}$	$mol^3 \cdot l^{-3}$	13,9
Cadmiumsulfid	CdS	$1{,}0 \cdot 10^{-29}$	$mol^2 \cdot l^{-2}$	29,0
Calciumcarbonat	$CaCO_3$	$4{,}8 \cdot 10^{-9}$	$mol^2 \cdot l^{-2}$	8,3
Calciumhydroxid	$Ca(OH)_2$	$5{,}5 \cdot 10^{-6}$	$mol^3 \cdot l^{-3}$	5,3
Calciumoxalat	$Ca(COO)_2$	$2{,}6 \cdot 10^{-9}$	$mol^2 \cdot l^{-2}$	8,6
Calciumphosphat	$Ca_3(PO_4)_2$	$1{,}0 \cdot 10^{-25}$	$mol^5 \cdot l^{-5}$	25,0
Calciumsulfat	$CaSO_4$	$6{,}1 \cdot 10^{-5}$	$mol^2 \cdot l^{-2}$	4,2
Eisen(II)-hydroxid	$Fe(OH)_2$	$4{,}8 \cdot 10^{-16}$	$mol^3 \cdot l^{-3}$	15,3
Eisen(III)-hydroxid	$Fe(OH)_3$	$3{,}8 \cdot 10^{-38}$	$mol^4 \cdot l^{-4}$	37,4
Eisen(II)-phosphat	$Fe_3(PO_4)_2$	$1{,}0 \cdot 10^{-36}$	$mol^5 \cdot l^{-5}$	36,0
Eisen(III)-phosphat	$FePO_4$	$4{,}0 \cdot 10^{-27}$	$mol^2 \cdot l^{-2}$	26,4
Eisen(II)-sulfid	FeS	$5{,}0 \cdot 10^{-18}$	$mol^2 \cdot l^{-2}$	17,3
Kupfer(I)-chlorid	$CuCl$	$1{,}0 \cdot 10^{-6}$	$mol^2 \cdot l^{-2}$	6,0
Kupfer(II)-hydroxid	$Cu(OH)_2$	$5{,}6 \cdot 10^{-20}$	$mol^3 \cdot l^{-3}$	19,3
Kupfer(II)-sulfid	CuS	$8{,}0 \cdot 10^{-45}$	$mol^2 \cdot l^{-2}$	44,1
Magnesiumcarbonat	$MgCO_3$	$2{,}6 \cdot 10^{-5}$	$mol^2 \cdot l^{-2}$	4,6
Magnesiumhydroxid	$Mg(OH)_2$	$2{,}6 \cdot 10^{-12}$	$mol^3 \cdot l^{-3}$	11,6
Magnesiumphosphat	$Mg_3(PO_4)_2$	$6{,}0 \cdot 10^{-23}$	$mol^5 \cdot l^{-5}$	22,2
Manganhydroxid	$Mn(OH)_2$	$4{,}0 \cdot 10^{-14}$	$mol^3 \cdot l^{-3}$	13,4
Nickel(II)-hydroxid	$Ni(OH)_2$	$1{,}6 \cdot 10^{-14}$	$mol^3 \cdot l^{-3}$	13,8
Nickelsulfid	NiS	$1{,}0 \cdot 10^{-26}$	$mol^2 \cdot l^{-2}$	26,0
Quecksilber(I)-clorid (Kalomel)	Hg_2Cl_2	$2{,}0 \cdot 10^{-18}$	$mol^3 \cdot l^{-3}$	17,7
Quecksilber(II)-sulfid (schwarz)	HgS	$1{,}0 \cdot 10^{-52}$	$mol^2 \cdot l^{-2}$	52,0
Silberbromid	$AgBr$	$6{,}3 \cdot 10^{-13}$	$mol^2 \cdot l^{-2}$	12,2
Silbercarbonat	Ag_2CO_3	$6{,}2 \cdot 10^{-12}$	$mol^3 \cdot l^{-3}$	11,2
Silberchlorid	$AgCl$	$1{,}6 \cdot 10^{-10}$	$mol^2 \cdot l^{-2}$	9,8
Silberchromat	Ag_2CrO_4	$4{,}0 \cdot 10^{-12}$	$mol^3 \cdot l^{-3}$	11,4
Silberhydroxid	$AgOH$	$1{,}5 \cdot 10^{-8}$	$mol^2 \cdot l^{-2}$	7,8
Silberiodid	AgI	$1{,}5 \cdot 10^{-16}$	$mol^2 \cdot l^{-2}$	15,8
Silberphosphat	Ag_3PO_4	$1{,}8 \cdot 10^{-18}$	$mol^4 \cdot l^{-4}$	17,7
Silbersulfid	Ag_2S	$1{,}6 \cdot 10^{-49}$	$mol^3 \cdot l^{-3}$	48,8
Zinkcarbonat	$ZnCO_3$	$6{,}0 \cdot 10^{-11}$	$mol^2 \cdot l^{-2}$	10,2

Elektrochemische Spannungsreihe der Metalle

Die Standardpotenziale sind bei 25 °C und 101,3 kPa gemessen.

Reduktionsmittel $\rightleftharpoons$ Oxidationsmittel $+ z \cdot e^-$			Redoxpaar	Standardpotenzial $E^\ominus$ in V
Li (s)	$\rightleftharpoons$ Li$^+$ (aq)	$+ e^-$	Li/Li$^+$	$-3,04$
K (s)	$\rightleftharpoons$ K$^+$ (aq)	$+ e^-$	K/K$^+$	$-2,92$
Ba (s)	$\rightleftharpoons$ Ba^{2+} (aq)	$+ 2\,e^-$	Ba/Ba^{2+}	$-2,90$
Ca (s)	$\rightleftharpoons$ Ca^{2+} (aq)	$+ 2\,e^-$	Ca/Ca^{2+}	$-2,87$
Na (s)	$\rightleftharpoons$ Na$^+$ (aq)	$+ e^-$	Na/Na$^+$	$-2,71$
Mg (s)	$\rightleftharpoons$ Mg^{2+} (aq)	$+ 2\,e^-$	Mg/Mg^{2+}	$-2,36$
Be (s)	$\rightleftharpoons$ Be^{2+} (aq)	$+ 2\,e^-$	Be/Be^{2+}	$-1,85$
Al (s)	$\rightleftharpoons$ Al^{3+} (aq)	$+ 3\,e^-$	Al/Al^{3+}	$-1,66$
Ti (s)	$\rightleftharpoons$ Ti^{3+} (aq)	$+ 3\,e^-$	Ti/Ti^{3+}	$-1,21$
Mn (s)	$\rightleftharpoons$ Mn^{2+} (aq)	$+ 2\,e^-$	Mn/Mn^{2+}	$-1,18$
V (s)	$\rightleftharpoons$ V^{2+} (aq)	$+ 2\,e^-$	V/V^{2+}	$-1,17$
Zn (s)	$\rightleftharpoons$ Zn^{2+} (aq)	$+ 2\,e^-$	Zn/Zn^{2+}	$-0,76$
Cr (s)	$\rightleftharpoons$ Cr^{3+} (aq)	$+ 3\,e^-$	Cr/Cr^{3+}	$-0,74$
Fe (s)	$\rightleftharpoons$ Fe^{2+} (aq)	$+ 2\,e^-$	Fe/Fe^{2+}	$-0,41$
Cd (s)	$\rightleftharpoons$ Cd^{2+} (aq)	$+ 2\,e^-$	Cd/Cd^{2+}	$-0,40$
Co (s)	$\rightleftharpoons$ Co^{2+} (aq)	$+ 2\,e^-$	Co/Co^{2+}	$-0,28$
Ni (s)	$\rightleftharpoons$ Ni^{2+} (aq)	$+ 2\,e^-$	Ni/Ni^{2+}	$-0,23$
Sn (s)	$\rightleftharpoons$ Sn^{2+} (aq)	$+ 2\,e^-$	Sn/Sn^{2+}	$-0,14$
Pb (s)	$\rightleftharpoons$ Pb^{2+} (aq)	$+ 2\,e^-$	Pb/Pb^{2+}	$-0,13$
Fe (s)	$\rightleftharpoons$ Fe^{3+} (aq)	$+ 3\,e^-$	Fe/Fe^{3+}	$-0,02$
H$_2$ (g) + 2 H$_2$O (l)	$\rightleftharpoons$ 2 H$_3$O$^+$ (aq)	$+ 2\,e^-$	H$_2$/2 H$_3$O$^+$	$0,00$ (pH = 0)
Cu (s)	$\rightleftharpoons$ Cu^{2+} (aq)	$+ 2\,e^-$	Cu/Cu^{2+}	$+0,35$
Cu (s)	$\rightleftharpoons$ Cu$^+$ (aq)	$+ e^-$	Cu/Cu$^+$	$+0,52$
2 Hg (l)	$\rightleftharpoons$ Hg$_2^{2+}$ (aq)	$+ 2\,e^-$	2 Hg/Hg$_2^{2+}$	$+0,79$
Ag (s)	$\rightleftharpoons$ Ag$^+$ (aq)	$+ e^-$	Ag/Ag$^+$	$+0,80$
Hg (l)	$\rightleftharpoons$ Hg^{2+} (aq)	$+ 2\,e^-$	Hg/Hg^{2+}	$+0,85$
Pt (s)	$\rightleftharpoons$ Pt^{2+} (aq)	$+ 2\,e^-$	Pt/Pt^{2+}	$+1,20$
Au (s)	$\rightleftharpoons$ Au^{3+} (aq)	$+ 3\,e^-$	Au/Au^{3+}	$+1,50$
Au (s)	$\rightleftharpoons$ Au$^+$ (aq)	$+ e^-$	Au/Au$^+$	$+1,70$

s = fest; l = flüssig; g = gasförmig; aq = in wässriger Lösung

Elektrochemische Spannungsreihe der Nichtmetalle

Die Standardpotentiale sind bei 25 °C und 101,3 kPa gemessen.

Reduktionsmittel $\rightleftharpoons$ Oxidationsmittel $+\ z \cdot e^-$			Redoxpaar	Standardpotenzial $E^{\ominus}$ in V
Se^{2-} (aq)	$\rightleftharpoons$ Se (s)	$+2\,e^-$	Se^{2-}/Se	$-0,92$
S^{2-} (aq)	$\rightleftharpoons$ S (s)	$+2\,e^-$	S^{2-}/S	$-0,48$
$2\,I^-$ (aq)	$\rightleftharpoons$ I_2 (s)	$+2\,e^-$	$2\,I^-/I_2$	$+0,54$
$2\,Br^-$ (aq)	$\rightleftharpoons$ Br_2 (l)	$+2\,e^-$	$2\,Br^-/Br_2$	$+1,07$
$2\,Cl^-$ (aq)	$\rightleftharpoons$ Cl_2 (g)	$+2\,e^-$	$2\,Cl^-/Cl_2$	$+1,36$
$2\,F^-$ (aq)	$\rightleftharpoons$ F_2 (g)	$+2\,e^-$	$2\,F^-/F_2$	$+2,87$

Elektrochemische Spannungsreihe einiger Redoxreaktionen

Die Standardpotentiale sind bei 25 °C und 101,3 kPa gemessen.

Reduktionsmittel	$\rightleftharpoons$ Oxidationsmittel	$+\ z \cdot e^-$	Standardpotenzial $E^{\ominus}$ in V
H_2 (g) + 2 OH^- (aq)	$\rightleftharpoons$ 2 H_2O (l)	$+2\,e^-$	$-0,83^*$ für pH = 14
Cd (s) + 2 OH^- (aq)	$\rightleftharpoons$ Cd $(OH)_2$ (s)	$+2\,e^-$	$-0,82^*$ für pH = 14
$C_2O_4^{2-}$ (aq)	$\rightleftharpoons$ 2 CO_2 (g)	$+2\,e^-$	$-0,49$
H_2 (g) + 2 H_2O (l)	$\rightleftharpoons$ 2 H_3O^+ (aq)	$+2\,e^-$	$-0,41^*$ für pH = 7
Cr^{2+} (aq)	$\rightleftharpoons$ Cr^{3+} (aq)	$+e^-$	$-0,41$
Pb (s) + SO_4^{2-} (aq)	$\rightleftharpoons$ $PbSO_4$ (s)	$+2\,e^-$	$-0,36$
HCOOH (l) + 2 H_2O (l)	$\rightleftharpoons$ CO_2 (g) + 2 H_3O^+ (aq)	$+2\,e^-$	$-0,20^*$ für pH = 0
HCHO (g) + 3 H_2O (l)	$\rightleftharpoons$ HCOOH (l) + 2 H_3O^+ (aq)	$+2\,e^-$	$+0,06$ für pH = 0
H_2S (g) + 2 H_2O (l)	$\rightleftharpoons$ 2 H_3O^+ (aq) + S (s)	$+2\,e^-$	$+0,14$
Cu^+ (aq)	$\rightleftharpoons$ Cu^{2+} (aq)	$+e^-$	$+0,17$
Ag (s) + Cl^- (aq)	$\rightleftharpoons$ AgCl (s)	$+e^-$	$+0,22$
4 OH^- (aq)	$\rightleftharpoons$ O_2 (g) + 2 H_2O (l)	$+4\,e^-$	$+0,40^*$ für pH = 14
AsO_3^{3-} (aq) + 3 H_2O (l)	$\rightleftharpoons$ AsO_4^{3-} (aq) + 2 H_3O^+ (aq)	$+2\,e^-$	$+0,56^*$ für pH = 0
MnO_2 (s) + 4 OH^- (aq)	$\rightleftharpoons$ MnO_4^- (aq) + H_2O (l)	$+3\,e^-$	$+0,59^*$ für pH = 14
H_2O_2 (l) + 2 H_2O (l)	$\rightleftharpoons$ O_2 (g) + 2 H_3O^+ (aq)	$+2\,e^-$	$+0,68^*$ für pH = 0
Fe^{2+} (aq)	$\rightleftharpoons$ Fe^{3+} (aq)	$+e^-$	$+0,77$
4 OH^- (aq)	$\rightleftharpoons$ O_2 (g) + 2 H_2O (l)	$+4\,e^-$	$+0,82^*$ für pH = 7
NO (g) + 6 H_2O (l)	$\rightleftharpoons$ NO_3^- (aq) + 4 H_3O^+ (aq)	$+3\,e^-$	$+0,96^*$ für pH = 0
6 H_2O (l)	$\rightleftharpoons$ O_2 (g) + 4 H_3O^+ (aq)	$+4\,e^-$	$+1,23^*$ für pH = 0
Mn^{2+} (aq) + 6 H_2O (l)	$\rightleftharpoons$ MnO_2 (s) + 4 H_3O^+ (aq)	$+2\,e^-$	$+1,23^*$ für pH = 0
2 Cr^{3+} (aq) + 21 H_2O (l)	$\rightleftharpoons$ $C_2O_7^{2-}$ (aq) + 14 H_3O^+ (aq)	$+6\,e^-$	$+1,33^*$ für pH = 0
Pb^{2+} (aq) + 6 H_2O (l)	$\rightleftharpoons$ PbO_2 (s) + 4 H_3O^+ (aq)	$+2\,e^-$	$+1,46^*$ für pH = 0
Mn^{2+} (aq) + 12 H_2O (l)	$\rightleftharpoons$ MnO_4^- (aq) + 8 H_3O^+ (aq)	$+5\,e^-$	$+1,51^*$ für pH = 0
$PbSO_4$ (s) + 6 H_2O (l)	$\rightleftharpoons$ PbO_2 (s) + 4 H_3O^+ (aq) + SO_4^{2-} (aq)	$+2\,e^-$	$+1,69^*$ für pH = 0
4 H_2O (l)	$\rightleftharpoons$ H_2O_2 (l) + 2 H_3O^+ (aq)	$+2\,e^-$	$+1,77^*$ für pH = 0
2 SO_4^{2-} (aq)	$\rightleftharpoons$ $S_2O_8^{2-}$ (aq)	$+2\,e^-$	$+2,01$
O_2 (g) + 3 H_2O (l)	$\rightleftharpoons$ O_3 (g) + 2 H_3O^+ (aq)	$+2\,e^-$	$+2,07$

* pH-Wert-abhängige Zellspannungen;   s = fest; l = flüssig; g = gasförmig; aq = in wässriger Lösung

Größengleichungen der Chemie

Stoffmenge, molare Masse, molares Volumen und Normvolumen

Berechnungen zur Stoffmenge n

$n = \dfrac{N}{N_A}$	n Stoffmenge einer Stoffportion in mol N Teilchenanzahl einer Stoffportion N_A Avogadro-Konstante ($6{,}022\,141\,5 \cdot 10^{23}\,\text{mol}^{-1}$)
$n = \dfrac{m}{M}$	m Masse in g M molare Masse in $\text{g} \cdot \text{mol}^{-1}$
$n = \dfrac{V}{V_m} \quad n = \dfrac{V_n}{V_{m,n}}$	V_n Normvolumen in l $V_{m,n}$ molares Normvolumen in $\text{l} \cdot \text{mol}^{-1}$
$n = c \cdot V(\text{Ls})$	c Stoffmengenkonzentration eines Stoffes in $\text{mol} \cdot \text{l}^{-1}$ $V(\text{Ls})$ Volumen der Lösung in l
$n = \dfrac{p \cdot V}{R \cdot T}$	p Druck in Pa V Volumen in m^3 T Temperatur in K R (universelle) Gaskonstante ($8{,}314\,510\,\text{J} \cdot \text{K}^{-1} \cdot \text{mol}^{-1}$)

Berechnungen zur molaren Masse M

$M = \dfrac{m}{n}$	m Masse in g n Stoffmenge in mol
$M = \dfrac{m \cdot V_{m,n}}{V_n}$	$V_{m,n}$ molares Normvolumen in $\text{l} \cdot \text{mol}^{-1}$ V_n Normvolumen in l
$M = \dfrac{m \cdot R \cdot T}{p \cdot V}$	R (universelle) Gaskonstante ($8{,}314\,510\,\text{J} \cdot \text{K}^{-1} \cdot \text{mol}^{-1}$) T Temperatur in K
$M = V_m \cdot \varrho$	p Druck in Pa V Volumen in m^3 V_m molares Volumen in $\text{l} \cdot \text{mol}^{-1}$ ϱ Dichte in $\text{g} \cdot \text{l}^{-1}$

$M(\text{B}) = k_G \cdot \dfrac{m(\text{B})}{\Delta T_G \cdot m(\text{Lm})}$	$M(\text{B})$ molare Masse des Stoffes B
	$m(\text{B})$ Masse des Stoffes B
	k_G kryoskopische Konstante in $\text{K} \cdot \text{kg} \cdot \text{mol}^{-1}$
	     (molale Gefriertemperaturerniedrigung des Lösemittels)
	ΔT_G Gefriertemperaturerniedrigung in K
	     $\Delta T_G = T(\text{Lm}) - \text{T(Ls)}$
	$m(\text{Lm})$ Masse des Lösemittels in kg

$M(\text{B}) = k_S \cdot \dfrac{m(\text{B})}{\Delta T_S \cdot m(\text{Lm})}$	k_S ebullioskopische Konstante in $\text{K} \cdot \text{kg} \cdot \text{mol}^{-1}$ (molale Siedetemperaturerhöhung des Lösemittels) ΔT_S Siedetemperaturerhöhung in K

Berechnungen zum molaren Volumen V_m

$V_m = \dfrac{V}{n}$	V Volumen in l n Stoffmenge in mol
$V_{m,n} = \dfrac{V_n}{n}$	$V_{m,n}$ molares Normvolumen in $\text{l} \cdot \text{mol}^{-1}$ V_n Normvolumen in l

Berechnung zum Normvolumen V_n

$V_n = \dfrac{p \cdot T_n}{p_n \cdot T} \cdot V$	T_n Normtemperatur 273,15 K p_n Normdruck 101,3 kPa
$V_n = n \cdot V_{m,n}$	

Zusammensetzungsgrößen

Massenanteil w

$$w(B) = \frac{m(B)}{m(Gem)}$$

$m(B)$ Masse des Stoffes B
$m(Gem)$ Masse des Stoffgemisches
Einheiten: 1; %; ‰; ppm, ppb, ppt
       % (Prozent)   entspricht 10^{-2}
       ‰ (Promille)   entspricht 10^{-3}
       ppm (parts per million) entspricht 10^{-6}
       ppb (parts per billion)   entspricht 10^{-9}
       ppt (parts per trillion)   entspricht 10^{-12}

Volumenanteil φ

$$\varphi(B) = \frac{V(B)}{\sum V(Ko)}$$

$V(B)$ Volumen des Stoffes B
$\sum V(Ko)$ Summe der Volumina der Komponenten des Stoffgemisches
Einheiten: 1; %; ‰; ppm, ppb, ppt

Stoffmengenanteil x

$$x(B) = \frac{n(B)}{\sum n(Ko)}$$

$n(B)$ Stoffmenge des Stoffes B
$\sum n(Ko)$ Summe der Stoffmengen der Komponenten des Gemisches
Einheiten: 1; %; ‰; ppm, ppb, ppt

Massenkonzentration β

$$\beta(B) = \frac{m(B)}{V(Ls)}$$

$m(B)$ Masse des Stoffes B
$V(Ls)$ Volumen der Lösung
Einheit: $g \cdot l^{-1}$

Volumenkonzentration σ

$$\sigma(B) = \frac{V(B)}{V(Ls)}$$

$\sigma(B)$ Volumenkonzentration des Stoffes B
$V(Ls)$ Volumen der Lösung
Einheit: $l \cdot l^{-1}$

Stoffmengenkonzentration c

$$c(B) = \frac{n(B)}{V(Ls)}$$

$n(B)$ Stoffmenge des gelösten Stoffes B
$V(Ls)$ Volumen der Lösung
Einheiten: $mol \cdot m^{-3}$; $mol \cdot l^{-1}$

Molalität b

$$b(B) = \frac{n(B)}{m(Lm)}$$

$$b(B) = \frac{m(B)}{m(Lm) \cdot M(B)}$$

$b(B)$ Molalität des Stoffes B in einer Lösung in $mol \cdot kg^{-1}$
$m(B)$ Masse des zu lösenden Stoffes B in g
$M(B)$ molare Masse des zu lösenden Stoffes B in $g \cdot mol^{-1}$
$m(Lm)$ Masse des Lösemittels in kg
Einheiten: $mol \cdot g^{-1}$; $mol \cdot kg^{-1}$

Mischungsgleichung – Mischungskreuz (Mischungsregel)

$$m_1 \cdot w_1 + m_2 \cdot w_2 = (m_1 + m_2) \cdot w_3$$

$$\frac{m_1}{m_2} = \frac{w_3 - w_2}{w_1 - w_3}$$

w_1, w_2 Massenanteile eines Stoffes in den Lösungen 1 und 2
w_3 Massenanteil eines Stoffes in der herzustellenden Lösung
m_1, m_2 Massen der Lösungen 1 und 2

Berechnungen des Blutalkoholgehaltes

$$w(C_2H_5OH) = \frac{m(C_2H_5OH)}{0{,}7^* \cdot m(\text{Körper})}$$

$$w(C_2H_5OH) = \frac{V(C_2H_5OH) \cdot \varrho(C_2H_5OH)}{0{,}7^* \cdot m(\text{Körper})}$$

* bei ♀ 0,5; bei ♂ 0,7

$w(C_2H_5OH)$	Massenanteil des Alkohols im Blut, wird in ‰ angegeben
$m(C_2H_5OH)$	Masse des aufgenommenen Alkohols in g
$m(\text{Körper})$	Masse des Körpers in g
$V(C_2H_5OH)$	Volumen des Alkohols in cm^3
$\varrho(C_2H_5OH)$	Dichte des Alkohols in g $\cdot$ cm^{-3}

Massen- und Volumenberechnungen bei chemischen Reaktionen

Gesuchte Größe	Gegebene Größe	Allgemeine Größengleichung	
$m(A)$	$m(B)$	$\dfrac{m(A)}{m(B)} = \dfrac{n(A) \cdot M(A)}{n(B) \cdot M(B)}$	n — Stoffmenge in mol m — Masse der beteiligten Stoffe in g V — Volumen der beteiligten Stoffe in l
$m(A)$	$V(B)$	$\dfrac{m(A)}{V(B)} = \dfrac{n(A) \cdot M(A)}{n(B) \cdot V_m(B)}$	M — molare Masse in g $\cdot$ mol^{-1}
$V(A)$	$m(B)$	$\dfrac{V(A)}{m(B)} = \dfrac{n(A) \cdot V_m(A)}{n(B) \cdot M(B)}$	V_m — molares Volumen in l $\cdot$ mol^{-1}
$V(A)$	$V(B)$	$\dfrac{V(A)}{V(B)} = \dfrac{n(A)^*}{n(B)}$	(A) Stoff der gesuchten Größe (B) Stoff der gegebenen Größe * gilt nur für Gase

Chemische Thermodynamik

Molare Volumenarbeit W_m

$$W_m = -p \cdot \Delta_R V_m$$

Für die Reaktion $\nu_A A + \nu_B B \rightarrow \nu_C C + \nu_D D$ gilt:

$$\Delta_R V_m = [\nu_C V_m(C) + \nu_D V_m(D)] - [\nu_A V_m(A) + \nu_B V_m(B)]$$

$\Delta_R V_m$	molares Reaktionsvolumen
ν	Stöchiometriezahl

$$\Delta_R V_m = \Delta\nu(g) \cdot V_m$$
$$\Delta\nu(g) = (\nu_C + \nu_D) - (\nu_A + \nu_B)$$

Molare Reaktionsenergie (Änderung der molaren inneren Energie) $\Delta_R U_m$

$$\Delta_R U_m = Q_m - p \cdot \Delta_R V_m$$

Q_m	molare Reaktionswärme

Molare Reaktionsenthalpie $\Delta_R H_m$

$$\Delta_R H_m = \Delta_R U_m + p \cdot \Delta_R V_m$$

$$\Delta_R H_m = \Delta_R U_m - W_m$$

W_m	molare Volumenarbeit

Berechnungen mit der kalorimetrischen Grundgleichung

$$\Delta_R H_m = -\frac{m(H_2O) \cdot c_p(H_2O) \cdot \Delta T}{n_F}$$

$$\Delta_B H_m = -\frac{m(H_2O) \cdot c_p(H_2O) \cdot \Delta T \cdot M(Rp)}{m(Rp)}$$

$m(H_2O)$	Masse des Kalorimeterwassers in g
$c_p(H_2O)$	spezifische Wärmekapazität des Wassers bei konstantem Druck in J $\cdot$ g^{-1} $\cdot$ K^{-1}
ΔT	Temperaturänderung in K
n_F	Stoffmenge der Formelumsätze
$\Delta_B H_m$	molare Bildungsenthalpie
Rp	Reaktionsprodukt

Berechnung der molaren Standardreaktionsenthalpie $\Delta_R H_m^{\ominus}$ nach dem Satz von Hess

Für die Reaktion $\nu_A\,A + \nu_B\,B \rightarrow \nu_C\,C + \nu_D\,D$ gilt:
$$\Delta_R H_m^{\ominus} = [\nu_C \cdot \Delta_B H_m^{\ominus}\,(C) + \nu_D \cdot \Delta_B H_m^{\ominus}\,(D)]$$
$$- [\nu_A \cdot \Delta_B H_m^{\ominus}\,(A) + \nu_B \cdot \Delta_B H_m^{\ominus}\,(B)]$$

$\Delta_B H_m^{\ominus}$ molare Standardbildungsenthalpie in $kJ \cdot mol^{-1}$

$\nu_{A,B,C,D}$ Stöchiometriezahl der Stoffe A, B, C, D

Molare Lösungsenthalpie $\Delta_L H_m$

$$\Delta_L H_m = \Delta_H H_m - \Delta_G H_m$$

$\Delta_H H_m$ molare Hydratationsenthalpie in $kJ \cdot mol^{-1}$

$\Delta_G H_m$ molare Gitterenthalpie in $kJ \cdot mol^{-1}$

Berechnung der molaren Gitterenthalpie $\Delta_G H_m$ (Born-Haber-Kreisprozess)

$$\Delta_G H_m = \Delta_B H_m^{\ominus} - \Delta_S H_m^{\ominus} - \frac{1}{2} \cdot \Delta_D H_m^{\ominus} - \Delta_I H_m - \Delta_E H_m$$

$\Delta_S H_m^{\ominus}$ molare Standardsublimationsenthalpie in $kJ \cdot mol^{-1}$

$\Delta_D H_m^{\ominus}$ molare Standardbindungs-(Standard-dissoziations-)enthalpie in $kJ \cdot mol^{-1}$

$\Delta_I H_m$ molare Ionisierungsenthalpie in $kJ \cdot mol^{-1}$

$\Delta_E H_m$ molare Elektronenaffinität in $kJ \cdot mol^{-1}$

Entropie S und molare Standardreaktionsentropie $\Delta_R S_m^{\ominus}$

$$S = k \cdot \ln W; \quad k = \frac{R}{N_A}$$

$$\Delta_R S_m^{\ominus} = S_m^{\ominus}\,(Rp) - S_m^{\ominus}\,(As)$$

$$\Delta S_U = -\frac{\Delta_R H_m^{\ominus}}{T}$$

k Boltzmann-Konstante
W thermodynamische Wahrscheinlichkeit
$S_m^{\ominus}$ molare Standardentropie
Rp Reaktionsprodukte
As Ausgangsstoffe
ΔS_U Entropieänderung der Umgebung

Molare freie Reaktionsenthalpie $\Delta_R G_m$ (Gibbs-Helmholtz-Gleichung)

$$\Delta_R G_m = \Delta_R H_m - T \cdot \Delta_R S_m$$

$\Delta_R G_m$ molare freie Reaktionsenthalpie in $kJ \cdot mol^{-1}$

$\Delta_R S_m$ molare Reaktionsentropie in $J \cdot K^{-1} \cdot mol^{-1}$

T Temperatur der Reaktion in K

Reaktionskinetik

Mittlere (durchschnittliche) Reaktionsgeschwindigkeit v

$$v = -\frac{\Delta c(A)}{\nu(A) \cdot \Delta t} \quad \text{bzw.} \quad v = -\frac{\Delta p(A)}{\nu(A) \cdot \Delta t}$$

$\Delta c(A)$ Änderung der Stoffmengenkonzentration eines Ausgangsstoffes

ν Stöchiometriezahl

$\Delta p(A)$ Änderung des Partialdruckes eines Ausgangsstoffes

Momentane Reaktionsgeschwindigkeit v

$$v = -\frac{1}{\nu(A)} \cdot \frac{dc(A)}{dt} \quad \text{bzw.} \quad v = -\frac{1}{\nu(A)} \cdot \frac{dp(A)}{dt}$$

Geschwindigkeitsgleichung für eine Reaktion erster Ordnung

Für die Reaktion A → B + C gilt:

$$v = -\frac{dc(A)}{dt} = k \cdot c(A)$$

$$\ln\{c(A)\} = \ln\{c_0(A)\} - k \cdot t$$

k	Reaktionsgeschwindigkeitskonstante
$c(A)$	Stoffmengenkonzentration des Stoffes A
t	Zeit
c_0	Anfangskonzentration des Stoffes A

$$\{c(A)\} = \frac{c(A)}{mol \cdot l^{-1}}$$

Geschwindigkeitsgleichung für eine Reaktion zweiter Ordnung

Für die Reaktion 2 A → B + … gilt:

$$v = -\frac{dc(A)}{dt} = k \cdot c^2(A)$$

$$\frac{1}{c(A)} = \frac{1}{c_0(A)} + k \cdot t$$

Reaktionsgeschwindigkeit und Temperatur (Arrhenius-Gleichung)

$$k = A \cdot e^{-\frac{E_A}{R \cdot T}}$$

$$\ln\{k\} = \ln\{A\} - \frac{E_A}{R \cdot T}$$

k	Reaktionsgeschwindigkeitskonstante
A	Aktionskonstante (Frequenzfaktor)
e	Euler'sche Zahl
E_A	molare Aktivierungsenergie
R	(universelle) Gaskonstante
T	absolute Temperatur

Chemisches Gleichgewicht

Massenwirkungsgesetz (MWG)

Für die Reaktion v_A A + v_B B ⇌ v_C C + v_D D gilt:

$$K_c = \frac{c^{v_C}(C) \cdot c^{v_D}(D)}{c^{v_A}(A) \cdot c^{v_B}(B)}$$

$$K_p = \frac{p^{v_C}(C) \cdot p^{v_D}(D)}{p^{v_A}(A) \cdot p^{v_B}(B)}$$

$$K_p = K_c \cdot (R \cdot T)^{\Delta v}$$

K_c, K_p	Gleichgewichtskonstanten
c	Stoffmengenkonzentration
p	Partialdruck
v	Stöchiometriezahl

Einheit der Gleichgewichtskonstante K_c:
$(mol \cdot l^{-1})^{\Delta v}$ mit $\Delta v = (v_C + v_D) - (v_A + v_B)$
Einheit der Gleichgewichtskonstante K_p: $kPa^{\Delta v}$

Gleichgewichtskonstante K

Molare freie Standardreaktionsenthalpie $\Delta_R G_m^{\ominus}$ und Gleichgewichtskonstante K
$$\Delta_R G_m^{\ominus} = -R \cdot T \cdot \ln\{K\}$$

Temperaturabhängigkeit der Gleichgewichtskonstanten (Van't Hoff-Gleichung)
$$\frac{d\ln\{K\}}{dT} = \frac{\Delta_R H_m^{\ominus}}{R \cdot T^2}$$

Für die Berechnung der Gleichgewichtskonstante bei verschiedenen Temperaturen gilt:
$$\ln\{K_2\} = \ln\{K_1\} + \frac{\Delta_R H_m^{\ominus}}{R} \cdot \frac{T_2 - T_1}{T_1 \cdot T_2}$$

Säure-Base-Gleichgewichte

Ionenprodukt K_W und Ionenexponent des Wassers pK_W

$K_W = c(H_3O^+) \cdot c(OH^-)$ $pK_W = -\lg\{K_W\}$ $pK_W = pH + pOH = 14$	$K_W = 10^{-14} \text{ mol}^2 \cdot l^{-2}$ (bei 22 °C) $\{K_W\}$ Zahlenwert für das Ionenprodukt des Wassers

pH-Wert und pOH-Wert

$pH = -\lg\{c(H_3O^+)\}$ $c(H_3O^+) = 10^{-pH}$ $pOH = -\lg\{c(OH^-)\}$	$c(H_3O^+)$ $\{c(H_3O^+)\}$ $c(OH^-)$ $\{c(OH^-)\}$	Hydronium-Ionenkonzentration in $\text{mol} \cdot l^{-1}$ Zahlenwert der Hydronium-Ionenkonzentration Hydroxid-Ionenkonzentration in $\text{mol} \cdot l^{-1}$ Zahlenwert der Hydroxid-Ionenkonzentration

Säurekonstante K_S und Säureexponent pK_S

Für die Reaktion $HA + H_2O \rightleftharpoons H_3O^+ + A^-$ gilt: $K_S = \dfrac{c(H_3O^+) \cdot c(A^-)}{c(HA)}$ $pK_S = -\lg\{K_S\}$ $pK_S = 14 - pK_B$	HA A^- K_S pK_S $\{K_S\}$	Säure korrespondierende Base Säurekonstante in $\text{mol} \cdot l^{-1}$ Säureexponent Zahlenwert der Säurekonstante

Basekonstante K_B und Baseexponent pK_B

Für die Reaktion $B + H_2O \rightleftharpoons OH^- + BH^+$ gilt: $K_B = \dfrac{c(OH^-) \cdot c(BH^+)}{c(B)}$ $pK_B = -\lg\{K_B\}$ $pK_B = 14 - pK_S$	B BH^+ K_B pK_B $\{K_B\}$	Base korrespondierende Säure Basekonstante in $\text{mol} \cdot l^{-1}$ Baseexponent Zahlenwert der Basekonstante

Protolysegrad der Säure α_S und der Base α_B

$\alpha_S = \dfrac{c(H_3O^+)}{c_0(HA)}$ $\alpha_B = \dfrac{c(OH^-)}{c_0(B)}$	$c_0(HA)$ $c_0(B)$	Ausgangskonzentration der Säure HA Ausgangskonzentration der Base B

Ostwald'sches Verdünnungsgesetz

$$K_S = \frac{\alpha_S^2}{1 - \alpha_S} \cdot c_0(HA) \qquad K_B = \frac{\alpha_B^2}{1 - \alpha_B} \cdot c_0(B)$$

Berechnung des pH-Wertes wässriger Lösungen

sehr starke Säuren ($K_S > 10^{1,74} \text{ mol} \cdot l^{-1}$): $pH = -\lg\{c_0(HA)\}$

mittelstarke bis sehr schwache Säuren ($K_S < 10^{-4} \text{ mol} \cdot l^{-1}$): $pH = \dfrac{1}{2}(pK_S - \lg\{c_0(HA)\})$

starke Säuren $\left(10^{-2} < \dfrac{K_S}{c_0} < 10^2\right)$: $c(H_3O^+) = -\dfrac{K_S}{2} + \sqrt{\left(\dfrac{K_S}{2}\right)^2 + K_S \cdot c_0(HA)}$

Ampholyte: $pH = \dfrac{1}{2}(14 + pK_S - pK_B)$

pH-Wert einer Pufferlösung (Henderson-Hasselbalch-Gleichung)

$$pH = pK_S + \lg \frac{c(A^-)}{c(HA)}$$

Auswertung von Titrationen

$z_1 \cdot c_1 \cdot V_1 = z_2 \cdot c_2 \cdot V_2$	c_1 Stoffmengenkonzentration der zu bestimmenden Lösung
Berechnung der Stoffmengenkonzentration:	c_2 Stoffmengenkonzentration der Maßlösung
$c_1 = \dfrac{c_2 \cdot V_2}{V_1} \cdot \dfrac{z_2}{z_1}$	V_1 Volumen der zu bestimmenden Lösung
	V_2 Volumen der verbrauchten Maßlösung
Berechnung der Masse:	m_1 Masse des zu bestimmenden Stoffes
	M_1 molare Masse des zu bestimmenden Stoffes
$m_1 = M_1 \cdot c_2 \cdot V_2 \cdot \dfrac{z_2}{z_1}$	z_1 Äquivalenzzahl des Stoffes in der zu bestimmenden Lösung
	z_2 Äquivalenzzahl des Stoffes in der Maßlösung

Löslichkeitsgleichgewichte

Löslichkeitsprodukt K_L und Löslichkeitsexponent pK_L

Für das Gleichgewicht $M_aL_b \rightleftharpoons a\,M^{m+} + b\,L^{n-}$ gilt:	Einheit des Löslichkeitsproduktes:
$K_L(M_aL_b) = c^a\,(M^{m+}) \cdot c^b\,(L^{n-})$	$[K_L(M_aL_b)] = mol^{a+b} \cdot l^{-(a+b)}$
$pK_L = -\lg\,\{K_L\}$	$\{K_L\}$ Zahlenwert des Löslichkeitsproduktes

Löslichkeit l

$$l\,(M_aL_b) = \sqrt[a+b]{\frac{K_L(M_aL_b)}{a^a \cdot b^b}}$$

Komplexzerfallskonstante K_D und Komplexzerfallsexponent pK_D

Für das Gleichgewicht $ML_n \rightleftharpoons M + n\,L$ gilt:	K_{St} Komplexstabilitätskonstante
$K_D = \dfrac{c(M) \cdot c^n(L)}{c(ML_n)}$	pK_D Komplexzerfallsexponent
	$\{K_{St}\}$ Zahlenwert der Komplexstabilitäts-
$K_D = \dfrac{1}{K_{St}}$	konstante
$pK_D = -\lg\,\{K_D\} = \lg\,\{K_{St}\}$	

Elektrochemie

Berechnung nach den Faraday'schen Gesetzen

$I \cdot t = F \cdot n \cdot z$	F	Faraday-Konstante ($9{,}64853 \cdot 10^4\,C \cdot mol^{-1}$)
	n	Stoffmenge in mol
$\dfrac{m}{M} = \dfrac{I \cdot t}{z \cdot F}$	z	Anzahl der Elementarladungen
	t	Zeit
	M	molare Masse
	m	Masse
	I	elektrische Stromstärke

Berechnung des Redoxpotenzials E (Nernst-Gleichung)

Für die Reaktion Red $\rightleftharpoons$ Ox + $z \cdot$ e$^-$ gilt: $$E = E^{\ominus} + \frac{R \cdot T}{z \cdot F} \cdot \ln \frac{c(\text{Ox})}{c(\text{Red})}$$ Für 25 °C ergibt sich: $$E = E^{\ominus} + \frac{0{,}059 \text{ V}}{z} \cdot \lg \frac{c(\text{Ox})}{c(\text{Red})}$$ $$E = E^{\ominus} + \frac{0{,}059 \text{ V}}{z} \cdot \lg c(\text{Me}^{z+})$$	E Redoxpotenzial in V $E^{\ominus}$ Standardelektrodenpotenzial für die Redoxreaktion in V z ausgetauschte Elektronenanzahl je Formelumsatz $c(\text{Ox})$ Stoffmengenkonzentration des Oxidationsmittels $c(\text{Red})$ Stoffmengenkonzentration des Reduktionsmittels $c(\text{Me}^{z+})$ Stoffmengenkonzentration der Metall-Ionen

Zellspannung U

$U = \Delta E = E$ (Katode) $- E$ (Anode)	U Zellspannung in V

Zellspannung U und pH-Wert einer Lösung

Aus der Zellspannung U einer Konzentrationszelle, die aus einer Standard-Wasserstoff-Halbzelle und einer Wasserstoff-Halbzelle mit einer Elektrolytlösung besteht, lässt sich der pH-Wert der Lösung berechnen:

$$\text{pH} = \frac{U}{0{,}059 \text{ V}}$$

Zellspannung U und Gleichgewichtskonstante K

Im elektrochemischen Gleichgewicht bei $U = 0$ gilt: $$U^{\ominus} = \frac{R \cdot T}{z \cdot F} \cdot \ln \{K\}$$	$U^{\ominus}$ Standardzellspannung

Molare freie Reaktionsenthalpie $\Delta_R G_m$ und Zellspannung U

$$\Delta_R G_m = - z \cdot F \cdot U$$

Elektrischer Leitwert G

$$G = \frac{1}{R}$$	G elektrischer Leitwert in Ω^{-1} R elektrischer Widerstand in Ω

Kernchemie ($\nearrow$ auch Physik, Kernphysik)

Halbwertszeit und Aktivität

$$T_{1/2} = \frac{\ln 2}{\lambda}$$ $$A = \lambda \cdot N = \ln 2 \, \frac{N_A \cdot m}{T_{1/2} \cdot M}$$	$T_{1/2}$ Halbwertszeit λ Zerfallskonstante in s^{-1} A Aktivität eines Radionuklids N Anzahl der zerfallsfähigen Kerne des Präparats m Masse des Präparats M molare Masse N_A Avogadro-Konstante ($6{,}022\,136\,7 \cdot 10^{23}$ mol^{-1})

Radioaktives Zerfallsgesetz

$N = N_0 \cdot e^{-\lambda \cdot t}$ $\ln N = \ln N_0 - \lambda \cdot t = \ln N_0 - \dfrac{\ln 2}{T_{1/2}} \cdot t$	N Anzahl der vorhandenen Atomkerne zum Zeitpunkt t N_0 Anzahl der vorhandenen Atomkerne zum Zeitpunkt $t = 0$

Gefahrstoffe

Gefahrensymbole, Kennbuchstaben und Gefahrenbezeichnungen

T	**Giftige Stoffe** (sehr giftige Stoffe T+) verursachen durch Einatmen, Verschlucken oder Aufnahme durch die Haut meist erhebliche Gesundheitsschäden oder sogar den Tod. *Was tun?* Nicht direkt berühren! Unwohlsein sofort dem Lehrer melden!
Xn	**Gesundheitsschädliche Stoffe** können durch Einatmen, Verschlucken oder Aufnahme durch die Haut gesundheitsschädigend wirken. *Was tun?* Nicht direkt berühren! Unwohlsein sofort dem Lehrer melden!
C	**Ätzende Stoffe** zerstören das Hautgewebe oder die Oberfläche von Gegenständen. *Was tun?* Berührungen mit Haut, Augen und Kleidung vermeiden! Dämpfe nicht einatmen!
Xi	**Reizende Stoffe** haben Reizwirkung auf Haut, Augen und Atmungsorgane. *Was tun?* Berührungen mit Haut, Augen und Atmungsorganen vermeiden! Nicht einatmen! Schutzhandschuhe, Schutzkleidung und Schutzbrille tragen!
E	**Explosionsgefährliche Stoffe** können unter bestimmten Bedingungen explodieren. *Was tun?* Schlag, Stoß, Reibung, Funkenbildung und Hitzeeinwirkung vermeiden! Abfälle und Behälter müssen in gesicherter Weise beseitigt werden!
O	**Brandfördernde Stoffe** können brennbare Stoffe entzünden oder ausgebrochene Brände fördern. *Was tun?* Kontakt mit brennbaren Stoffen vermeiden! Explosions- und Brandgase nicht einatmen!
F	**Leichtentzündliche Stoffe** (hochentzündliche Stoffe F+) entzünden sich von selbst an heißen Gegenständen. Zu ihnen gehören selbstentzündliche Stoffe, leicht entzündliche gasförmige Stoffe, feuchtigkeitsempfindliche Stoffe und brennbare Flüssigkeiten. *Was tun?* Vorsicht beim Umgang mit offenen Flammen und Wärmequellen! Keine Berührung mit brandfördernden Stoffen!
N	**Umweltgefährliche Stoffe** sind sehr giftig, giftig oder schädlich für Wasserorganismen. In Gewässern können sie langfristig schädliche Wirkungen haben. Sie sind giftig für Pflanzen, Tiere – insbesondere Bienen – und Bodenorganismen. Langfristig können sie auf die Umwelt und die Ozonschicht schädliche Wirkungen haben. *Was tun?* Freisetzung der Stoffe in die Umwelt vermeiden! Stoffe der Problemabfallentsorgung zuführen!
Xn oder Xi	**Sensibilisierende Stoffe** können durch Einatmen (Xn) oder durch Hautkontakt (Xi) eine Sensibilisierung hervorrufen. *Was tun?* Staub, Gas, Dampf und Aerosol nicht einatmen! Berührung mit der Haut vermeiden!
T oder Xn	**Krebserzeugende Stoffe** können Krebs und **erbgutverändernde Stoffe** können vererbbare Schäden hervorrufen. *Was tun?* Exposition vermeiden! Bei Unfall oder Unwohlsein sofort den Arzt hinzuziehen!
T oder Xn	**Fortpflanzungsgefährdende Stoffe** können die Fortpflanzungsfähigkeit des Menschen beeinträchtigen oder das Kind im Mutterleib schädigen. *Was tun?* Exposition vermeiden!

Gefahrenhinweise (R-Sätze)	Sicherheitsratschläge (S-Sätze)

Gefahrenhinweise (R-Sätze)

R 1 In trockenem Zustand explosionsgefährlich
R 2 Durch Schlag, Reibung, Feuer oder andere Zündquellen explosionsgefährlich
R 3 Durch Schlag, Reibung, Feuer oder andere Zündquellen besonders explosionsgefährlich
R 4 Bildet hochempfindliche explosionsgefährliche Metallverbindungen
R 5 Beim Erwärmen explosionsfähig
R 6 Mit und ohne Luft explosionsfähig
R 7 Kann Brand verursachen
R 8 Feuergefahr bei Berührung mit brennbaren Stoffen
R 9 Explosionsgefahr bei Mischung mit brennbaren Stoffen
R 10 Entzündlich
R 11 Leichtentzündlich
R 12 Hochentzündlich
R 14 Reagiert heftig im Wasser
R 15 Reagiert mit Wasser unter Bildung hochentzündlicher Gase
R 16 Explosionsgefährlich in Mischung mit brandfördernden Stoffen
R 17 Selbstentzündlich an der Luft
R 18 Bei Gebrauch Bildung explosionsfähiger/leichtentzündlicher Dampf-Luftgemische möglich
R 19 Kann explosionsfähige Peroxide bilden
R 20 Gesundheitsschädlich beim Einatmen
R 21 Gesundheitsschädlich bei Berührung mit der Haut
R 22 Gesundheitsschädlich beim Verschlucken
R 23 Giftig beim Einatmen
R 24 Giftig bei Berührung mit der Haut
R 25 Giftig beim Verschlucken
R 26 Sehr giftig beim Einatmen
R 27 Sehr giftig bei Berührung mit der Haut
R 28 Sehr giftig beim Verschlucken
R 29 Entwickelt bei Berührung mit Wasser giftige Gase
R 30 Kann bei Gebrauch leichtentzündlich werden
R 31 Entwickelt bei Berührung mit Säure giftige Gase
R 32 Entwickelt bei Berührung mit Säure sehr giftige Gase
R 33 Gefahr kumulativer Wirkungen
R 34 Verursacht Verätzungen
R 35 Verursacht schwere Verätzungen
R 36 Reizt die Augen
R 37 Reizt die Atmungsorgane
R 38 Reizt die Haut
R 39 Ernste Gefahr irreversiblen Schadens
R 40 Verdacht auf krebserzeugende Wirkung
R 41 Gefahr ernster Augenschäden
R 42 Sensibilisierung durch Einatmen möglich
R 43 Sensibilisierung durch Hautkontakt möglich
R 44 Explosionsgefahr bei Erhitzen unter Einschluss
R 45 Kann Krebs erzeugen
R 46 Kann vererbbare Schäden verursachen
R 48 Gefahr ernster Gesundheitsschäden bei längerer Exposition
R 49 Kann Krebs erzeugen beim Einatmen
R 50 Sehr giftig für Wasserorganismen
R 51 Giftig für Wasserorganismen
R 52 Schädlich für Wasserorganismen
R 53 Kann in Gewässern längerfristig schädliche Wirkungen haben
R 54 Giftig für Pflanzen
R 55 Giftig für Tiere
R 56 Giftig für Bodenorganismen
R 57 Giftig für Bienen
R 58 Kann längerfristig schädliche Wirkungen auf die Umwelt haben
R 59 Gefährlich für die Ozonschicht
R 60 Kann die Fortpflanzungsfähigkeit beeinträchtigen
R 61 Kann das Kind im Mutterleib schädigen
R 62 Kann möglicherweise die Fortpflanzungsfähigkeit beeinträchtigen
R 63 Kann das Kind im Mutterleib möglicherweise schädigen
R 64 Kann Säuglinge über die Muttermilch schädigen
R 65 Gesundheitsschädlich: Kann beim Verschlucken Lungenschäden verursachen
R 66 Wiederholter Kontakt kann zu spröder oder rissiger Haut führen
R 67 Dämpfe können Schläfrigkeit u. Benommenheit verursachen
R 68 Irreversibler Schaden möglich

Sicherheitsratschläge (S-Sätze)

S 1 Unter Verschluss aufbewahren
S 2 Darf nicht in die Hände von Kindern gelangen
S 3 Kühl aufbewahren
S 4 Von Wohnplätzen fernhalten
S 5 Unter … aufbewahren (geeignete Flüssigkeit vom Hersteller anzugeben)
S 6 Unter … aufbewahren (inertes Gas vom Hersteller anzugeben)
S 7 Behälter dicht geschlossen halten
S 8 Behälter trocken halten
S 9 Behälter an einem gut gelüfteten Ort aufbewahren
S 12 Behälter nicht gasdicht verschließen
S 13 Von Nahrungsmitteln, Getränken u. Futtermitteln fernhalten
S 14 Von … fernhalten (inkompatible Substanzen sind vom Hersteller anzugeben)
S 15 Vor Hitze schützen
S 16 Von Zündquellen fernhalten – Nicht rauchen
S 17 Von brennbaren Stoffen fernhalten
S 18 Behälter mit Vorsicht öffnen und handhaben
S 20 Bei der Arbeit nicht essen und trinken
S 21 Bei der Arbeit nicht rauchen
S 22 Staub nicht einatmen
S 23 Gas/Rauch/Dampf/Aerosol nicht einatmen (geeignete Bezeichnun(en) vom Hersteller anzugeben)
S 24 Berührung mit der Haut vermeiden
S 25 Berührung mit den Augen vermeiden
S 26 Bei Berührung mit den Augen sofort gründlich mit Wasser abspülen und Arzt konsultieren
S 27 Beschmutzte, getränkte Kleidung sofort ausziehen
S 28 Bei Berührung mit der Haut sofort abwaschen mit viel … (vom Hersteller anzugeben)
S 29 Nicht in die Kanalisation gelangen lassen
S 30 Niemals Wasser hinzugießen
S 33 Maßnahmen gegen elektrostatische Aufladungen treffen
S 35 Abfälle u. Behälter müssen in gesicherter Weise beseitigt werden
S 36 Bei der Arbeit geeignete Schutzkleidung tragen
S 37 Geeignete Schutzhandschuhe tragen
S 38 Bei unzureichender Belüftung Atemschutzgerät anlegen
S 39 Schutzbrille/Gesichtsschutz tragen
S 40 Fußboden und verunreinigte Gegenstände mit … reinigen (Material vom Hersteller anzugeben)
S 41 Explosions- und Brandgase nicht einatmen
S 42 Bei Räuchern/Versprühen geeignetes Atemschutzgerät anlegen (geeignete Bezeichnung(en) vom Hersteller anzugeben)
S 43 Zum Löschen … (vom Hersteller anzugeben) verwenden (wenn Wasser die Gefahr erhöht, anfügen: „Kein Wasser verwenden")
S 45 Bei Unfall oder Unwohlsein sofort Arzt hinzuziehen (wenn möglich, dieses Etikett vorzeigen)
S 46 Bei Verschlucken sofort ärztlichen Rat einholen und Verpackung oder Etikett vorzeigen
S 47 Nicht bei Temperaturen über … °C aufbewahren (vom Hersteller anzugeben)
S 48 Feucht halten mit … (geeignetes Mittel vom Hersteller anzugeben)
S 49 Nur im Originalbehälter aufbewahren
S 50 Nicht mischen mit … (vom Hersteller anzugeben)
S 51 Nur in gut gelüfteten Bereichen verwenden
S 52 Nicht großflächig für Wohn- u. Aufenthaltsräume verwenden
S 53 Exposition vermeiden – vor Gebrauch besondere Anweisungen einholen
S 56 Diesen Stoff und seinen Behälter der Problemabfallentsorgung zuführen
S 57 Zur Vermeidung einer Kontamination der Umwelt geeigneten Behälter verwenden
S 59 Information zur Wiederverwendung/Wiederverwertung beim Hersteller/Lieferanten erfragen
S 60 Dieser Stoff und sein Behälter sind als gefährlicher Abfall zu entsorgen
S 61 Freisetzung in die Umwelt vermeiden. Besondere Anweisungen einholen/Sicherheitsdatenblatt zu Rate ziehen
S 62 Bei Verschlucken kein Erbrechen herbeiführen. Sofort ärztlichen Rat einholen u. Verpackung oder dieses Etikett vorzeigen
S 63 Bei Unfall durch Einatmen: Verunfallten an die frische Luft bringen und ruhig stellen
S 64 Bei Verschlucken Mund mit Wasser ausspülen (nur wenn Verunfallter bei Bewusstsein ist)

Liste von Gefahrstoffen (Auswahl, Stand 2000)

Stoff	Kenn-buch-stabe	R-Sätze	S-Sätze	E-Sätze
Aceton (Propanon)	F, Xi	11-36-66-67	(2)-9-16-26	1-10-14
Aluminiumchlorid-6-Wasser	C	34	(1/2)-7/8-28-45	2
Aluminiumpulver, phlegmatisiert		10–15	(2)-7/8-43	3
Ameisensäure (Methansäure) ≥90 %	C	35	(1/2)-23-26-45	1-10
Ameisensäure 2 % … 10 %	Xi	36/38	(2)-23-26	1
Ammoniak, wasserfrei	T, N	10-23-34-50	(1/2)-9-16-26-36/37/39-45-61	2-7
Ammoniaklösung 10 % … 25 %	C	34	(1/2)-26-36/37/39-45	2
Ammoniaklösung 5 % … 10 %	Xi	36/37/38	(1/2)-26-36/37/39-45	2
Ammoniumchlorid	Xn	22-36	(2)-22	1
Ammoniumperoxodisulfat	O, Xn	8-22-42/43	17-22-24-37-43	2
Ammoniumthiocyanat (-rhodanid)	Xn	20/21/22-32	(2)-13	1
Anilin (Aminobenzol)	T, N	20/21/22-40-48/23/24/25-50	(1/2)-28-36/37-45-61	10
Antimon(III)-chlorid	C, N	34-51/53	(1/2)-26-45-61	3-14
Asbest	T	45-48/23	53-45	3
Bariumchlorid-2-Wasser	T	20-25	(1/2)-45	1-3
Bariumchloridlösung 3 % … 25 %	Xn	22	(1/2)-45	1
Bariumhydroxid-8-Wasser	C	20/22-34	26-36/37/39-45	1-3
Benzin (Petroleumbenzin)	F	11	9-16-29-33	10-12
Benzol	F, T	45-11-48/23/24/25	53-45	10-12
Blei (bioverfügbar)	T	61-20/22-33	53-45	8
Blei(II)-chlorid	T, N	61-20/22-33-50/53-62	53-45-60-61	4-8-14
Blei(II)-nitrat	O, T, N	61-8-20/22-33-50/53-62	53-17-45-60-61	4-8-14
Blei(II)-nitratlösung 0,5 % … 5 %	T	61-33	53-45	4-8-14
Brom	T+, C, N	26-35-50	(1/2)-7/9-26-45-61	16
Bromwasser, gesättigt	T, Xi	23-24	7/9-26	16
Bromwasserstoff	C	35-37	(1/2)-7/9-26-45	2
Butan	F+	12	(2)-9-16	7
Butanol	Xn	10-22-37/38-41-67	(2)-7/9-13-26-37/39-46	10
Buttersäure (Butansäure)	C	34	(1/2)-26-36-45	10
Calcium	F	15	(2)-8-24/25-43	15
Calciumcarbid	F	15	(2)-8-43	15-16
Calciumchlorid	Xi	36	(2)-22-24	1
Calciumchlorid-6-Wasser	Xi	36	(2)-22-24	1
Calciumhydroxid	C	34	26-36/37/39-45	2
Calciumoxid	C	34	26-36	2
Chlor	T, N	23-36/37/38-50	(1/2)-9-45-61	16
Chlorethan (Ethylchlorid)	F+, Xn	12-40-52/53	(2)-9-16-33-36/37-61	7-12
Chlorethen (Vinylchlorid)	F+, T	45-12	53-45	7-12
Chlormethan (Methylchlorid)	F+, Xn	12-40-48/20	(2)-9-16-33	7-12
Chloroform (Trichlormethan)	Xn	22-38-40-48/20/22	(2)-36/37	10-12
Chlorwasser, gesättigt ≈ 0,7 %	Xn	20	9-45	16
Chlorwasserstoff, wasserfrei	T, C	23-35	(1/2)-9-26-36/37/39-45	2
Cobaltsalzlösungen 0,1 % … 5 %	T	49-42/43	(2)-22-53-45	11-12
Cyclohexan	F, Xn, N	11-38-50/53-65-67	(2)-9-16-33-60-61-62	10-12
Cyclohexen	F, Xn	11-22	9-16-23-33	10-16
Diacetyldioxim (Dimethylglyoxim)	Xn	20/21/22	36/37	10
Dibrommethan	Xn	20-52/53	(2)-24-61	10-12
Dichlormethan	Xn	40	(2)-23-24/25-36/37	10-12
Diethylether (Ether)	F+, Xn	12-19-22-66-67	(2)-9-16-29-33	9-10-12
Dimethylanilin	T, N	23/24/25-40-51/53	(1/2)-28-36/37-45-61	10-12
Distickstofftetraoxid/Stickstoffdioxid	T+	26-34	(1/2)-9-26-28-36/37/39-45	7

Stoff	Kenn-buch-stabe	R-Sätze	S-Sätze	E-Sätze
Eisen(III)-chlorid-6-Wasser	Xn	22-38-41	26-39	2
Eisen(III)-nitrat-9-Wasser	O, Xi	8-36/38	17	1
Eisen(II)-sulfatlösung ≥ 25 %	Xn	22	24-25	1
Essigsäure (Ethansäure) ≥ 90 %	C	10-35	(1/2)-23-26-45	2-10
Essigsäure (Ethansäure) 25 % ... 90 %	C	10-34	(1/2)-23-26-45	2-10
Essigsäure (Ethansäure) 10 % ... 25 %	Xi	36/38	23-26	2-10
Essigsäureethylester (Ethylacetat)	F	11	(2)-16-23-29-33	10-12
Ethanal (Acetaldehyd)	F+,Xn	12-36/37-40	(2)-16-33-36/37	9-10-12-16
Ethanol (Ethylalkohol)	F	11	(2)-7-16	1-10
Ethen (Ethylen)	F+	12	(2)-9-16-33	7
Ethin (Acetylen)	F+	5-6-12	(2)-9-16-33	7
Fehling'sche Lösung II (Kaliumnatriumtartrat, alkalisch)	C	35	(2)-26-27-37/39	2
Heptan	F	11	(2)-9-16-23-29-33	10-12
Hexan	F, Xn	11-48/20	(2)-9-16-24/25-29-51	10-12
Iod	Xn	20/21	(2)-23-25	1-16
Kalium	F, C	14/15-34	(1/2)-5-8-43-45	6-12-16
Kaliumchlorat	O, Xn	9-20/22	(2)-13-16-27	1-6
Kaliumchromat	T, N	49-46-36/37/38-43-50/53	53-45-60-61	12-16
Kaliumhydrogensulfat	C	34-37	(1/2)-26-36/37/39-45	2
Kaliumhydroxid (Ätzkali)	C	35	(1/2)-26-37/39-45	2
Kaliumhydroxidlösung ≥ 5 %	C	35	(1/2)-26-37/39-45	2
Kaliumhydroxidlösung 2 % ... 5 %	C	34	(1/2)-26-37/39-45	2
Kaliumhydroxidlösung 0,5 % ... 2 %	Xi	36/38	26	2
Kaliumnitrat	O	8	16-41	1
Kaliumperchlorat	O, Xn	9-22	(2)-13-22-27	1
Kaliumpermanganat	O, Xn	8-22	(2)	1-6
Kaliumsulfid	C	31-34	(1/2)-26-45	1
Kaliumthiocyanat (-rhodanid)	Xn	20/21/22-32	2-13	1
Kohlenstoffmonooxid	F+, T	61-12-48/23	53-45	7
Kohlenstoffdisulfid (Schwefel-kohlenstoff)	F, T	11-36/38-48/23-62-63	16-33-36/37-45	9-10-12
Kupfer(II)-chlorid-2-Wasser	T	25-36/37/38	37-45	11
Kupfer(II)-sulfat-5-Wasser	Xn	22-36/38	(2)-22	11
Kupfer(II)-sulfatlösung ≥ 25 %	Xn	22-36/38	(2)-22	11
Lithiumchlorid	Xn	22-36/37/38	26-36	1
Magnesiumpulver, -späne (phlegmatisiert)	F	11-15	(2)-7/8-43	3
Mangan(II)-chlorid-4-Wasser	Xn	22-36/37/38	26-36/37/39	11
Mangandioxid (Braunstein)	Xn	20/22	(2)-25	3
Methanal(Formaldehyd)-lösung ≥25%	T	23/24/25-34-40-43	(1/2)-26-36/37/39-45-51	10-12-16
Methanal(Formaldehyd)-lösung 5 % ... 25 %	Xn	20/21/22-36/37/38-40-43	(1/2)-26-36/37/39-51	1-10
Methanal(Formaldehyd)-lösung 1 % ... 5 %	Xn	40-43	23-27	1
Methanol (Methylalkohol)	F, T	11-23/25	(1/2)-7-16-24-45	1-10
Natrium	F, C	14/15-34	(1/2)-5-8-43-45	6-12-16
Natriumcarbonat-10-Wasser	Xi	36	(2)-22-26	1
Natriumdithionit	Xn	7-22-31	(2)-7/8-26-28-43	1
Natriumfluorid	T	25-32-36/38	(1/2)-22-36-45	5

Stoff	Kenn-buch-stabe	R-Sätze	S-Sätze	E-Sätze
Natriumfluoridlösung 3 % … 25 %	Xn	22-32-36/38	22-36-45	5
Natriumhydroxid (Ätznatron)	C	35	(1/2)-26-37/39-45	2
Natriumhydroxidlösung ≥ 5 %	C	35	(1/2)-26-37/39-45	2
Natriumhydroxidlösung 2 % … 5 %	C	34	(1/2)-26-37/39-45	1
Natriumhydroxidlösung 0,5 % … 2 %	Xi	36/38	28	1
Natriumnitrit	O, T	8-25	(1/2)-45	1-16
Natriumsulfidlösung ≥ 10 %	C	31-34	(1/2)-26-45	1
Nickel(II)-nitratlösung ≥ 25 %	Xn	22	53-24	11-12
Nicotin	T+	25-27	(1/2)-36/37-45	10-16
Oxalsäure-2-Wasser	Xn	21/22	(2)-24/25	5
Oxalsäurelösung ≥ 5 %	Xn	21/22	(2)-24-25	5
Ozon	O, T	34-36/37/38		7
Perchlorsäure ≥ 50 %	O, C	5-8-35	(1/2)-23-26-36-45	2
Perchlorsäure 10 % … 50 %	C	34	23-28-36	2
Perchlorsäure 1 % … 10 %	Xi	36/38	28-36	2
Phenol	T	24/25-34	(1/2)-28-45	10-12
Phenollösung 1 % … 5 %	Xn	21/22-36/38	(2)-28-45	10-12
Phosphor, rot	F	11-16	(2)-7-43	6-9
Phosphor(V)-oxid	C	35	(1/2)-22-26-45	2
Phosphorsäure ≥ 25 %	C	34	(1/2)-26-45	2
Phosphorsäure 10 % … 25 %	Xi	36/38	25	1
Phthalsäureanhydrid	Xi	36/37/38	(2)	10
Propan	F+	12	(2)-9-16	7
Propanol	F	11	(2)-7-16	10
Quecksilber	T	23-33	(1/2)-7-45	6-12-14-16
Quecksilber(I)-chlorid (Kalomel)	Xn	22-36/37/38	(2)-13-24/25-46	6-12-16
Resorcin (1,3-Dihydroxybenzol)	Xn, N	22-36/38-50	(2)-26-61	10
Salpetersäure ≥ 70 %	O, C	8-35	(1/2)-23-26-36-45	2
Salpetersäure 20 % … 70 %	C	35	(1/2)-23-26-27	2
Salpetersäure 5 % … 20 %	C	34	(1/2)-23-26-27	2
Salzsäure ≥ 25 %	C	34-37	(1/2)-26-45	2
Salzsäure 10 % … 25 %	Xi	36/37/38	(2)-28	2
Schwefeldioxid	T	23-34	(1/2)-9-26-36/37/39-45	7
Schwefelsäure ≥ 15 %	C	35	(1/2)-26-30-45	2
Schwefelsäure 5 % … 15 %	Xi	36/38	(2)-26	2
Schwefelwasserstoff	F+, T+, N	12-26-50	(1/2)-9-16-28-36/37-45-61	2-7
Schwefelwasserstofflösung 1 % … 5 %	Xn	20	(1/2)-9-16-28-36/37-45-61	2
Schweflige Säure 0,5 % … 5 %	Xi	36/37/38	24-26	2
Silbernitrat	C	34	(1/2)-26-45	12-13-14
Silbernitratlösung 5 % … 10 %	Xi	36/38	26-45	12-13-14
Stickstoffmonooxid	T+	26/27	45	7
Styrol	Xn	10-20-36/38	(2)-23	10-12
Sulfanilsäure	Xi	36/38-43	(2)-24-37	10-16
Tollens Reagens	C	34-36/37/38	(2)-26	
Toluol	F, Xn	11-20	(2)-16-25-29-33	10-12
Wasserstoff	F+	12	(2)-9-16-33	7
Wasserstoffperoxidlösung ≥ 60 %	O, C	8-34	(1/2)-3-28-36/39-45	1-16
Wasserstoffperoxidlösung 5 % … 20 %	Xi	36/38	28-39	1
Zinkchlorid	C	34	(1/2)-7/8-28-45	1-11

Biologie

Allgemeine Angaben

Höchstalter verschiedener Pflanzen (verändert nach Flindt 1995)

Art	Höchstalter in Jahren	Art	Höchstalter in Jahren	Art	Höchstalter in Jahren
Apfelbaum	200	Efeu	440	Linde	1 900
Bärlapp	7	Feige	2 000	Mammutbaum	4 000
Berg-Ahorn	200	Fichte	1 100	Ölbaum	700
Birke	120	Hainbuche	150	Rot-Buche	900
Birnbaum	300	Haselnuss	120	Sal-Weide	150
Eberesche	80	Heidekraut	42	Spitz-Ahorn	600
Edelkastanie	700	Heidelbeere	25	Tanne	500
Eibe	1 800	Kiefer	500	Ulme	500
Eiche	1 300	Kirschbaum	400	Walnuss	400
Eichenfarn	7	Lärche	600	Zitter-Pappel	150

Höchstalter verschiedener Wirbelloser (verändert nach Flindt 1995)

Art	Höchstalter[1]	Art	Höchstalter[1]	Art	Höchstalter[1]
Bandwurm	35 J.	Lanzetttierchen	7 M.	Stubenfliege	76 T.
Bienenkönigin	5 J.	Planarie	14 M.	Taufliege	46 T.
Bienenarbeiterin	6 Wo.	Rädertierchen	2 … 3 T.	(Drosophila)	
Flusskrebs	20 … 30 J.	Regenwurm	10 J.	Wasserfloh	108 T.
Hummer	45 J.	Spinnen	20 J.	Weinbergschnecke	> 18 J.

Höchstalter verschiedener Wirbeltiere (verändert nach Flindt 1995)

Art	Höchstalter[1]	Art	Höchstalter[1]	Art	Höchstalter[1]
Fische		**Lurche (Amphibien)**		**Vögel**	
Aal	88 J.	Erdkröte	40 J.	Amsel	10 … 18 J. (r)
Forelle	18 J.	Feuersalamander	43 J.	Buchfink	29 J.
Goldfisch	41 J.	Laubfrosch	22 J.	Eulen	60 … 70 J.
Guppy	5 J.			Haussperling	23 J.
Hecht	60 … 70 J.	**Kriechtiere (Reptilien)**		Kakadu	100 J.
Hering	20 J.			Kolibri	8 J.
Karpfen	70 … 100 J.	Anakonda	31 J.	Kuckuck	40 J.
Lachs	13 J.	Blindschleiche	33 J.	Lerche	8 J. (r)
Scholle	20 J.	Eidechse	5 … 8 J.	Star	20 J. (r)
Seepferdchen	5 J.	Landschildkröte	137 J.	Taube	35 J.
Stör	152 J.	Mississippi-Alligator	66 J.	Zaunkönig	5 J.

[1] Zeitangaben: T. = Tage, Wo. = Wochen, M. = Monate, J. = Jahre
Altersangaben frei lebender Vögel, die durch Ringfunde nachgewiesen wurden, sind zusätzlich durch (r) gekennzeichnet.

Art	Höchstalter[1]	Art	Höchstalter[1]	Art	Höchstalter[1]
Säugetiere					
Biber	20 … 25 J.	Giraffe	34 J.	Katze	35 J.
Braunbär	47 J.	Goldhamster	4 J.	Maulwurf	3 … 4 J.
Delfin	25 … 30 J.	Gorilla	60 J.	Maus	4 J.
Eichhörnchen	12 J.	Hirsch	30 J.	Rind	20 … 25 J.
Elefant	70 J.	Igel	14 J.	Wal	100 J.
Esel	100 J.	Kaninchen	18 J.	Wolf	14 J.

Zellbiologie

Lebensdauer von Zellen in verschiedenen Organen des Menschen (verändert nach Flindt 1995)

Organe	Durchschnittliche Lebensdauer in Tagen	Organe	Durchschnittliche Lebensdauer in Tagen
Leber	10,0 … 20,0	Epidermis:	
Magen	1,8 … 9,1	– Lippen	14,7
Dünndarm	1,3 … 1,6	– Fußsohlen	19,1
Dickdarm	10,0	– Bauch	19,4
Enddarm	6,2	– Ohr	34,5
Luftröhre	47,5	Rote Blutkörperchen	120,0
Lunge (Alveolen)	8,1	Weiße Blutkörperchen	1,0 … 3,0

Größe von tierischen Zellen und Einzellern (verändert nach Flindt 1995)

Art	Organ	Durchmesser in µm	Volumen in µm^3
Hund	Magen	15,6	1988
	Purkinje-Zellen	30,0	14000
	(besonders große und verzweigte Nervenzellen in Kleinhirnrinde)		
Pferd	Purkinje-Zellen	32,0	16000
Maus	Purkinje-Zellen	19,0	4000
Frosch	Purkinje-Zellen	7,0	1500
Mensch	Erythrozyt	7,0 … 7,5	87
	Purkinje-Zellen	27,0	10000
	Beetz'sche Zellen	>130,0	113400
	(Riesenpyramidenzellen in motorischer Großhirnrinde)		
	Großer Lendenmuskel	25,0 … 90,0	
	Spinalganglion		102612
Staphylococcus		1,0	
Salmonella		2,1	
Milzbrandbakterium		10,0	
Gregarine		… 1,5 cm (!)	

[1] Zeitangaben: T. = Tage, Wo. = Wochen, M. = Monate, J. = Jahre

Dauer der Zellteilung verschiedener Zellen (nach Flindt 1995)

Art und Zelle	Prophase	Metaphase	Anaphase	Telophase	Gesamt
Sonnentierchen	12 min	3 … 6 min	4 min		30 min
Saubohne, Meristem	90 min	31 min	34 min	34 min	189 min
Erbse, Endosperm	40 min	20 min	12 min	110 min	182 min
Iris, Endosperm	40 … 60 min	10 … 30 min	12 … 22 min	40 … 75 min	140 min
Gräser, Spaltöffnungszellen	36 … 45 min	7 … 10 min	15 … 20 min	20 … 35 min	78 … 110 min
Molch, Fibroblasten	18 min	38 min	26 min	28 min	110 min
Hühnchen, Fibroblasten	45 min	6 min	2 min	10 min	63 min
Hühnchen, Mesenchym	30 … 60 min	2 … 10 min	2 … 3 min	3 … 12 min	37 … 82 min
Ratte, Leberzellen	4 h	10 min	30 min	30 min	5 h 10 min
Drosophila-Eier, Furchung	4 min	30 s	1 min	50 s	6 min 20 s

Stoff- und Energiewechsel

Energie-, Nährstoff-, Wasser- und Vitamingehalt ausgewählter Nahrungsmittel (nach Flindt 1995)

Nahrungsmittel in g (berechnet auf 100 g)	Energiegehalt		Nährstoffgehalt in g			Wassergehalt	Vitamingehalt			
	in kJ	in kcal	Eiweiß	Fett	Kohlenhydrate	in g	A in I.E.	B in mg	C in mg	E in mg
Roggenbrot	950	227	6,4	1,0	52,7	38,5	o. A.	o. A.	o. A.	o. A.
Brötchen	1126	269	6,8	0,5	58,0	34,0	o. A.	o. A.	o. A.	o. A.
Spaghetti	1544	369	12,5	1,2	75,2	10,4	o. A.	o. A.	o. A.	o. A.
Kartoffeln	318	76	2,1	0,1	17,7	79,8	5	0,11	20	0,06
Walnüsse	2725	651	14,8	64,0	15,8	3,5	30	1,43	2	1,5
Banane	356	85	1,1	0,2	22,2	75,7	190	0,05	10	0,2
Apfel (süß)	243	58	0,3	0,6	15,0	84,0	90	0,04	5	0,3
Jogurt	297	71	4,8	3,8	4,5	86,1	o. A.	o. A.	o. A.	o. A.
Kuhmilch	268	64	3,2	3,7	4,6	88,5	140	0,04	1	0,06
Butter	2996	716	0,6	81,0	0,7	17,4	3300	Spuren	Spuren	2,4
Margarine	3013	720	0,5	80,0	0,4	19,7	3000	–	–	30,0
Hühnerei	678	162	12,8	11,5	0,7	74,0	1100	0,12	–	1,0
Honig	1272	304	0,3	0,0	82,3	17,2	–	Spuren	1	–
Traubenzucker	1611	385	0,0	0,0	99,5	0,0	–	–	–	–
Forelle	423	101	19,2	2,1	0,0	77,6	150	0,09	–	–
Schweinekotelett	1427	341	15,2	30,6	0,0	53,9	–	0,8	–	0,6
Rinderfilet	511	122	19,2	4,4	0,0	75,1	–	0,1	–	0,5

o. A. = ohne Angaben
I.E. = internationale Einheiten

Energiegehalt der Nährstoffe

Nährstoffe	Energiegehalt		Bedarfsfaktor
	in $\frac{kJ}{g}$	in $\frac{kcal}{g}$	in g je kg Körpermasse
Fette	39	9,3	0,8
Eiweiße	17	4,1	0,9
Kohlenhydrate	17	4,1	0,9

4,1868 kJ = 1 kcal

Ernährung

Normalgewicht *NG* Idealgewicht *IG* (nach Broca)	$NG = (Kgr - 100) \cdot kg$ $IG = NG \cdot 0,9$ bei Jugendlichen: $IG = NG \cdot 0,85$	*Kgr* Körpergröße in cm
Grundumsatz *GU*	$GU = 4,2\,kJ \cdot t \cdot m_k$ bei Jugendlichen: $6,2\,kJ \cdot t \cdot m_k$	*t* Zeit in Stunden m_k Körpermasse in kg
Leistungsumsatz *LU*	$LU = (t_1 \cdot EV_1) + (t_2 \cdot EV_2) + \ldots + (t_n \cdot EV_n)$	*t* Zeit in Stunden für die ausgeführte Tätigkeit *EV* Energieumsatz je Stunde der Tätigkeit
Gesamtumsatz *GesU*	$GesU = GU + LU$	
Nährstoffbedarf *Nb*	$Nb = Bf \cdot m_k$	*Bf* Bedarfsfaktor der Nährstoffe
Energiebedarf *Eb*	$Eb = (Nb_{KH} \cdot EG_{KH}) + (Nb_{Fett} \cdot EG_{Fett}) + (Nb_{Eiw} \cdot EG_{Eiw})$	*EG* Energiegehalt der Nährstoffe
Energiegehalt einer Mahlzeit EG_m	$EG_m = EG_{n1} + EG_{n2} + \ldots + EG_{nn}$	EG_n Energiegehalt der Nahrungsmittel

Täglich benötigte Nahrungsmenge verschiedener Lebewesen (verändert nach Flindt 1995)

Lebewesen	Nahrungsbedarf in % der Körpermasse	Lebewesen	Nahrungsbedarf in % der Körpermasse	Lebewesen	Nahrungsbedarf in % der Körpermasse
Anakonda	0,013	Rind	3,0	Star	11,9
Indischer Elefant	1,0	Huhn	3,5	Blaumeise	30
		Bussard	4,5	Maus	40
Bär	2,0	Steinkauz	6,5	Maulwurf	100
Tiger	2,8	Turmfalke	8	Spitzmaus	100
Löwe	2,9	Singdrossel	10	Kolibri	200

Täglicher Energiebedarf von Säuglingen, Kindern und Jugendlichen (nach Flindt 1995)

Alter	Mittlere Körpermasse in kg	Energiebedarf (Gesamtumsatz)			
		je kg Körpermasse in kJ	in kcal	je Tag in kJ	in kcal
1 … 2 Monate	5,3	480	115	2 544	609
3 … 6 Monate	6,8	460	110	3 128	748
6 … 9 Monate	8,4	420	100	3 528	840
9 … 12 Monate	9,8	405	97	3 969	950
3 Jahre	15,3	395	95	6 043	1 453
5 Jahre	18,1	375	90	6 787	1 629
10 Jahre	31,3	310	74	9 703	2 316
15 Jahre	55,4	222	53	12 298	2 936
18 Jahre	65,5	205	49	13 427	3 209

Energieverbrauch bei verschiedenen Tätigkeiten (Durschnittswerte bei 70 kg Körpermasse)

Tätigkeiten	$\frac{kJ}{h}$	$\frac{kcal}{h}$	Tätigkeiten	$\frac{kJ}{h}$	$\frac{kcal}{h}$
Fenster putzen	1 214	290	Brustschwimmen (50 m/min)	2 721	650
Betten machen	1 005	240	Dauerlauf (10 km/h)	2 386	570
Wäsche bügeln	586	140	Fußball spielen	2 303	550
Staub saugen	1 130	270	Rad fahren	2 931	700
Spielen/Aufräumen	879	210	Gymnastik	1 591	380
Stehen	419	100	Skilanglauf (8 km/h)	2 763	660
Sitzen	377	90	Tanzen	1 256	300

Energieverbrauch einzelner Organe (verändert nach Flindt 1995)
Der Energieverbrauch wird auf Grundumsatzbedingungen bezogen.

Organe und Gewebe	Energieverbrauch in % des Gesamtverbrauchs	Organe und Gewebe	Energieverbrauch in % des Gesamtverbrauchs
Leber	25	Nieren	8
Gehirn	20	Magen-Darm-Kanal	6
Muskulatur	18	Haut	4
Herzmuskel	8	Sonstige Gewebe	11

Körpermassenindex (nach Flindt 1995)

$BMI = \dfrac{\text{Körpermasse (in kg)}}{\text{Körpergröße (in m)} \cdot \text{Körpergröße (in m)}}$			BMI Body-Mass-Index	
ohne Berücksichtigung des Alters			unter Berücksichtigung des Alters	
Klassifikation	Körpermassenindex (BMI)		Altersgruppe nach Jahren	Wünschenswerter Körpermassenindex (BMI)
	männlich	weiblich		
Untergewicht	< 20	< 19	19 … 24	19 … 24
Normalgewicht	20 … 25	19 … 24	25 … 34	20 … 25
Übergewicht	25 … 30	24 … 30	35 … 44	21 … 26
Fettsucht (Adipositas)	30 … 40	30 … 40	45 … 54	22 … 27
Massive Fettsucht	> 40	> 40	55 … 64	23 … 28
			> 64	24 … 29

Respiratorischer Quotient

Respiratorischer Quotient RQ	$RQ = \dfrac{n(CO_2)_{aus} - n(CO_2)_{ein}}{n(O_2)_{ein} - n(O_2)_{aus}}$ $= \dfrac{n(CO_2)_{gebildet}}{n(O_2)_{verbraucht}}$ $= \dfrac{V(CO_2)_{gebildet}}{V(O_2)_{verbraucht}}$	$n(CO_2)_{aus/ein}$ $n(O_2)_{ein/aus}$ $V(CO_2)_{gebildet}$ $V(O_2)_{verbraucht}$	aus- bzw. eingeatmete Stoffmenge an Kohlenstoffdioxid ein- bzw. ausgeatmete Stoffmenge an Sauerstoff gebildetes Kohlenstoffdioxidvolumen verbrauchtes Sauerstoffvolumen

Diffusion

1. Fick'sches Diffusionsgesetz	$\dfrac{dn}{dt} = -D \cdot A \cdot \dfrac{dc}{dx}$	n	Stoffmenge
		t	Diffusionszeit
		A	Durchtrittsfläche
2. Fick'sches Diffusionsgesetz	$x = D \cdot \sqrt{t}$ $t_{max} = \dfrac{x^2}{2 \cdot D}$	D	Diffusionskonstante
		x	Diffusionsweg
		c	Stoffmengenkonzentration
		t_{max}	maximale Diffusionszeit
		c_i, c_a	Stoffmengenkonzentration
Diffusion durch eine Membran	$\dfrac{dn}{dt} = -D \cdot A \cdot \dfrac{(c_i - c_a)}{z}$		beiderseits der Membran (innen und außen)
		z	Dicke der Membran
Diffusionspotenzial E_D (Nernst'sche Gleichung)	$E_D = \dfrac{R \cdot T}{z \cdot F} \cdot \ln \dfrac{c(\text{Ion})_I}{c(\text{Ion})_{II}}$	R	(universelle) Gaskonstante
		T	Temperatur
		z	Ionenwertigkeit
		F	Faraday-Konstante
		$c(\text{Ion})_I$	Ionenkonzentration der Lösung I
		$c(\text{Ion})_{II}$	Ionenkonzentration der Lösung II

Osmose

Saugkraft der Zelle S	$S = O - W$	W	Turgor (Wanddruck)
		T	Temperatur
		R	(universelle) Gaskonstante
Osmotischer Druck O	$O = c \cdot R \cdot T$	c	Stoffmengenkonzentration der gelösten Stoffe

Abbau der Nährstoffe im Körper (nach Flindt 1995)

Nährstoffe	Sauerstoffverbrauch in cm^3 je g Nährstoff	Kohlenstoffdioxid-abgabe in cm^3 je g Nährstoff	RQ	Energie in kJ (kcal) je min
Kohlenhydrate	820	820	1	17,2 (4,1)
Fette	2020	1430	0,71	39,3 (9,4)
Eiweiße	960	770	0,8	18,0 (4,3)

Sauerstoffverbrauch und Wärmebildung der Organe des Menschen (in Ruhe) (nach Flindt 1995)

Organ	Sauerstoffaufnahme in cm^3		Organgewicht in % des Körpergewichts	Sauerstoffver-brauch des Organs in % des Gesamt-verbrauchs	Wärmebildung in kJ (kcal) je Organ je min
	Organ je min	100 g Organ je min			
Haut	5,0	0,10	7	1	100,5 (24)
Muskel	43,0	0,16	41	18	849,7 (203)
Gehirn	43,0	3,20	2	19	870,7 (208)
Lunge	12,0	2,0	0,8	5	238,3 (57)
Herz	29,0	10,0	0,5	14	577,7 (138)
Nieren	20,3	7,0	0,4	6	418,6 (100)
Magen-Darm	90,0	3,6	4	22	1 820,9 (435)

Veränderung des Sauerstoff- und Kohlenstoffdioxidgehaltes in der Atemluft und im Blut des Menschen während der Atmung (verändert nach Flindt 1995)

	O_2 in %	O_2-Partialdruck $p(O_2)$ in hPa	CO_2 in %	CO_2-Partialdruck $p(CO_2)$ in hPa
Einatemluft	20,9	200	0,03	0,3
Alveolarluft	14	133	5,6	53
Ausatemluft	16	155	4	39
Arterielles Blut	o. A.	127	o. A.	53
Venöses Blut	o. A.	53	o. A.	61

Sauerstoffverbrauch und Gasaustausch des Menschen (verändert nach Flindt 1995)

Sauerstoffverbrauch in cm³/min			
Tätigkeit		je kg Körpermasse	
in Ruhe	150 ... 300	Neugeborene (bis 7. Tag)	5,7
bei leichter Arbeit (60 W)	1 000 ... 1 200	Säugling, 3 Monate	6,9
bei mittelschwerer Arbeit (120 W)	1 600 ... 1 950	Säugling, 6 Monate	7,1
bei schwerer Arbeit (180 W)	2 000 ... 2 600	Säugling, 12 Monate	7,0
bei kurzzeitigen Spitzenleistungen	3 000 ... 4 600	Erwachsene, in Ruhe	3,4
		Erwachsene, bei Schwerstarbeit	70,0
Gasaustausch			
tägliche Sauerstoffaufnahme	400 ... 800 l O_2		
tägliche Kohlenstoffdioxidabgabe	350 ... 700 l CO_2		
Sauerstoffaufnahme $V(O_2)$	280 cm³/min		
Kohlenstoffdioxidabgabe $V(CO_2)$	230 cm³/min		
Respiratorischer Quotient $V(CO_2)/V(O_2)$	0,82		
Sauerstoffdiffusionskapazität	225 cm³/(min · kPa)		

Sinnes- und Nervenphysiologie

Obergrenze der Hörfähigkeit bei Tieren und beim Mensch (verändert nach Flindt 1995)

Art	Obergrenze in kHz	Art	Obergrenze in kHz	Art	Obergrenze in kHz
Hai	2	Uhu	8	Meerschweinchen	33
Goldfisch	3	Waldkauz	21	Schimpanse	33
Zwergwels	13	Huhn	38	Mensch	
Ochsenfrosch	4	Kanarienvogel	10	– Kind	21
Brillenkaiman	6	Wellensittich	14	– 35 Jahre	15
Eidechsen	8	Delfin	200	– 50 Jahre	12
Schlangen	0	Fledermaus	400	– Greis	5
Sperling	18	Hund	135	Grillen	8
Star	15	Katze	47	Laubheuschrecken	90
Taube	12	Ratte	80	Nacht-	
Krähe	< 8	Maus	100	schmetterlinge	240

Schallpegel verschiedener Geräusche (verändert nach Flindt 1995)

Geräusch	dB(A)*	Geräusch	dB(A)*
Schwellenlautstärke	0	Staubsauger, Straßenverkehr	80
leises Flüstern	10	Motorrad, Lkw, starker Straßenverkehr	90
Lüftergeräusch eines Computers	35	Presslufthammer, Autohupe	100
ruhige Unterhaltung, ruhige Wohnung	40	Propellerflugzeug, Rockkonzert	120
normale Unterhaltung,		Schmerzgrenze, Lärm in Kesselschmiede	130
Lautsprecher auf Zimmerlautstärke	50	Düsenjäger beim Start	140

* dB(A) = Intensität der frequenzabhängigen Wahrnehmung des menschlichen Ohres

Punktdichte der Hautsinne des Menschen (verändert nach Flindt 1995)

Körperregion	Anzahl der Kalt-punkte je cm^2	Anzahl der Warm-punkte je cm^2	Anzahl der Druck-punkte je cm^2	Anzahl der Schmerz-punkte je cm^2
Gesicht			50	184
– Stirn	5,5 … 8,0	2		
– Nase	8,0 … 13,0	1	100	44
– Mund	16,0 … 19,0	nicht in Pkt. auflösb.		
Oberkörper			29	196
– Brust	9,0 … 10,2	0,3		
Gliedmaßen			15	203
– Unterarm (Innenseite)	6,0 … 7,5	0,3 … 0,4		
– Handrücken	6,5 … 7,0	0,5	14	188
– Handflächen	1,0 … 5,0	0,4		
– Fingerrücken	7,0 … 9,0	1,7		
– Finger (Innenseite)	2,0 … 4,0	1,6		
– Oberschenkel	4,5 … 5,2	0,4		

Erregungsleitungsgeschwindigkeit in Nerven (verändert nach Flindt 1995)

Tierart	Nervenfasertyp	Durchmesser in µm	Erregungsleitungs-geschwindigkeit in m/s
Seenelke (Metridium)	Nervennetz	o. A.	0,13
Ohrenqualle (Aurelia)	Nervennetz	6 … 12	0,5
Regenwurm	mediale Riesenfaser	50 … 90	30
	laterale Riesenfaser	40 … 60	11,3
Sepia	Riesenfaser	200	7
Hummer	Beinnerv	60 … 80	14 … 18
Krebs	Riesenfaser	100 … 250	15 … 20
Schabe	Riesenfaser	50	1,5 … 3,5
Karpfen	laterale Faser	20	47
Frosch	A-Faser	15	30
Katze	A-Faser	13 … 17	78 … 102
	Spinalnerv	5,5	50
	C-Faser	0,5 … 1	0,6 … 2
Mensch	A-Faser	10 … 20	60 … 120
	B-Faser	3	3 … 15
	C-Faser	0,3 … 1,3	0,6 … 2,3

Anzahl der Rezeptoren und ableitenden Nervenfasern der Sinne des Menschen (nach Flindt 1995)

Sinn	Anzahl der Rezeptoren	Anzahl der Nervenfasern	Sinn	Anzahl der Rezeptoren	Anzahl der Nervenfasern
Auge	$2 \cdot 10^8$	$2 \cdot 10^6$	Druck	$5 \cdot 10^5$	10^6
Ohr	$3 \cdot 10^4$	$2 \cdot 10^4$	Schmerz	$3 \cdot 10^6$	10^6
Geschmack	10^7	$2 \cdot 10^3$	Wärme	10^4	10^6
Geruch	10^7	$2 \cdot 10^3$	Kälte	10^5	10^6

Nervensystem des Menschen (verändert nach Flindt 1995)

Nervensystem	Werte	Nervensystem	Werte
Masse des Gehirns	1,5 kg	Anzahl der Querverbindungen im Großhirn	$1 \cdot 10^{12}$
Masse des Großhirns	1,25 kg	Länge der Nervenfasern im Großhirn	500 000 km
Anzahl der Nervenzellen des Gehirns	$14 \cdot 10^9$	Länge der Nervenfasern außerhalb des Gehirns	480 000 km
Anzahl der Verknüpfungen untereinander (Synapsen)	$7 \cdot 10^{12}$	Täglicher Verlust an Nervenzellen	50 000 … 100 000
Dicke der Großhirnrinde	2 … 5 mm		
Anzahl der Nervenzellen der Großhirnrinde	$12 \cdot 10^9$		

Gehirnvolumen von Hominiden (nach Flindt 1995)

Hominiden	Gehirnvolumen in cm^3	Hominiden	Gehirnvolumen in cm^3
Schimpanse	320 … 480	Homo heidelbergensis	775 … 900
Orang Utan	295 … 575	Homo sapiens präneanderthalensis	1070 … 1280
Gorilla	340 … 685	Steinheim-Mensch	1100 … 1200
Proconsul	500	Homo sapiens neanderthalensis	1300 … 1610
Australopithecus	450 … 750	Cro-Magnon-Mensch (Homo sapiens sapiens)	1250 … 1700
Homo erectus erectus (Pithecanthropus)	835 … 900	Jetztmensch (Homo sapiens sapiens)	1010 … 2000
Homo erectus pekinensis (Sinanthropus)	915 … 1225		

Schlafbedürfnis des Menschen in verschiedenen Lebensaltern und Anteil des REM-Schlafes (nach Flindt 1995)

Alter	Täglicher Schlafbedarf in Stunden	Anteil des REM-Schlafs in % der Schlafdauer	Alter	Täglicher Schlafbedarf in Stunden	Anteil des REM-Schlafs in % der Schlafdauer
1 … 15 Tage	16	50	10 … 14 Jahre	9	20
3 … 5 Monate	14	40	19 … 30 Jahre	8	22
2 … 3 Jahre	13	25	33 … 45 Jahre	7	19
5 … 9 Jahre	11	19	50 … 70 Jahre	6	15

Fortpflanzung und Entwicklung

Pearl-Index und Entbindungstermin

Pearl-Index PI (Versagerquote)	$PI = \dfrac{N}{N_{\text{Anwender}} \cdot t}$	N t N_{Anwender}	Anzahl der ungewollten Schwangerschaften Beobachtungszeitraum in Jahren Anzahl der Anwender/innen
Entbindungstermin Et (Naegele'sche Regel)	$Et = T_m + 7,\ M_m - 3,\ J_m + 1$	T_m, M_m, J_m Anwendung: Einschränkung:	Termin des ersten Tages der letzten Menstruation (T Tag, M Monat, J Jahr) T, M, J = 20.06.1992 20 + 7, 6 – 3, 1992 + 1 Et = 27.03.1993 Gilt nicht, wenn Et in die Monate Oktober, November, Dezember fällt.

Das Wachstum des menschlichen Keimlings während der Schwangerschaft (nach Flindt 1995)

Alter	Anzahl der Urwirbel (Somiten)	Länge Scheitel bis Steiß	Länge Scheitel bis Ferse	Masse in g
20 Tage	1 … 4			
21 Tage	4 … 7	2 mm		
22 Tage	7 … 10			
23 Tage	10 … 13			
24 Tage	13 … 17			
25 Tage	17 … 20			
26 Tage	20 … 23			
27 Tage	23 … 26	4 mm		
28 Tage	26 … 29			0,02
30 Tage	34 … 35			
35 Tage	42 … 44	5 … 8 mm		
6 Wochen		10 … 14 mm		
7 Wochen		17 … 22 mm	1,9 cm	
8 Wochen		28 … 30 mm	3,0 cm	1,0
12 Wochen		5,6 cm	7,3 cm	14,0
16 Wochen		11,2 cm	15,7 cm	105,0
20 Wochen		16,0 cm	23,9 cm	310,0
24 Wochen		20,3 cm	29,6 cm	640,0
28 Wochen		24,2 cm	35,5 cm	1 080,0
32 Wochen		27,7 cm	40,9 cm	1 670,0
36 Wochen		31,3 cm	45,8 cm	2 400,0
40 Wochen (Geburt)		35,0 cm	50,0 cm	3 300,0

Genetik und Evolution

Chromosomensätze von Pflanzen (verändert nach Flindt 1995)

Art	Chromosomenanzahl	Art	Chromosomenanzahl
Alge (Cladophora)	32	Kiefer	24
Augentierchen (Euglena)*	≈ 200	Mais	20
Champignon*	8	Natternzunge	480
Erbse	14	Rosskastanie	40
Erle	28	Schachtelhalme	216
Esche	46	Segge, Behaarte	112
Fichte	24	Tanne	24
Gerste	14	Wasserpest	24
Hafer	42	Wurmfarn	164
Kartoffel	48	Zwiebel	16

* Augentierchen und Champignon sind als Einzeller bzw. Pilz eigentlich keine Pflanzen.

Chromosomensätze von Wirbellosen (verändert nach Flindt 1995)

Art	Chromosomenanzahl	Art	Chromosomenanzahl
Biene	32	Regenwurm	32
Gartenschnirkelschnecke	48	Sonnentierchen	44
Hausspinne	43	Spulwurm	2
Kellerassel	56	Stechmücke	6
Kohlweißling	30	Stubenfliege	12
Küchenschabe	47	Taufliege (Drosophila)	8
Libelle	26	Trompetentierchen	28
Ohrenqualle	20	Weinbergschnecke	54

Chromosomensätze von Wirbeltieren (verändert nach Flindt 1995)

Art	Chromosomenanzahl	Art	Chromosomenanzahl
Fische		Vögel	
Hecht	18	Amsel	80
Katzenhai	24	Haushuhn	78
Neunauge	174	Reiher	68
Lurche (Amphibien)		Säugetiere	
Feuersalamander	24	Hund	78
Geburtshelferkröte	36	Igel	48
Grasfrosch	26	Katze	38
		Meerschweinchen	64
Kriechtiere (Reptilien)		Mensch	46
		Menschenaffen	48
Alligator	32	Pferd	64
Karettschildkröte	58	Riesenkänguru	22
Kreuzotter	36	Schaf	54
Zauneidechse	38	Schwein	38

DNA- und RNA-Gehalt verschiedener Zellen des Menschen (verändert nach Flindt 1995)

Zelle	DNA in $\frac{pg*}{Zelle}$	RNA in $\frac{pg*}{Zelle}$	Zelle	DNA in $\frac{pg*}{Zelle}$	RNA in $\frac{pg*}{Zelle}$
Knochenmark	0,87	0,69	Leber	1,0	2,48
Gehirn	0,68	2,63	Leukozyten	0,73	0,25
Niere	0,83	1,10	Spermien	0,31	0,24

* pg = Picogramm; 1 pg = 10^{-12} g

Mutationsrate

Berechnung der Mutationsrate M_r (nach Nachtsheim)	$M_r = \dfrac{N_N}{2\,N_I}$	N_N Anzahl der Neumutanten $\quad$ N_I Gesamtanzahl der betrachteten Individuen

Populationsgenetik

Hardy-Weinberg-Gesetz	Für die Ausgangspopulation gilt: $p + q = 1$ Für die Folgepopulation gilt: $p^2 + 2\,pq + q^2 = 1$ $d + h + r = 1$ $p = d + 0{,}5\,h$ $q = 0{,}5\,h + r$	p, q Häufigkeit dominanter und rezessiver Allele Genotyphäufigkeit: d homozygot dominant h heterozygot r homozygot rezessiv
	Bedingung: Das Gesetz gilt unter den Annahmen, dass – keine Mutationen auftreten, – unendlich große Population vorhanden ist, – die Individuen der Population sich beliebig paaren können (Vollständige Panmixie), – keine Selektion stattfindet, – kein Genfluss auftritt.	

Evolution

Individualfitness W	$W = \dfrac{N_I}{N_{max}}$ Für den besten Genotyp gilt: $W = 1$.	N_I Genotyphäufigkeit des betrachteten Genotyps N_{max} Nachkommenschaft des besten Genotyps
Mittlere Populationsfitness $\overline{W}$	$\overline{W} = \dfrac{f_1 \cdot W_1 + f_2 \cdot W_2 + \ldots + f_n \cdot W_n}{f_1 + f_2 + \ldots + f_n}$	W_1, W_2 Individualfitness der Genotypen 1 und 2 f_1, f_2 Häufigkeit der Genotypen 1 und 2
Genetische Last L (Genetische Bürde)	$L = \dfrac{W_{max} - \overline{W}}{W_{max}}$	W_{max} Fitness des besten Genotyps In jeder Population ist die durchschnittliche Fitness $\overline{W}$ geringer als die Fitness des besten Genotyps.
Selektionskoeffizient S	$S = 1 - W$	

Ökologie

Biomasseproduktion und Wasserbilanz bei Pflanzen

Biomasseproduktion	$S = Pb - (R + m_V)$ $Pn = Pb - R$	S Pb Pn R m_V	Langfristiger Stoffgewinn für den betrachteten Organismus Brutto-Primärproduktion Netto-Primärproduktion Stoffverlust durch Atmung Verlustmasse
Trockenmasse TM	Unter der Bedingung 24 Stunden bei 105 °C gilt: $TM = FM - WG$	FM WG	Frischmasse Wassergehalt
Wassergehalt WG	$WG = FM - TM$		
Aschemasse AM	$AM = TM - m_V$	m_V	Verlustmasse beim Glühen
Wasserdefizit Wd	$Wd = \dfrac{W_{max} - W_a}{W_{max}} \cdot 100\,\%$	W_{max} W_a	maximal möglicher Wassergehalt zurzeit vorhandener Wassergehalt (aktueller Wassergehalt)
Wasserbilanzquotient BQ	$BQ = \dfrac{m(H_2O)_{ab}}{m(H_2O)_{auf}} \cong \dfrac{V(H_2O)_{ab}}{V(H_2O)_{auf}}$	$m(H_2O)_{ab}$ $m(H_2O)_{auf}$ $V(H_2O)_{ab}$ $V(H_2O)_{auf}$	Masse des abgegebenen Wassers je Zeiteinheit Masse des aufgenommenen Wassers je Zeiteinheit Volumen des abgegebenen Wassers je Zeiteinheit Volumen des aufgenommenen Wassers je Zeiteinheit
Lichtgenuss LG	$LG = \dfrac{E_{Ort}}{E_{frei}} \cdot 100\,\%$	E_{Ort} E_{frei}	Beleuchtungsstärke am Wuchsort Beleuchtungsstärke im Freiland

Bestimmen der Wasserqualität

Sauerstoffgehalt $\beta(O_2)$ in mg/l (nach Winkler)	$\beta(O_2) = \dfrac{a \cdot 0,08 \cdot 1000}{V - b}$	V a b 1000	Volumen der Wasserprobe in ml Verbrauch an Natriumthiosulfatlösung in ml ($c = 0,01$ mol/l) zugesetzte Reagenzienmenge in ml Umrechnungsfaktor für einen Liter
Sauerstoffsättigung S	$S = \dfrac{\beta(O_2) \cdot 100\,\%}{\beta(O_2)\,S}$	$\beta(O_2)$ $\beta(O_2)\,S$	gemessener Sauerstoffgehalt der Frischprobe bei gemessener Temperatur theoretischer Sauerstoffsättigungswert bei der gemessenen Temperatur

Sauerstoffdefizit $\beta(O_2)_{Def}$	$\beta(O_2)_{Def} = \beta(O_2) - \beta(O_2)\,S$		
Plankton- und Schwebstoffgehalt G_{PS}	$G_{PS} = \dfrac{(m_2 - m_1) \cdot 1000}{V}$	m_1 m_2	Masse des getrockneten Filterpapiers in g Masse des getrockneten Filterpapiers mit Plankton- und Schwebstoffen in g
Saprobienindex S_x	$S_x = \dfrac{\displaystyle\sum_{i=1}^{n} h_i \cdot s_i \cdot g_i}{\displaystyle\sum_{i=1}^{n} h_i \cdot g_i}$ oder $S_x = \dfrac{(h_1 \cdot s_1 \cdot g_1) + (h_2 \cdot s_2 \cdot g_2)}{(h_1 \cdot g_1) + (h_2 \cdot g_2)} \rightarrow$ $\dfrac{+ \ldots + (h_n \cdot s_n \cdot g_n)}{+ \ldots + (h_n \cdot g_n)}$	n h s g	Anzahl der untersuchten Organismenarten Ausgezählte Häufigkeit der Organismen einer Art Saprobienindex für die einzelne Art, gibt deren Optimum innerhalb der Saprobienstufen an Indikationsgewicht (1–5), gibt Eignung einer Art als Indikator für bestimmte Güteklassen an (Bindung an nur eine Güteklasse $g = 5$; Vorkommen in zwei oder mehr Güteklassen $g = 4, 3, 2, 1$)

Grenzwerte für Stoffe im Trinkwasser

Stoffe	Blei	Cadmium	Kupfer	Phosphat	Quecksilber	Nitrat	Nitrit
Grenzwerte für die Massenkonzentration in mg/l	0,04	0,005	0,1	6,7	0,001	50	0,1

Immissionsgrenzwerte

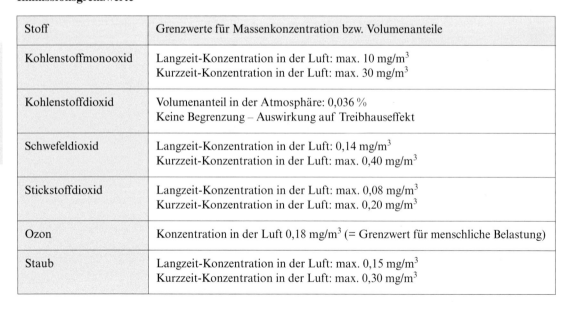

Stoff	Grenzwerte für Massenkonzentration bzw. Volumenanteile
Kohlenstoffmonooxid	Langzeit-Konzentration in der Luft: max. 10 mg/m^3 Kurzzeit-Konzentration in der Luft: max. 30 mg/m^3
Kohlenstoffdioxid	Volumenanteil in der Atmosphäre: 0,036 % Keine Begrenzung – Auswirkung auf Treibhauseffekt
Schwefeldioxid	Langzeit-Konzentration in der Luft: 0,14 mg/m^3 Kurzzeit-Konzentration in der Luft: max. 0,40 mg/m^3
Stickstoffdioxid	Langzeit-Konzentration in der Luft: max. 0,08 mg/m^3 Kurzzeit-Konzentration in der Luft: max. 0,20 mg/m^3
Ozon	Konzentration in der Luft 0,18 mg/m^3 (= Grenzwert für menschliche Belastung)
Staub	Langzeit-Konzentration in der Luft: max. 0,15 mg/m^3 Kurzzeit-Konzentration in der Luft: max. 0,30 mg/m^3

Informatik

Datendarstellung

Binäres (duales) Zahlensystem

In Datenverarbeitungsanlagen werden Zeichen in Form von Signalen elektrischer (Spannung), optischer (Markierung) oder mechanischer (Lochung) Art dargestellt. Dabei ist es möglich, zwei definierte Zustände (Signale) zu verwenden. Man bezeichnet die Zustände mit **„binär Eins"** (1) und mit **„binär Null"** (0).

Darstellung: 0, 1   **Stellenwert:** Potenzen der Basis 2   **Kennzeichnung:** b

Darstellungsform: $n = \sum\limits_{i=0}^{m} b_i \cdot 2^i$ $n \in \mathbb{N}$

$b_i \in \{0; 1\}$

m = Zahl der zur Verfügung stehenden Stellen

Basis = 2

Es gibt genau zwei Ziffern, die größte Ziffer „1" ist um eins kleiner als die Basis.

Addition	$0 + 0 = 0$; $1 + 0 = 1$ $0 + 1 = 1$; $1 + 1 = 1$ (0 mit Überlauf)	Multiplikation	$0 \cdot 0 = 0$; $1 \cdot 0 = 0$ $0 \cdot 1 = 0$; $1 \cdot 1 = 1$

Einheiten

Bit	Das Bit ist die Einheit für die Anzahl der Binärentscheidungen. Es ist die kleinste Darstellungsform des Binärcodes. Zustand: 0 oder 1 (in der Technik: 0 – kein Strom = Low [L]; 1 – Strom = High [H])
Byte	Ein Byte ist die Zusammenfassung von 8 Bit zur Darstellung eines Zeichens. Aus den 8-Bitstellen ergeben sich 256 Kombinationsmöglichkeiten der Zeichendarstellung. weitere Einheiten: 1 KByte = 2^{10} Byte = 1 024 Byte (1 024 Zeichen) 1 MByte = 2^{20} Byte = 1 024 kByte = 1 048 576 Byte (1 048 576 Zeichen) 1 GByte = 2^{30} Byte = 1 024 MByte = 1 073 741 824 Byte (1 073 741 824 Zeichen) 1 TByte = 2^{40} Byte = 1 024 GByte
Halbbyte	Ein Halbbyte ist die Zusammenfassung von 4 Bit zu einer Tetrade. 1 Byte kann in 2 Halbbyte zerlegt werden; das erste Halbbyte stellt den *Zonenteil* der Bitpositionen von 0 bis 3; das zweite den *Ziffernteil*, Bitpositionen von 4 bis 7 dar.

Hexadezimalsystem

Darstellung: 0,1,2,3,4,5,6,7,8,9,A,B,C,D,E,F   **Stellenwert:** Potenzen der Basis 16   **Kennzeichnung:** h

Darstellungsform: $n = \sum\limits_{i=0}^{m} h_i \cdot 16^i$ mit $n \in \mathbb{N}$

$h_i \in \{0; 1; ...; 9; A; ...; F\}$

m = Zahl der zur Verfügung stehenden Stellen

Basis = 16

Es gibt genau 16 Ziffern und Buchstaben, die größte Ziffer F ist um eins kleiner als die Basis.

Umrechnungstafel Dezimalzahlen (d), Hexadezimalzahlen (h), Binärzahlen (b)
↗ vordere Umschlagseiten

Zeichensätze im Computer

ASCII-Code	Der ASCII-Code (engl. American Standard Code for Information Interchange) ist die nationale Variante des ISO-7-Bit-Codes (International Standard Organisation) in den USA. Durch die 7 Bitstellen hat dieser Code 128 Kombinationsmöglichkeiten für die Zeichendarstellung. Die Codes sind stets durch ein achtes Bit, das Paritäts-Bit (Prüfbit) ergänzt.
Erweiterter ASCII-Code	Für IBM-kompatible Computer, beispielsweise mit dem Betriebssystem DOS, wurde der ASCII-Code auf 256 Kombinationsmöglichkeiten zur Zeichendarstellung erweitert.
Ansi-Code	Windows-Betriebssysteme und Windowsoberflächen nutzen für die ersten 128 Zeichen den gleichen Code wie das Betriebssystem DOS. Von 128 bis 255 werden die Zeichen mit dem Ansi-Code (engl. American National Standards Institute) codiert.

Bedeutung der Steuerzeichen (ASCII-Code)

dez	Steuer-zeichen	Bedeutung	dez	Steuer-zeichen	Bedeutung
0	NUL	Nil (Füllzeichen)	16	DLE	Datenübertragungsumschaltung
1	SOH	Anfang des Kopfes	17	DC 1	Gerätesteuerung 1
2	STX	Anfang des Textes	18	DC 2	Gerätesteuerung 2
3	ETX	Ende des Textes	19	DC 3	Gerätesteuerung 3
4	EOT	Ende der Übertragung	20	DC 4	Gerätesteuerung 4
5	ENQ	Stationsaufforderung	21	NAK	Negative Rückmeldung
6	ACK	Positive Rückmeldung	22	SYN	Synchronisierung
7	BEL	Klingel	23	ETB	Ende des Datenübertragungsblocks
8	BS	Rückwärtsschritt	24	CAN	ungültig
9	HT	Horizontal-Tabulator	25	EM	Ende der Aufzeichnung
10	LF	Zeilenvorschub	26	SUB	Substitution
11	VT	Vertikal-Tabulator	27	ESC	Umschaltung
12	FF	Formularvorschub	28	FS	Hauptgruppentrennung
13	CR	Wagenrücklauf	29	GS	Gruppentrennung
14	SO	Dauerumschaltung	30	RS	Untergruppentrennung
15	SI	Rückschaltung	31	US	Teilgruppentrennung

Bedeutung der Zeichen (erweiterter ASCII-Code)

ASCII		Ansi	ASCII		Ansi	ASCII		Ansi	ASCII		Ansi	ASCII		Ansi	ASCII		Ansi	ASCII		Ansi	ASCII		Ansi
dez	DOS	Win	dez	DOS	Win	dez	DOS	Win	dez	DOS	Win	dez	DOS	Win	dez	DOS	Win	dez	DOS	Win	dez	DOS	Win
			60	<	<	90	Z	Z	120	x	x	150	û	–	180	┤	´	210	Ê	Ò	240	–	ð
			61	=	=	91	[	[	121	y	y	151	ù	—	181	Á	µ	211	Ë	Ó	241	±	ñ
32			62	>	>	92	\	\	122	z	z	152	ÿ	˜	182	Â	¶	212	È	Ô	242	=	ò
33	!	!	63	?	?	93	]	]	123	{	{	153	Ö	™	183	À	·	213	'	Õ	243	¾	ó
34	"	"	64	@	@	94	^	^	124	|	|	154	Ü	š	184	©	,	214	Í	Ö	244	¶	ô
35	#	#	65	A	A	95	_	_	125	}	}	155	ø	›	185	╢	¹	215	Î	×	245	§	õ
36	$	$	66	B	B	96	`	`	126	~	~	156	£	œ	186	║	º	216	Ï	Ø	246	÷	ö
37	%	%	67	C	C	97	a	a	127	⌂		157	Ø		187	╗	»	217	┘	Ù	247	ˇ	÷
38	&	&	68	D	D	98	b	b	128	Ç		158	×		188	╝	¼	218	┌	Ú	248	°	ø
39	'	'	69	E	E	99	c	c	129	ü		159	ƒ	Ÿ	189	¢	½	219	█	Û	249	¨	ù
40	(	(	70	F	F	100	d	d	130	é	,	160	á		190	¥	¾	220	▄	Ü	250	·	ú
41	)	)	71	G	G	101	e	e	131	â	ƒ	161	í	i	191	┐	¿	221	¦	Ý	251	¹	û
42	*	*	72	H	H	102	f	f	132	ä	„	162	ó	¢	192	└	À	222	Ì	þ	252	³	ü
43	+	+	73	I	I	103	g	g	133	à	…	163	ú	£	193	┴	Á	223	▀	ß	253	²	Ý
44	,	,	74	J	J	104	h	h	134	å	†	164	ñ	¤	194	┬	Â	224	Ó	à	254	■	þ
45	–	–	75	K	K	105	i	i	135	ç	‡	165	Ñ	¥	195	├	Ã	225	ß	á	255		ÿ
46	.	.	76	L	L	106	j	j	136	ê	^	166	ª	¦	196	─	Ä	226	Ô	â			
47	/	/	77	M	M	107	k	k	137	ë	‰	167	º	§	197	┼	Å	227	Ò	ã			
48	0	0	78	N	N	108	l	l	138	è	Š	168	¿	¨	198	ã	Æ	228	õ	ä			
49	1	1	79	O	O	109	m	m	139	ï	‹	169	®	©	199	Ã	Ç	229	Õ	å			
50	2	2	80	P	P	110	n	n	140	î	Œ	170	¬	ª	200	╚	È	230	µ	æ			
51	3	3	81	Q	Q	111	o	o	141	ì		171	½	"	201	╔	É	231	þ	ç			
52	4	4	82	R	R	112	p	p	142	Ä		172	¼	¬	202	╩	Ê	232	Þ	è			
53	5	5	83	S	S	113	q	q	143	Å		173	¡	-	203	╦	Ë	233	Ú	é			
54	6	6	84	T	T	114	r	r	144	É		174	«	®	204	╠	Ì	234	Û	ê			
55	7	7	85	U	U	115	s	s	145	æ	'	175	»	¯	205	═	Í	235	Ù	ë			
56	8	8	86	V	V	116	t	t	146	Æ	'	176	░	°	206	╬	Î	236	ý	ì			
57	9	9	87	W	W	117	u	u	147	ô	"	177	▒	±	207	¤	Ï	237	Ý	í			
58	:	:	88	X	X	118	v	v	148	ö	"	178	▓	²	208	ð	Ð	238	¯	î			
59	;	;	89	Y	Y	119	w	w	149	ò	•	179	│	³	209	Ð	Ñ	239	´	ï			

Datentypen (Auswahl)

Datentyp	Beschreibung	Wertebereich (Visual-BASIC 5.0)
Boolean (logical)	speichert logische Werte	wahr falsch (true) (false)
Char (character)	speichert einzelne Zeichen (Ziffern, Buchstaben, …)	Zeichen aus dem ASCII oder Ansi-Code
Currency (Währung)	speichert Festkommazahlen mit hoher Rundungsgenauigkeit mit 15 Vorkommastellen und 4 Nachkommastellen	$-922\,337\,203\,685\,477,580\,8$ bis $922\,337\,203\,685\,477,580\,8$
Date (Datum, Zeit)	speichert eine Kombination von Datum- und Zeitinformationen als Fließkommazahl	Datum: 01.01.100 bis 31.12.9999 Zeit: 00:00:00 bis 23:59:59
Double (Doppelt)	speichert eine Zahl mit Fließkomma und doppelter Genauigkeit (16 Stellen)	für negative Werte: $-1,8 \cdot 10^{308}$ bis $-4,9 \cdot 10^{-324}$ für positive Werte: $4,9 \cdot 10^{-324}$ bis $1,8 \cdot 10^{308}$
Integer (Ganz)	speichert ganze Zahlen	ganze Zahlen von $-32\,768$ bis $32\,767$
Real	speichert reelle Zahlen	
String (Zeichenfolge)	speichert eine endliche Aneinanderreihung von Zeichen (Zeichenfolge)	0 bis etwa 2 Milliarden Zeichen, in Windows 3.1 maximal 65 535 (64 K) Zeichen

Algorithmik

Strukturelemente der Algorithmierung in verschiedenen Darstellungsformen

Name	Verbal formuliert	Grafisch (Struktogramm)	Programmiersprache (PASCAL)
Sequenz			
Folge (Verbundanweisung)	Anweisung 1 Anweisung 2 … Anweisung n	Anweisung 1 / Anweisung 2 / … / Anweisung n	BEGIN Anweisung 1; Anweisung 2; … Anweisung n;] Verbund END.
Selektion			
Einseitige Auswahl	WENN Bedingung DANN Anweisung	B ja nein A –	IF Bedingung THEN Anweisung;

Name	Verbal formuliert	Grafisch (Struktogramm)	Programmiersprache (PASCAL)
Zweiseitige Auswahl	WENN Bedingung DANN Anweisung 1 SONST Anweisung 2	B ja nein A1 A2	IF Bedingung THEN Anweisung 1 ELSE Anweisung 2;

Mehrseitige Auswahl (Fallunterscheidung)	FALLS Variable
	  Wert 1: Anweisung 1
	  Wert 2: Anweisung 2
	  …
	  Wert n: Anweisung n
	ENDE
		1 Falls v =
		  2
		       n
		A1 A2 … An
			CASE Variable OF
			  Wert 1: Anweisung 1;
			  Wert 2: Anweisung 2;
			  …
			  Wert n: Anweisung n;
			END.

Repetition (Schleifen)			

Wiederholschleife (mit nachgestelltem Test)	WIEDERHOLE
	  Anweisung 1
	  …
	  Anweisung n
	BIS Bedingung
		Wiederhole A
		
		bis B
			REPEAT
			  Anweisung 1;
			  …
			  Anweisung n;
			UNTIL Bedingung

Solangeschleife (mit vorangestelltem Test)	SOLANGE Bedingung
	TUE Anweisung
		Solange B
		
		tue A
			WHILE Bedingung DO
			  Anweisung oder
			  Verbund;

Zählschleife (gezählte Wiederholungen in Abhängigkeit einer Schrittweite)	FÜR I = aw BIS ew SCHRITT s TUE Anweisung	Für I = aw bis ew Schritt s tue A	FOR I:= Anfangswert TO Endwert DO Anweisung oder Verbund;
Unteralgorithmus (Prozedur)			

Vereinbarung	(UNTERALGO Name)
	(DEKLARATIONEN)
	BEGIN
	  Anweisungen
	ENDE
		(UA Name)
		
		(Vereinbarungen)
		
		Beginn
		
		Anweisungen
		
		Ende
			PROCEDURE Bezeichner
			  Deklarationsteil;
			BEGIN
			  Anweisungen
			END.

Aufruf	RUFE	Rufe UA Name	Prozedurbezeichner

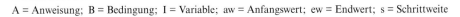

A = Anweisung; B = Bedingung; I = Variable; aw = Anfangswert; ew = Endwert; s = Schrittweite

HTML-Befehle (Auswahl)

Tag	Beschreibung
Grundlagen	
<html> ... </html>	Jedes HTML-Dokument beginnt mit dem tag <html> und schließt mit dem tag </html>. Das Dokument gliedert sich in die Teile head und body.
<head> ... </head>	Bilden den Rahmen für den Kopf der Seite. Er enthält Informationen über die Seite und deren Verwaltung, die aber nicht auf der Seite ausgedruckt werden.
<title> *Text* </title>	Können innerhalb von head benutzt werden. *Text* gibt den Titel der Seite an, dieser erscheint in der Fensterleiste.
<body> ... </body>	Der sichtbare Inhalt einer HTML-Seite (Text und Bilder) wird zwischen <body> und </body> eingegeben.
Textgestaltung	
 	Einfügen eines Zeilenumbruchs
<hr size= „n">	Erzeugen einer horizontalen Linie. Mit size „n" kann die Höhe der Linie in Pixel eingestellt werden.
<h1> *Text* </h1> bis <h6> *Text* </h6>	Der *Text* wird als Überschrift dargestellt. Die Größe ist zwischen 1 und 6 wählbar.
<b> *Text* </b>	Der *Text* wird halbfett dargestellt.
<blink> *Text* </blink>	Der *Text* wird blinkend dargestellt.
Tabellen	
<table> *Tabelle* </table>	Definieren Anfang und Ende einer Tabelle.
<tr> *Zeile der Tabelle* </tr>	Es wird eine Tabellenzeile erzeugt.
<td> *Zelleninhalt* </td>	Damit werden innerhalb einer Tabellenzeile die Daten aufgeführt.
<th> *Überschrift* </th>	Damit wird eine Kopfzeile in die Tabelle eingefügt.
<table border=n> *Tabelle* </table>	Es wird ein Rahmen um die *Tabelle* mit der Linienstärke n gezogen.
Links	
<a href=„Ziel"> *Text* </a>	Der *Text* wird andersfarbig oder unterstrichen dargestellt. Er ist die Markierung, von der aus gesprungen werden kann. Das Ziel ist die Sprungadresse.
Grafiken	
<img src= „*Dateiname*" >	Das Bild „*Dateiname*" wird eingefügt.

HTML (engl. Hypertext Markup Language)

Register

Nährstoffanteil und Energiegehalt einiger Nahrungsmittel (↗ Seite 139)

Nahrungsmittel	Massenanteil in %			Energiegehalt je 100 g	
	Kohlenhydrate	Fette	Eiweiße	in kJ	in kcal
Buttermilch	4,0	0,5	3,5	151	36
Saure Sahne, 10 % Fett	4,0	10,5	3,1	531	127
Schlagsahne, mind. 30 % Fett	3,4	31,7	2,4	1 326	317
Emmentaler, 45 % F. i. Tr.	2,0	30	28,7	1 715	410
Sauermilchkäse (Harzer)	0,6	0,7	30	590	141
Speisequark, mager	4,1	0,25	13,5	322	77
Hammelfleisch, Keule	+	18	18	1 046	250
Kalbfleisch, Keule	+	1,6	20,7	444	106
Schweinefleisch, Schulter	+	22,5	17,0	1 209	289
Rehfleisch, Rücken	+	3,5	22,4	556	133
Entenfleisch	+	17,2	18,1	1 017	243
Hühnerfleisch, Brust	+	0,9	22,8	456	109
Salami	+	49,7	17,8	2 301	550
Leberwurst	0,9	41,2	12,4	1 883	450
Wiener Würstchen	+	20,8	14,9	1 105	264
Aal	+	24,5	15,0	1 251	299
Hering	+	14,9	18,2	929	222
Karpfen	+	4,8	18	523	125
Ölsardinen	+	13,9	24,2	983	235
Speiseöl	0	99,8	0	3 883	928
Schweineschmalz	0	99,7	+	3 962	947
Haferflocken	66,4	7,0	13,5	1 695	405
Reis, poliert	78,7	0,6	7,0	1 540	368
Weizenmehl, Type 405	74	0,98	10,6	1 540	368
Knäckebrot	77,2	1,4	10,1	1 602	383
Blumenkohl	3,9	0,3	2,5	117	28
Bohnen, grün	5,0	0,3	2,2	138	33
Gurke	1,3	0,2	0,6	42	10
Kohlrabi	4,4	0,1	1,9	109	26
Kopfsalat	2,2	0,2	1,2	67	16
Linsen, getrocknet	56,2	1,4	23,5	1 481	354
Möhren	7,3	0,2	1,0	146	35
Sellerie	7,4	0,3	1,5	159	38
Tomaten	3,3	0,2	0,9	79	19
Kirschen, süß	15,1	0,4	0,9	280	67
Backobst	69,4	0,6	2,3	1 213	290
Haselnüsse	13,7	61,6	14,1	2 904	694
Marmelade	63,7	0,3	0,7	1 075	257
Milchschokolade	54,7	32,8	9,1	2 356	563
Bier (Vollbier)	3,7	0	0,5	201	48
Orangensaft, 100 % Fruchtanteil	10,9	0,2	0,6	205	49

+ nur in Spuren enthalten; F.i.Tr. Fett in Trockenmasse

Namen und Kurzzeichen von Kunststoffen, Chemiefaserstoffen und Naturfaserstoffen

Thermoplaste				
Namen Kurzzeichen	Polyvinylchlorid PVC	Polyethylen PE (LDPE, HDPE)	Polystyrol PS	Polyamid PA
Duroplaste				
Namen Kurzzeichen	Phenoplast PF	Aminoplast UF, MF	Polyester, ungesättigt UP	
Chemiefaserstoffe				
Namen Kurzzeichen	Polyamidfaser PA	Polyacrylnitrilfaser PAN	Polyesterfaser PES	Viskosefaser CV
Naturfaserstoffe				
Namen Kurzzeichen	Baumwolle CO	Leinen LI	Wolle WO	Naturseide SE

Symbole für die Pflegebehandlung von Textilien

Symbol	Bedeutung der Symbole und Hinweise für die Pflege von Textilien				
Waschen	⌷95⌷ z.B. CO, LI	⌷60⌷ z. B. CV, PA, PES (30 … 60 °C)	⌷30⌷ z.B. WO, SE, PAN	🖐 Handwäsche	⌧ nicht waschen
Chloren △	Cl △ Chlorbleiche möglich z.B. CO, LI, CV		Chlorbleiche nicht möglich, z. B. WO, SE, Acetatfaser (CA), PA, PES, PAN		
Bügeln	⌁••• bis 200 °C z.B. CO, LI	⌁•• bis 150 °C z. B. PES, CV, WO, SE	⌁• bis 110 °C z.B. Acetatfaser (CA), PA, PAN	nicht bügeln	
Chemischreinigung ○	Ⓐ	Ⓟ	Ⓕ Buchstaben geben einen Hinweis auf die Reinigungsmittel	⊗ keine Chemischreinigung möglich	
TumblerTrocknung ▢	⊡•• 80 °C ± 10 °C z.B. CO, CV	⊡• < 60 °C z.B. PA, PES, PAN	⊠ trocknen im Tumbler nicht möglich		